# 쓸모 있는

# AI 서비스
# 만들기

# 쓸모 있는 AI 서비스 만들기

사전 학습 모델로 빠르게 구현하는 실전 AI 프로젝트 가이드

**초판 1쇄 발행** 2024년 7월 18일

**지은이** 김경환 / **펴낸이** 전태호
**펴낸곳** 한빛미디어(주) / **주소** 서울시 서대문구 연희로2길 62 한빛미디어(주) IT출판1부
**전화** 02-325-5544 / **팩스** 02-336-7124
**등록** 1999년 6월 24일 제25100-2017-000058호 / **ISBN** 979-11-6921-255-7　93000

**총괄** 배윤미 / **책임편집** 이미향 / **기획·편집** 최승헌
**디자인** 표지 박정화, 최연희 내지 박정우 / **일러스트** 이진숙 / **전산편집** 이소연
**영업** 김형진, 장경환, 조유미 / **마케팅** 박상용, 한종진, 이행은, 김선아, 고광일, 성화정, 김한솔 / **제작** 박성우, 김정우

이 책에 대한 의견이나 오탈자 및 잘못된 내용은 출판사 홈페이지나 아래 이메일로 알려주십시오.
파본은 구매처에서 교환하실 수 있습니다. 책값은 뒤표지에 표시되어 있습니다.

한빛미디어 홈페이지 www.hanbit.co.kr / 이메일 ask@hanbit.co.kr
예제 파일 https://github.com/MrSyee/dl_apps

지금 하지 않으면 할 수 없는 일이 있습니다.
책으로 펴내고 싶은 아이디어나 원고를 메일(writer@hanbit.co.kr)로 보내주세요.
한빛미디어(주)는 여러분의 소중한 경험과 지식을 기다리고 있습니다.

# 쓸모 있는 AI 서비스 만들기

사전 학습 모델로 빠르게 구현하는
실전 AI 프로젝트 가이드

김경환 지음

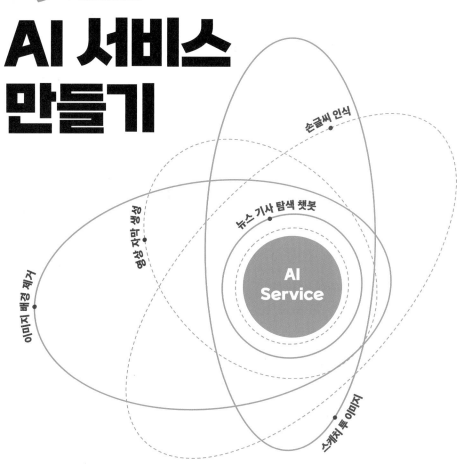

손글씨 인식

영상 자막 생성

뉴스 기사 탐색 챗봇

이미지 배경 제거

AI Service

스케치 투 이미지

한빛미디어
Hanbit Media, Inc.

# 저자의 말

요즘 사회는 AI<sup>Artificial Intelligence</sup>를 빼놓고서는 이야기할 수 없는 시대가 되었습니다. 이미지 인식 기술로 딥러닝의 시작을 알린 CNN<sup>Convolutional Neural Network</sup>, 전 세계 최고의 바둑 기사와 바둑 대국에서 승리를 거둔 알파고<sup>AlphaGo</sup>, 사람 수준의 언어 구사 능력을 보여 주는 ChatGPT 등 놀랄 만한 획기적인 변화들이 근시일 내에 일어나고, 그 변화를 전 세계 사람이 함께 목도했습니다.

10년 남짓한 기간 안에 이렇게 AI 기술이 급격하게 발전했다는 사실이 정말 놀라울 따름입니다. 이러한 발전 양상을 지켜봤을 때 지금 시대를 살아가는 사람이라면 누구나 AI에 관한 관심과 공부가 필요하다는 것을 느끼게 될 것입니다.

AI는 이제 단순한 유행을 넘어서 우리의 삶과 산업 전반에 큰 변화를 가져다줄 핵심 기술로 자리 잡았습니다. 몇 가지 관련 기술에 대해 살펴보겠습니다.

❶ OCR(광학 문자 인식): 문서에서 텍스트를 추출하여 디지털화하는 데 사용합니다. 디지털화된 텍스트 데이터는 저장이 용이하며, 이를 바탕으로 데이터 요약, 번역, 분석 등 다양한 작업을 수행할 수 있습니다.

❷ 이미지 세그멘테이션: 이미지에서 원하는 부분을 정확하게 구분해 주는 기술로, 이미지 편집에 도움을 주거나 이미지에 포함된 요소들을 명확하게 확인하는 데 유용합니다.

❸ 자연어 처리: 텍스트 데이터를 분석하여 구조와 의미를 파악하는 기술입니다. 이를 통해 글의 의미나 감정을 파악할 수 있으며, 나아가 AI 서비스가 글 자체를 직접 생성해 주기도 합니다.

❹ 음성 인식: 음성 데이터로부터 텍스트 데이터를 추출할 수 있습니다. OCR 기술과 마찬가지로 추출한 텍스트 데이터는 음성 명령을 통해 기기를 제어하거나 영상 콘텐츠의 자동 자막 생성 등에 활용할 수 있습니다.

❺ 이미지 생성: 고품질의 결과물을 바탕으로 예술 작품이나 가상 현실 콘텐츠를 생성하는 데 혁신적인 변화를 가져다주었습니다.

이 책은 AI 이론을 학습한 후에 다음 단계로 무엇을 해야 할지 고민하는 분들을 위해서 쓰였습니다. 즉, 이론 학습 후 실제로 AI 서비스를 어떻게 구현하고 활용할 수 있는지를 안내합니다. 이를 위해 방금 소개한 5가지 기술을 본문에서 다루고, 기술마다 하나의 서비스를 개발하는 과정을 담았습니다.

단순히 이론적인 부분을 배우는 것보다 실제로 사용해 볼 만한 '쓸모 있는' 서비스를 구현하는 과정을 통해 AI 기술과 한층 더 가까워질 수 있습니다. 이 책에서 제공하는 간단한 서비스를 구현하면서 그 기술에 대해 더 알고 싶어진다면, 관심을 두고 해당 영역에 더 깊이 파고들어 보기 바랍니다. 이 책은 그 시작점이 될 것입니다.

또한, 이 책을 최대한 활용하기 위해서는 책에서 소개하는 예제와 프로젝트를 직접 따라 하는 것을 권장합니다. 이 책은 서비스를 구현하는 과정에서 코랩Colab 예제를 함께 제공합니다. 그래서 여러분이 직접 코드를 작성하지 않아도 되지만, 실제로 코드를 작성하고, 결과를 확인하는 과정을 거치면 AI 기술에 대한 이해가 더욱더 깊어질 것입니다.

더 나아가 가능하다면 이 책에서 제공하는 서비스를 구현하는 데 그치지 말고 스스로 추가적인 기능을 고민하고 이를 구현해 보기 바랍니다. 책에서 실습하는 서비스는 최대한 단순한 형태의 예제를 구현한 것입니다. AI 기술의 확장성은 무궁무진하므로, 창의적인 아이디어만 있다면 더 재미있는 기능들을 무한하게 구현할 수 있습니다. 이런 과정을 통해 AI 기술을 단순히 배우기만 하는 데 그치지 않고, 응용 능력까지 배양했으면 좋겠습니다.

제가 AI를 공부하게 된 계기는 단순합니다. 'AI가 사람 대신 작곡을 해 주면 재미있겠다!', '어려운 게임을 쉽게 깨 주는 AI 플레이어를 만들면 어떨까?'라는 생각에서 AI를 배우게 되었습니다. 물론 이렇게 배우게 된 AI를 직업으로 삼게 될 줄은 당시에는 미처 예상하지 못했습니다. 하지만 결국 이러한 단순한 호기심이 저를 AI의 세계로 이끌었고, 그 과정에서 많은 것을 배울 수 있었습니다.

AI 공부를 시작하는 분들이 실제로 작동하는 AI 서비스를 구현해 보면서 저와 같은 재미와 흥미를 느낄 수 있기를 바랍니다. 더 나아가서는 이 책이 여러분의 창의력을 자극하고, AI를 활용해 여러분만의 아이디어를 구현하는 데 도움이 되기를 기대합니다.

마지막으로, 책을 내는 데 많은 도움을 주신 분들에게 감사 인사를 드리고자 합니다. 저를 저자로 한빛미디어에 처음 소개해 주신 정현석 님과 어떤 책을 쓸지 함께 고민해 주신 박진우 님, 두 분 덕분에 이 책을 시작할 수 있었습니다. 깊은 감사의 말씀을 드립니다.

그리고 언제나 뒤에서 응원해 주는 가족들과 원고의 집필부터 출간까지 옆에서 저를 지켜보며 응원해 주고 힘이 되어 준 여자 친구에게도 고마운 마음을 전합니다.

책이 출간되기까지 많은 우여곡절을 겪었지만, 끝까지 많은 도움을 주신 한빛미디어의 최승헌 편집자님께도 진심으로 감사드립니다.

저자 **김경환**

## AI 개발 트렌드와 현재 '쓸모 있는' AI 서비스

자, 쓸모 있는 AI 서비스를 만들기 위한 여정이 시작되었습니다!

인공지능AI; Artificial Intelligence에 관해 공부하다 보면 AI 학습의 원리, 인공신경망의 구조, 인공신경망을 학습할 때 특정 하이퍼파라미터의 영향 등 이론적인 내용들을 주로 배우게 됩니다. 그러나 정작 AI의 다양한 기능들을 어떻게 활용해야 하는지에 대해서는 확실하게 배우기 어렵습니다.

오늘날 AI 서비스들은 본격적인 상용화를 시작하면서 하루가 다르게 시장이 커지고 있습니다. 리서치 전문 기업 마켓앤마켓Markets and Markets에 따르면 전 세계 AI 시장 규모는 2024년 약 2,054억 달러(약 267조 원) 규모에서 2030년에는 1조 3,452억 달러(약 1,800조 원)로 6배가량 성장할 것이라고 합니다. 글로벌 AI 시장이 연평균 36.8%의 성장률을 보인다는 예측이지요. 다른 조사 결과들도 금액의 차이는 있지만, 대부분 이처럼 어마어마한 성장세를 예측하고 있습니다.

현재 전 세계 산업 중에서 이 정도의 성장률을 보이는 산업은 거의 전무하다시피 합니다. 즉, AI는 여러 산업 분야에서 혁명을 일으키며 빅데이터 분석, 로봇 공학, 사물인터넷IoT; Internet of Things과 같은 신기술의 핵심 요소로 자리매김하고 있습니다. 특히 ChatGPT나 AI 이미지 생성 도구 등의 등장은 AI 산업의 중요성을 부각하면서 동시에 AI 서비스의 긍정적인 전망과 높은 성장성을 전 세계 사람들에게 확실하게 보여 주었습니다.

한국 마이크로소프트의 조사 결과에 따르면 이제는 근로자 4명 중 3명이 직장에서 ChatGPT 등의 AI 서비스를 활용할 정도라고 하니, 바야흐로 일반인들도 친숙하게 AI 서비스를 활용하는 새로운 AI 시대가 개막했다고 봐야 할 것입니다.

이러한 새 시대에는 개발자들이 AI 관련 이론만 배워서는 활용법을 정확하게 알고 서비스를 구현하기 어렵습니다. 한발 더 나아가 그냥 서비스가 아니라 실용적인, 유용한 AI 서비스를 직접 구현하는 것은 더 지난한 일이 될 수 있습니다.

이 책은 그런 여러분을 위해 이론적인 부분을 간단하게 설명한 후, 실제 AI 서비스를 직접 구현해 볼 수 있도록 합니다. 특히 OCR 기술(약 185억 달러), 이미지 세그멘테이션 기술(약 50억 달러), 자연어 처리 기술(약 345억 달러), 음성 인식 기술(약 268억 달러), 이미지 생성 기술(약 67억 달러) 등 AI 서비스의 기반이 되는 여러 기술 중에서도 시장 규모가 크고 쉽게 상용화가 가능한 AI 기술 기반의 서비스를 구현하는 것을 목표로 합니다.

한편으로, 이 책에서는 쓸모 있는 AI 서비스를 빠르고 쉽게 구현할 수 있도록 '사전 학습된' AI 모델을 적극적으로 활용할 예정입니다. AI 모델을 처음부터 만들기 위해서는 대부분 수십억 개의 데이터 행을 가진 방대한 데이터셋이 필요합니다. 이는 비용/시간/노력 측면에서 개인이 수행하기 어려울뿐더러, 그렇다고 해서 데이터의 양을 줄이면 모델의 성능이 저하된다는 단점이 있습니다. 그래서 AI 개발자들은 사전 학습 모델을 활용해 이러한 단점을 극복합니다.

사전 학습 모델의 개념은 9쪽에서 설명할 예정입니다. 일단 여기서는 이 책이 사전 학습 모델을 활용해 실용적인 애플리케이션을 만드는 사례와 과정을 설명하고, 이를 통해 여러분이 직접 쓸모 있는 AI 서비스를 구현하도록 하는 것이 목표라는 점을 먼저 말씀드리겠습니다. 데이터를 직접 모으고 학습하는 것이 아니라 이미 사전 학습 모델들을 적극 활용해 실용적인 애플리케이션을 빠르고 쉽게 만들어 볼 것입니다.

먼저, 서문에서는 본격적인 AI 서비스 구현에 앞서 AI의 발전과 현재 구현 양상을 짧게 소개합니다. 개발과 직접적인 연관이 있는 것은 아니지만, AI의 발전 배경을 알아 둔다면 앞으로 배울 나머지 장의 서비스들을 왜 구현해야 하며 어떤 점에서 쓸모가 있는지 더 확실하게 알 수 있습니다.


## AI의 발전

1955년 미국 다트머스 국제학회에서 존 매카시<sup>John McCarthy</sup>가 AI라는 용어를 최초로 사용한 이래, AI는 사람이 정의한 규칙을 기반으로 작동하는 **규칙 기반 시스템**<sup>Rule-based system</sup>에서 시작해서 1980년대의 머신러닝Machine Learning과 2000년대의 딥러닝Deep Learning을 거치며 점차 문제점과 한계점을 극복해 왔습니다.

머신러닝은 컴퓨터 알고리즘이 데이터를 분석해서 어떤 의미나 패턴을 스스로 학습하고, 학습한 결과를 바탕으로 최적의 의사결정이나 예측을 수행하도록 하는 방법입니다. 그리고 딥러닝은 머신러닝의 한 분야로, 인간의 뇌를 모방한 인공신경망Artificial neural network을 사용해 데이터를 분석하고 계층적으로 복잡한 패턴을 학습하는 방법입니다. 다음은 AI의 발전 양상과 특성을 정리한 표입니다.

| AI 수준 | 특성 추출 | 의사결정 | 예시 |
| --- | --- | --- | --- |
| 규칙 기반 시스템 | 사람이 정의 | 사람이 정의 | 귀가 뾰족하면 고양이로 분류 |
| 머신러닝 | 사람이 정의 | 모델이 학습하여 결정 | 1. 데이터로부터 귀 모양 특성을 추출 (예 '뾰족하다', '둥글다', '접혀 있다')<br>2. 귀 모양 특성이 '뾰족하다'인 경우 고양이로 분류하도록 모델을 학습<br>3. 귀 모양 특성이 주어졌을 때 모델이 고양이인지, 아닌지 판단 |
| 딥러닝 | 모델이 학습하여 추출 | 모델이 학습하여 결정 | 1. 고양이 이미지가 주어졌을 때 고양이로 분류하도록 학습<br>2. 학습 과정에서 모델이 이미지로부터 고양이를 구분하는 데 유용한 특성을 추출<br>3. 이러한 특성의 데이터가 들어오는 경우 고양이로 분류하도록 학습<br>4. 고양이 이미지가 주어졌을 때 모델이 고양이인지, 아닌지 판단 |

각 개념을 벤다이어그램으로 표현하면 다음과 같습니다. 그림을 살펴보면 하위 개념을 포괄하는 상위 개념이 어떤 것인지 한눈에 볼 수 있죠.

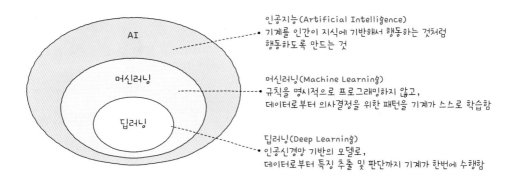

인공지능(Artificial Intelligence)
* 기계를 인간이 지식에 기반해서 행동하는 것처럼 행동하도록 만드는 것

머신러닝(Machine Learning)
* 규칙을 명시적으로 프로그래밍하지 않고, 데이터로부터 의사결정을 위한 패턴을 기계가 스스로 학습함

딥러닝(Deep Learning)
* 인공신경망 기반의 모델로, 데이터로부터 특징 추출 및 판단까지 기계가 한번에 수행함

2017년에는 트랜스포머Transformer라는 새로운 모델 구조가 등장했습니다. 트랜스포머는 구글 연구팀이 「Attention is All You Need」[1]라는 논문에서 처음 제안한 구조로, 자연어와 같은 시퀀스 데이터 간의 관계를 파악해 맥락과 의미를 학습하는 데 특화된 모델입니다.

트랜스포머 모델이 등장하면서 딥러닝 기술은 시퀀스 데이터, 특히 자연어 분야에서 폭발적인 성장을 거듭했습니다. 이러한 성장 끝에 트랜스포머를 이용해 엄청난 양의 자연어 데이터를 학습시킨 초거대 언어 모델LLM; Large Language Model이 만들어졌습니다.


## 파운데이션 모델과 활용 사례

초거대 언어 모델처럼 대규모 데이터셋을 이용해 사전 학습된Pre-trained 초거대 모델을 파운데이션 모델Foundation Model이라고 합니다. 이는 최근 AI 연구에서 가장 큰 관심을 두는 분야입니다.

파운데이션 모델은 막대한 양의 데이터를 학습한 거대한 크기의 인공신경망입니다. 파운데이션 모델을 학습시키는 데는 많은 비용이 들지만, 일단 학습이 완료되면 한 가지 작업에만 국한되지 않고 다양한 작업에서 뛰어난 성능을 보여 줍니다. 현재는 구글Google, 메타Meta(구 페이스북), 마이크로소프트Microsoft, 아마존Amazon 같은 빅테크 기업들과 OpenAI, 미드저니Midjourney와 같은 몇몇 연구 단체가 파운데이션 모델 연구를 선도하고 있습니다.

---

1  참고: Google, 「Attention is All You Need」, 2017.

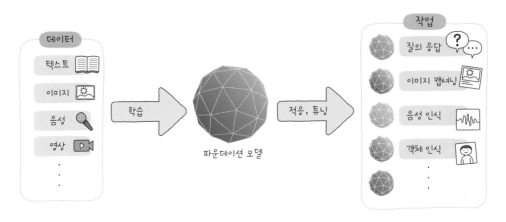

대표적인 사례로는 여러분이 잘 아는 OpenAI에서 만든 트랜스포머 기반의 초거대 언어 모델인 GPT가 있습니다. OpenAI는 GPT의 능력을 활용한 ChatGPT라는 챗봇 애플리케이션을 만들었습니다. ChatGPT는 대화, 작문, 단순 정보에 대한 질의응답, 번역 등이 가능한 혁신적인 도구입니다.

Stability AI의 스테이블 디퓨전Stable Diffusion도 하나의 좋은 사례입니다. 스테이블 디퓨전은 텍스트 투 이미지Text to Image 방식의 이미지 생성 모델입니다. 텍스트를 기반으로 고품질, 고해상도 이미지를 원하는 대로 생성하여 이미지 생성 분야에 혁신을 가져왔습니다.

최근 AI 연구자들은 이러한 강력한 성능을 가진 파운데이션 모델들을 구현해서 단순히 그 성능과 결과를 공유하는 데에 그치지 않고, 엄청난 양의 데이터를 학습한 사전 학습 모델과 코드를 오픈소스나 API처럼 바로 활용할 수 있는 형태로 사용자에게 제공합니다. 그 덕분에 사용자는 엄청난 양의 데이터가 필요한 AI 모델을 직접 학습시키지 않고도 사전 학습 AI 모델을 바탕으로 본인이 구현하고 싶은 애플리케이션을 만들 수 있게 되었습니다.

사전 학습 모델들은 다양한 형태로 제공됩니다. 어떤 것들은 라이브러리 형태로 제공되어 개발자들이 직접 코드를 작성해서 활용할 수 있도록 하며, 어떤 것들은 API 형태로 제공되어 사용자가 원하는 기능을 쉽게 호출하고 그 결과를 받아 볼 수 있도록 합니다.

이 책에서는 파운데이션 모델을 포함해서 여러 종류의 사전 학습 모델들을 활용해서 다양한 분야의 AI 애플리케이션을 만드는 방법을 설명합니다. '쓸모 있는' AI 서비스를 만들기 위한 간단한 기획부터 시작해, 애플리케이션의 중요 기능을 담당하는 AI 모델의 개념과 사용 방법을 소개합니다.

특히 하나의 서비스 구현에 그치지 않고 각 장마다 다양한 분야의 AI 모델을 다룹니다. OCR부터 시작해서 이미지 세그멘테이션, 자연어 처리, 음성 인식, 이미지 생성까지 각각 다른 분야에서의 AI 서비스를 구현해 봅니다.

여러분 모두가 이 책을 통해 자신만의 AI 애플리케이션을 만들기 위해 필요한 지식과 기술을 얻어 가기를 바랍니다. 바로 이어서 이 책에서 만들어 볼 AI 서비스에 대한 학습 로드맵을 살펴보고, 본문에서 본격적으로 각 서비스를 다룰 예정입니다. 쓸모 있는 AI 서비스를 만들기 위한 여정을 함께 즐겁게 따라와 주세요.

# 키워드로 살펴보는 학습 로드맵

이 책에서 다룰 5가지 기술을 키워드 형태로 먼저 소개합니다. 다양한 AI 기술 중에서도 서비스 시장성이 크고 급격한 발전이 이루어지는 기술들입니다. 특히 앞서 소개했던 대로 사전 학습 모델을 활용할 수 있는 기술 위주로 선정했습니다. 다음은 해당 기술을 바탕으로 이 책에서 실제로 구현할 서비스를 표로 정리했습니다.

| 장 | 기술 분야 | 구현 서비스 | 학습 내용 |
|---|---|---|---|
| Chapter 01 | OCR | 손글씨 인식 서비스 | 오픈소스로 공개된 사전 학습 모델을 탐색하고 어떤 모델을 사용할지 결정한 다음, 라이브러리 형태로 제공되는 모델을 활용하여 애플리케이션을 구현합니다. |
| Chapter 02 | 이미지 세그멘테이션 | 이미지 배경 제거 서비스 | 라이브러리 형태로 제공되는 사전 학습 모델을 사용하는 방법을 알아보고, 컴퓨터 비전 알고리즘들을 조합해 원하는 기능을 수행하는 애플리케이션을 구현합니다. |
| Chapter 03 | 자연어 처리 | 뉴스 기사 탐색 챗봇 서비스 | API 형태로 제공되는 사전 학습 모델과 뉴스 정보 API, 웹 스크래퍼 등을 활용해 대화형으로 뉴스 정보를 정리해서 알려 주는 챗봇을 구현합니다. |
| Chapter 04 | 음성 인식 | 유튜브 자막 생성 서비스 | 라이브러리와 API의 2가지 형태를 모두 제공하는 사전 학습 모델과 유튜브 영상을 다루는 라이브러리를 적절히 활용하여 영상 자막 생성 서비스를 구현합니다. |
| Chapter 05 | 이미지 생성 | 스케치 투 이미지 서비스 | 고정된 하나의 모델이 아닌 다양한 스타일로 학습된 사전 학습 모델들 중 하나를 선택해서 이미지 생성 애플리케이션을 구현합니다. |

# 순서로 살펴보는 학습 로드맵

프로젝트별 개발 방법은 크게 다음의 3단계로 구체화됩니다. 장별 주제인 각 AI 서비스의 대략적인 개념을 파악한 후, 내용과 순서를 따라 하다 보면 해당 AI 서비스를 쉽고 빠르게 만들 수 있습니다. 장별로 세부적인 차이가 있을 수는 있으나, 큰 틀에서 다음의 순서를 따릅니다.

**❶ 사전 학습 모델 탐색 및 선정하기**

각 장의 서비스를 구현하기 위해 필요한 사전 학습 모델을 탐색하고 적절한 모델을 선정합니다. 기술 개념과 서비스 기획을 수행한 후, 각 장 4절의 '모델 선정하기' 단계에서 해당 과정을 수행합니다. 모델 저장소에서 기술 키워드로 적절한 모델을 탐색하거나 각 예제에 적합한 모델을 소개하는 형태로 진행됩니다.

**❷ 모델 테스트 및 실행하기**

선정된 모델을 직접 실행해 보며 사전 학습 모델의 사용법을 익힙니다. 먼저 공식 리포지터리의 모델 설명을 확인하고, 모델의 구조와 특징을 살펴보며 구현하려는 서비스에 해당 모델이 적합한지 알아봅니다. 또한 API 등을 활용할 수 있도록 키 발급 등의 준비를 진행합니다. 이후 각 장 5절의 '모델 실행하기' 단계에서 실제 실행을 통해 작업 수행 능력을 확인하고 서비스 구현 준비를 마칩니다.

**❸ AI 서비스 구현 및 결과 확인하기**

각 장 6절 '애플리케이션 구현하기' 단계를 통해 실제 AI 서비스를 구현합니다. 미리 준비한 유스케이스를 바탕으로, 앞단계에서 선정한 사전 학습 모델을 활용해 각 서비스에 필요한 세부 기능을 차례로 구현합니다. 구현을 마친 이후에는 서비스를 실행해 결과가 제대로 나오는지 검증하는 과정을 거칩니다. 최종 서비스 구현을 완료합니다.

# contents

---

**chapter 1**   괴발개발 손글씨도 읽어 내는 OCR 서비스

---

## chapter 2 사진 속 알맹이만 쏙쏙, 배경을 제거해 주는 이미지 세그멘테이션 서비스

## chapter 3 이슈를 모아서 정리해 주는 챗봇 기반 자연어 처리 서비스

## chapter 4 영상 속 대화를 글로 변환해 주는 음성 인식 서비스

## chapter 5 　간단한 스케치를 고품질 이미지로 만들어 주는 이미지 생성 서비스

chapter

1

괴발개발 손글씨도 읽어 내는
# OCR 서비스

쓸모 있는 AI 서비스를 만들기 위한 여정의 시작입니다! 이번 장에서는 첫 번째 AI 서비스로 광학 문자 인식 기술인 OCR <sup>Optical Character Recognition</sup> 과 관련된 서비스를 다뤄 보겠습니다.

먼저 OCR의 개념을 설명하고, 해당 기술의 시장성과 전망, 활용 사례를 차례로 소개합니다. 그리고 OCR을 활용한 손글씨 인식 서비스 관련 기술 키워드를 배운 뒤, 유스케이스를 작성하고 손글씨 인식 애플리케이션의 구현으로 나아가 보겠습니다.

- OCR의 개념을 이해하고, 활용 사례 및 서비스의 시장성을 살펴봅니다.
- OCR 기술을 활용한 서비스 구현 예제로 손글씨 인식 애플리케이션을 기획합니다.
- 시나리오에서 정의한 3가지 조건을 충족하는 사전 학습 OCR 모델을 탐색하고 선정합니다. 그리고 시나리오를 바탕으로 손글씨 인식 애플리케이션을 구현합니다.

# OCR 개념과 사례

1장에서는 OCR 기술을 활용해 손글씨를 텍스트화해 주는 AI 서비스를 구현합니다. 먼저 OCR 기술의 개념을 배워 보고, 기술을 활용한 사례를 살펴보겠습니다.

## 개념 이해

광학 문자 인식, 즉 OCR Optical Character Recognition 기술은 이미지 속에 들어 있는 문자를 컴퓨터가 인식할 수 있는 디지털 문자로 변환해 주는 기술입니다. 컴퓨터는 OCR 기술을 바탕으로 다양한 형태로 표현된 텍스트 정보를 데이터로 이해하고 처리할 수 있습니다.

컴퓨터는 이진법으로 데이터를 처리하지만, 우리가 인식할 수 있도록 해당 데이터를 텍스트로 변환해서 화면상에 보여 줍니다. OCR은 이와 반대의 개념으로 생각하면 됩니다. 즉, 사람이 종이 위에 쓴 글씨를 인식하여 텍스트 데이터로 변환하는 기술입니다.

예를 들어, 사진 등 이미지 안의 글씨나 스캔된 문서 속의 글씨는 사람에게는 해석할 수 있는 일종의 '정보'이지만, 컴퓨터에게는 글씨나 그림 모두 그저 '이미지의 일부'일 뿐입니다. OCR 기술은 이런 글씨를 텍스트로 읽어 내어 텍스트 정보(데이터)로 변환합니다. 이를 통해 컴퓨터는 이미지 속의 텍스트를 번역하거나, 스캔된 문서의 내용을 분석하고, 검색하거나, 편집할 수 있습니다. 더 나아가 텍스트 정보를 음성 정보로 변환할 수도 있습니다.

이처럼 OCR 기술은 우리 주변의 글씨를 디지털 텍스트 데이터로 변환해 컴퓨터가 처리하기 쉽게 만들어, 다양한 분야에서 유용하게 활용됩니다.

기존의 딥러닝 기술은 동물 무리가 찍힌 사진에서 고양이를 찾아내거나 의료 영상에서 병변을 찾아내는 등의 기술력을 바탕으로 이미지 인식 분야에서 큰 성과를 이루었습니다. 이런 기술 발전은 OCR 분야에서도 높은 성능을 보여 주고 있습니다.

기존의 패턴 인식 알고리즘 기반의 OCR 기술은 인쇄체나 규칙적인 형태의 글씨를 인식하는 데는 강점이 있지만, 언어 종류, 폰트 종류, 이미지 왜곡, 스캔 해상도, 명암 등 다양한 변수에 따라 여러 인식 오류가 발생한다는 한계점이 있었습니다. 한글이나 한자처럼 모양이 복잡한 문자는 OCR 기술을 활용해 인식 시 비슷한 글자로 잘못 인식하는 경우가 많았으며, 해상도가 낮은 이미지의 인식률도 떨어졌습니다. 그러나 '어떠한 환경에서도 문자를 정확하게 찾아내고 분석하는 것'이 OCR 기술의 탄생 이유이자 근본적인 목적이므로, 이를 보완할 기술이 계속해서 연구되었습니다.

이후 AI 기술이 더욱더 발전하면서 이런 문제들이 점차 해결되기 시작했습니다. AI는 수많은 글씨 데이터를 학습하면서 다양한 글씨체와 형태의 글자를 인식하는 능력을 키웠습니다. 그 결과로 이제는 손으로 메모를 적고 스마트폰 카메라로 찍으면, AI가 그 내용을 읽어 주는 수준에 이르렀습니다.

## 활용 사례

OCR 기술에 대한 개념을 알아보았으니 이제는 시장성과 전망을 살펴보고, 현재 상용화된 OCR 서비스 활용 사례를 소개하겠습니다.

전 세계 OCR 시장 규모는 2024년 기준 약 185억 달러로 평가되었으며, 2030년에는 약 329억 달러에 이를 것으로 예상됩니다. 이는 연평균 성장률CAGR; Compound Annual Growth Rate 약 10.07%라는 아주 급격한 성장세로, 국제통화기금IMF; International Monetary Fund의 발표에 따른 전 세계 산업의 2024년 연평균 성장률이 약 3.1%임을 감안했을 때 전망이 매우 밝다고 할 수 있습니다.

모든 기업에서 데이터는 매우 중요한 요소인 만큼, 다양한 종류의 문서 및 이미지에 포함된 텍스트를 디지털 데이터로 변환할 수 있는 OCR 기술을 채택하는 기업이 나날이 늘어나고 있습니다. 여러 OCR 기술 서비스 중에서 상용화된 서비스를 선정해 대표적인 3가지 사례를 소개하겠습니다.

## | 신용카드 인식 서비스 |

온라인 쇼핑몰 애플리케이션에서 물건을 구매할 때 신용카드로 결제하려면 카드 정보를 등록해야 합니다. 이때 OCR 기술을 활용한 애플리케이션 사용 시 스마트폰 카메라로 신용카드를 촬영하기만 하면 애플리케이션이 카드 정보를 자동으로 결제 정보 입력란에 입력해 줍니다.

이렇게 하면 사용자가 카드 정보를 직접 입력해야 하는 번거로움과 혹시 모를 오입력(실수)을 줄일 수 있습니다. OCR 기술을 활용한 신용카드 정보 입력은 이제 거의 일상화가 되었을 정도로 활발하게 이루어지는 서비스이며, 비슷한 유형의 서비스 또한 셀 수 없을 정도로 많습니다.

## | 영수증 인식 서비스 |

기업의 법인카드 사용 내역 정산 절차를 간소화할 수 있습니다. 기업에서는 법인카드를 사용해 다양한 비용을 지출하는데, OCR 기술을 도입하면 종이 영수증을 스마트폰 카메라로 촬영했을 때 애플리케이션이 결제 정보를 자동으로 인식하여 정산 페이지에 기록합니다. 이렇게 하면 영수증을 일일이 정리하거나 각각의 정보를 입력하는 번거로움을 줄일 수 있습니다.

구글의 OCR 서비스나 네이버의 클로바Clova OCR 등 대기업에서도 영수증 모델 APIApplication Programming Interface를 제공하고 있으며, 그만큼 사용도가 많고 서비스 구현도 활발하게 이뤄지는 분야입니다.

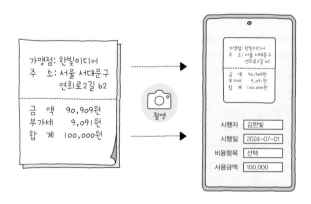

## | 번역 애플리케이션 서비스 |

외국어 번역 애플리케이션에서도 OCR 기술이 활용됩니다. 예를 들어, 일본어를 전혀 모르는 상태로 일본 레스토랑에서 메뉴를 선택하는 것은 꽤 어려운 일입니다. 특히 영어와 달리 일본어는 스마트폰 기본 키패드에 포함되어 있지 않아, 현장에서 직접 검색하기도 쉽지 않습니다.

이때 OCR 기술이 적용된 번역 애플리케이션을 사용하면 일본어 메뉴판을 스마트폰 카메라로 찍기만 하면 애플리케이션이 자동으로 번역해 줍니다. 애플리케이션이 메뉴판에 적힌 일본어를 OCR 기술로 인식하여 자동으로 번역해 주기에 일본어로 쓰여 있는 메뉴는 물론 가격까지 쉽게 알 수 있습니다.

대표적인 서비스로는 네이버에서 제공하는 통·번역 애플리케이션인 파파고<sup>Papago</sup> 애플리케이션이 있습니다. 파파고는 OCR 기술을 활용하여 이미지나 카메라로 촬영한 문서에서 텍스트를 인식하고 이를 번역하는 기능을 제공합니다. 2024년 초를 기준으로 월간 이용자 수가 약 1,890만 명에 이를 정도로 큰 인기를 얻고 있는 OCR 기술 활용 서비스입니다.

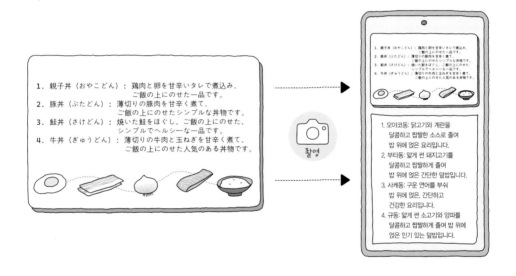

지금까지의 사례를 바탕으로 OCR 관련 서비스의 상용화 가능성을 충분히 파악해 보았습니다. 이제 다음으로는 이 장에서 OCR 서비스를 구현하기 위해 알아야 하는 기술 키워드를 짚고 넘어가도록 하겠습니다.

OCR 기술을 구현하기 위해서는 몇 가지 필수적인 기술 개념 및 용어를 이해해야 합니다. 그러나 해당 기술 용어를 자세하고 깊이 있게 설명하려면 그것만으로도 책 한 권 이상의 분량이 필요합니다. 이 책에서 다룰 나머지 서비스 관련 용어 또한 마찬가지입니다. 이에 이 책에서는 해당 기술을 구현하거나 학습하기 위해서 꼭 필요한 필수 키워드만 간략하게 소개합니다.

## 인코더-디코더

인코더-디코더Encoder-Decoder 구조는 복잡한 입력 데이터를 압축하고 재구성하는 딥러닝 모델의 일반적인 구조를 의미합니다. '이미지 ↔ 이미지' 또는 '텍스트 ↔ 텍스트'처럼 같은 도메인Domain 간의 변환뿐만 아니라, '이미지 ↔ 텍스트' 또는 '텍스트 ↔ 이미지'처럼 다른 도메인 간의 변환에도 사용됩니다.

예를 들어서 캡션 생성Caption Generation이라는 작업을 살펴보면 인코더는 이미지 표현을 압축할 수 있는 모델로 구성됩니다. 이미지를 입력값으로 받아 그 이미지의 중요한 특징을 추출하고, 이를 고차원 이미지 데이터에서 저차원의 벡터Vector 표현으로 압축합니다. 디코더는 문장을 생성할 수 있는 모델로 구성되며 인코더의 저차원 벡터 표현을 입력받아 문장을 생성합니다.

인코더-디코더 구조를 간략하게 그림으로 표현하면 다음과 같습니다. 인공 신경망 모델 중의 하나인 Seq2seqSequence to sequence 모델을 활용해 "I am a student(나는 학생입니다)"라는 영어 문장을 "je suis étudiant"라는 프랑스어 문장으로 번역하는 과정을 그림으로 표현했습니다. 흐름을 살펴보며 인코더-디코더 구조를 이해해 보기를 바랍니다.

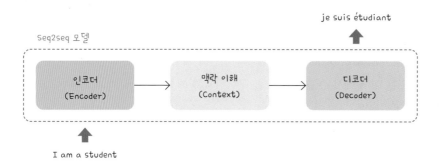

## 토크나이저

**토크나이저**Tokenizer는 우리가 사용하는 언어를 컴퓨터가 이해하고 처리할 수 있는 형태로 바꿔주는 중요한 도구입니다.

이를테면 우리가 "오렌지는 맛있다"라는 문장을 말하면, 토크나이저는 이 문장을 '오렌지', '는', '맛있', '다'처럼 단어 또는 형태소 단위로 분리합니다. 이렇게 분리된 각 단위를 컴퓨터가 처리할 수 있는 숫자 데이터로 변환하면 **토큰**Token이 됩니다.

이렇게 변환된 데이터를 통해 머신러닝 알고리즘은 텍스트 분류, 감성 분석, 기계 번역 등의 작업을 수행할 수 있습니다. 다음은 "오렌지는 맛있다"를 형태소 단위로 토큰화하는 과정을 표현한 그림입니다. 예를 들어, 해당 문장에서 '오렌지'라는 단어는 토큰화 과정을 거치면 [168, 321, 234, ...]처럼 숫자 데이터(토큰)로 변환됩니다. 이를 통해 컴퓨터는 '오렌지'라는 단어를 수치적 형태로 처리하고 이해할 수 있게 됩니다.

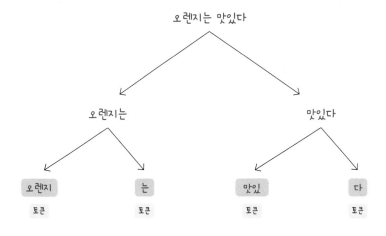

이 장에서는 이러한 기본 개념을 바탕으로 OCR 서비스를 구현하는 데 필요한 기술을 익히게 됩니다. 지금까지 각각의 키워드를 간략하게 설명했지만, 이를 제대로 공부하려면 지금보다 복잡하고 심도 있는 학습이 필요합니다. 이에 더 깊이 알고 싶다면 추가 자료를 참고하여 학습하는 것을 권합니다.

다만 이 책에서는 지금까지 설명한 핵심 개념만으로도 충분히 AI 서비스를 구현할 수 있으니, 이해했다면 다음에 이어지는 내용을 따라와 주세요.

## 1.3 서비스 기획하기

OCR 서비스를 성공적으로 구현하려면 명확한 가이드라인을 설정하는 것이 중요합니다. 이 절에서는 OCR 기술을 사용해 손글씨를 텍스트로 변환해 주는 웹 애플리케이션을 구현하기에 앞서 먼저 프로젝트의 방향성을 기획하고, 구현 과정에서 도움이 될 중요한 가이드라인을 설정하는 것부터 시작하겠습니다. 서비스 구현을 위한 준비 작업인 유스케이스 작성부터 시작합니다.

### 유스케이스 작성하기

먼저, 이번 장에서 만들 애플리케이션의 유스케이스<sup>Usecase</sup>를 정의해 보겠습니다. 유스케이스의 개념이 궁금하다면 다음 내용을 먼저 참고해 보세요.

> **여기서 잠깐**
> **유스케이스 다이어그램이란?**
>
> **유스케이스**는 시스템이 사용자에게 제공하는 특정 기능이나 서비스로, 사용자가 시스템과 어떻게 상호작용하는지를 설명합니다. 즉, 사용자가 시스템을 이용하면서 수행할 수 있는 다양한 작업들을 유스케이스라고 부릅니다.
>
> 예를 들어, 온라인 쇼핑몰 시스템을 생각해 봅시다. 온라인 쇼핑몰에서는 사용자가 여러 가지 작업을 수행할 수 있습니다. 사용자가 상품을 선택하여 구매하는 과정, 상품을 반품하는 과정, 원하는 상품을 검색하는 과정 등이 모두 각각의 유스케이스에 해당합니다. 이처럼 유스케이스는 사용자가 시스템을 사용하면서 겪는 다양한 시나리오를 설명합니다.
>
> 유스케이스를 정의함으로써 개발자와 디자이너는 시스템이 제공해야 할 기능들을 명확히 이해할 수 있으며, 이를 통해 사용자 경험을 개선하고 시스템의 효율성을 높일 수 있습니다.
>
> 또한, **유스케이스 다이어그램**<sup>Usecase diagram</sup>은 이러한 유스케이스들과 사용자 간의 관계를 시각적으로 표현한 그림입니다. 각 기능이 어떤 사용자에 의해, 어떻게 사용되는지를 명확히 할 수 있으므로 시스템의 기능을 이해하고 분석하는 데 도움이 됩니다. 유스케이스 다이어그램은 소프트웨어 개발의 초기 단계에서 요구 사항 분석과 시스템 설계에 도움을 주며, 테스트 사례 작성이나 사용자 메뉴얼 작성에도 활용됩니다.

유스케이스 다이어그램의 구성 요소는 다음과 같습니다.

- **액터:** 시스템을 사용하는 사용자를 나타냅니다. 사람 모양의 기호로 표현합니다. 이 책에서는 캐릭터를 활용해 표현합니다.
- **유스케이스:** 시스템이 제공하는 기능을 나타냅니다. 타원 형태로 표현합니다.
- **연관 관계:** 액터와 유스케이스 간의 관계를 나타냅니다. 화살표 없는 실선으로 표현합니다.
- **포함 관계:** 하나의 유스케이스가 실행될 때 다른 유스케이스가 전제 조건으로 필요하다면 두 유스케이스는 포함 관계라고 합니다. 《포함》이라는 글자가 있는 점선 화살표로 연결하여 표현합니다.
- **확장 관계:** 하나의 유스케이스가 실행될 때, 선택적으로 다른 유스케이스를 실행할 수 있다면 두 유스케이스는 확장 관계라고 합니다. 《확장》이라는 글자가 있는 점선 화살표로 연결하여 표현합니다.
- **일반화 관계:** 하나의 추상화된 유스케이스와 다른 구체화된 유스케이스 간의 관계를 일반화 관계라고 합니다. 끝이 삼각형인 실선 화살표로 연결하여 표현합니다.

OCR 기술을 활용한 손글씨 인식 애플리케이션의 유스케이스 다이어그램을 작성해 보면 다음 그림과 같습니다.

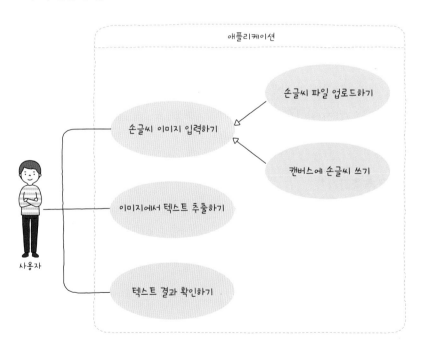

유스케이스 다이어그램을 바탕으로 이번 예제의 시나리오를 요약해 봅시다.

❶ 사용자가 손글씨를 애플리케이션에 입력합니다. 이때 입력 방식은 2가지로 나누어집니다.
 – 이미지 파일 업로드 방식: 손글씨가 포함된 이미지 파일을 애플리케이션에 업로드해서 입력하는 방식입니다.
 – 캔버스에 직접 손글씨 쓰기 방식: 애플리케이션에서 제공하는 캔버스에 사용자가 직접 손글씨를 써서 입력하는 방식입니다.
❷ 애플리케이션은 사전 학습 모델을 활용해 입력받은 손글씨 이미지를 추론하여 텍스트를 추출합니다.
❸ 모델 추론기를 통해 변환한 텍스트를 애플리케이션 화면에 보여 줍니다.

## | 손글씨 이미지 입력하기 |

먼저 손글씨 이미지를 입력하는 방식을 살펴보겠습니다. 사용자는 2가지 방식으로 손글씨를 입력할 수 있습니다.

첫 번째는 사용자가 jpg, png처럼 이미지 파일로 저장된 손글씨 이미지를 애플리케이션에 파일로 업로드하여 입력하는 방식입니다. 이 방법을 사용하면 펜으로 적은 손글씨를 사진으로 찍어서 입력할 수 있습니다. 이 장에서는 예제 이미지를 활용하여 첫 번째 방식을 실습할 예정입니다.

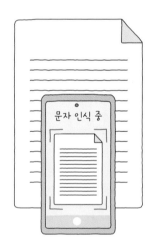

두 번째는 애플리케이션에서 그림을 그릴 수 있는 캔버스를 제공하는 방식입니다. 캔버스가 있으면 마우스, 태블릿 등을 연결하여 손글씨를 캔버스에 바로 입력할 수 있습니다. 이 방식 또한 뒤에서 예제를 실습하며 직접 확인할 수 있습니다.

## | 이미지에서 텍스트 추출하기 |

사용자는 애플리케이션을 통해 입력된 손글씨 이미지로부터 텍스트 데이터를 추출합니다. 텍스트 추출 기능은 본 애플리케이션의 가장 핵심이 되는 기능이며, 이 책에서는 앞서 설명했던 것처럼 사전 학습 OCR 모델을 활용하여 이미지에서 텍스트를 추출하는 작업을 수행할 예정입니다.

## | 텍스트 결과 확인하기 |

사용자는 애플리케이션의 UI (화면)를 통해 추출된 텍스트를 확인할 수 있습니다. 애플리케이션은 손글씨 이미지로부터 추출된 텍스트를 화면에 표시해 줍니다.

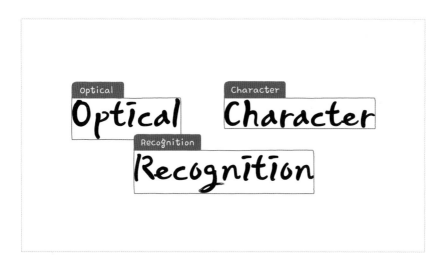

사용자가 2가지 방식 중 하나로 손글씨를 입력하면 손글씨 인식 애플리케이션은 입력받은 이미지를 텍스트로 변환하여 그 결과를 애플리케이션 화면에 보여 줍니다. 사용자는 변환된 텍스트를 바로 확인할 수 있으며, 필요에 따라 복사하여 원하는 곳에 사용할 수 있습니다.

## 애플리케이션 구성 구체화하기

다음으로, 28쪽의 '유스케이스 작성하기'에서 다룬 애플리케이션의 구성을 구체화해 보겠습니다. 애플리케이션을 구체화하는 과정은 최종 사용자의 요구사항을 명확히 하고, 이에 맞춰 화면과 기능들을 검토하는 단계이므로 매우 중요한 단계입니다. 또한, 이를 통해 효율적인 자원 관리와 사용자 경험 향상, 테스트 및 검증 과정을 진행할 수 있어, 시스템의 품질을 보장할 수 있습니다.

우선 **최종 사용자**End user의 사용 과정과 애플리케이션의 운영 과정을 그림으로 표현하면 다음과 같습니다.

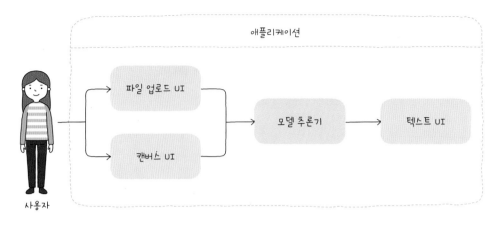

각 과정을 단계별로 구체화해 봅시다.

**1단계:** 사용자의 손글씨를 입력받을 수 있는 **사용자 인터페이스**UI; User Interface가 필요합니다. 애플리케이션에서는 ① 파일 업로드 UI(파일 업로드 방식)와 ② 캔버스 UI(직접 그리는 방식)의 2가지 방식을 구현해야 합니다.

**2단계:** UI를 통해 입력받은 이미지를 내부 로직을 통해 텍스트로 변환합니다. 이 부분이야말로 해당 애플리케이션에서 가장 핵심적인 부분입니다. 이 책에서는 사전 학습 모델을 이용해서 구현해 보겠습니다.

머신러닝 모델에 입력값을 넣고 출력을 반환받는 과정을 **모델 추론**Model inference이라고 합니다. 손글씨 애플리케이션은 초기화될 때 '손글씨 이미지를 텍스트로 변환하는 작업을 학습한 딥러닝 모델'을 로딩하고, 이미지 입력이 들어오면 이 모델로 추론하여 텍스트 결과를 얻습니다. 모델 추론기는 사전 학습 모델과 모델 추론에 필요한 모든 기능을 포함하고 있습니다.

**3단계:** 마지막으로 모델 추론기를 통해 변환한 텍스트를 텍스트 UI에 표시합니다. 이렇게 텍스트 UI에 출력되는 텍스트는 사용자가 복사해서 원하는 곳에 사용할 수 있습니다.

애플리케이션 구성 중에서 UI에 해당하는 파일 업로드 UI, 캔버스 UI, 텍스트 UI는 1.6절 '애플리케이션 구현하기'의 실제 구현 과정에서 직접 따라 하면서 학습할 예정이므로, 여기서는 모델 추론기 부분을 좀 더 구체화해 보겠습니다.

사전 학습 머신러닝 모델은 구조에 따라 다양한 절차로 추론을 수행할 수 있습니다. 다만 일반적으로는 '① 전처리 – ② 모델 추론 – ③ 후처리'의 3가지 과정으로 진행합니다. 각 과정에 대한 자세한 설명은 다음과 같습니다.

❶ **전처리** Preprocess: 입력 데이터를 모델이 사용할 수 있는 형태로 변환하는 과정입니다. 입력 데이터의 형식이나 크기를 변환하기도 하고, 정규화, 토큰화 등의 작업을 수행합니다. 예를 들어, 이미지 처리에서는 이미지의 크기를 변환하고 이미지의 각 픽셀값을 정규화하는 작업이 전처리 과정에 해당합니다. 혹은 모델에 따라 이미지를 특정 크기로 자르거나, 회전, 반전 등의 변환을 수행하기도 합니다.

❷ **모델 추론**: 모델이 입력 데이터를 기반으로 예측을 수행하는 과정입니다. 모델은 입력 데이터를 받아서 출력 데이터를 생성합니다. 이때 다양한 머신러닝 모델들이 사용될 수 있으며, 개발자는 입력 데이터와 원하는 출력 결과에 맞는 적합한 모델을 선택해야 합니다. 전처리 단계에서 준비된 입력 데이터를 모델에 입력해서 예측 결과를 얻어냅니다.

❸ **후처리** Postprocess: 모델이 출력한 결과를 실제 사용 가능한 형태로 변환하는 과정입니다. 서비스 입장에서 보면 후처리한 결과물이 사용자가 제공받는 최종 결과물이 됩니다. 예를 들어, OCR 모델에서는 모델이 예측한 토큰을 원래의 텍스트로 변환하는 후처리 과정이 필요합니다.

이 3단계를 모델에 맞게 적절히 수행해야 사전 학습 모델의 정확도와 성능을 향상시킬 수 있으며, 애플리케이션에 따라 알맞은 서비스를 제공할 수 있습니다.

다음은 애플리케이션 운영 과정에 따라 모델 추론기 부분의 3단계를 좀 더 구체화해서 표현한 그림입니다. 32쪽의 그림과 비교해서 살펴보세요.

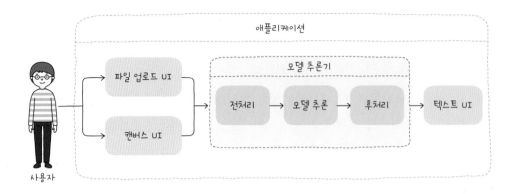

이렇게 손글씨 인식 애플리케이션의 구성을 디자인해 보았습니다. 이제 OCR 서비스 구현 준비를 마쳤으니, '① 사전 학습 모델 탐색 및 선정하기, ② 모델 테스트 및 실행하기, ③ AI 서비스 구현 및 결과 확인하기' 순서로 진행하며 실제 AI 서비스를 구현해 보겠습니다. 먼저 적합한 모델을 선정하는 과정부터 진행합니다.

## 1.4 모델 선정하기

애플리케이션에 사용할 모델을 탐색하는 방법은 여러 가지입니다. 만약 AI 분야를 공부하는 사람이라면 먼저 논문을 찾아보는 방법이 제일 정확하고 좋은 방법입니다. 그러나 실용적인 AI 서비스를 쉽고 빠르게 구축하기 위해서는 이보다 더 좋은 방법이 있습니다. 바로 사전 학습 모델을 적극적으로 활용하는 방법입니다. 사전 학습 모델의 개념은 서문에서 소개했습니다.

### 사전 학습 모델의 장점

사전 학습 모델을 활용하면 다음과 같은 장점이 있습니다.

- **시간 절약:** 사전 학습 모델은 대규모 데이터셋을 이미 학습했으므로 모든 데이터를 처음부터 학습시키는 시간을 절약할 수 있습니다. 그리고 이를 바탕으로 모델 구축 시간을 크게 단축할 수 있습니다.

- **자원 절약:** 대규모 데이터셋을 처리하고 학습하는 데 필요한 컴퓨팅 자원이 상당히 줄어듭니다. 특히, 모델 학습에는 GPU <sup>Graphics Processing Unit</sup> 등 고가의 하드웨어 자원이 많이 필요하지만, 사전 학습 모델을 사용하면 여기에 들어가는 자원과 비용을 절약할 수 있습니다.

- **높은 성능:** 사전 학습 모델은 이미 방대한 데이터로 학습되어 있어 기본적으로 높은 성능을 가지고 있습니다. 이를 기반으로 특정 작업에 맞게 최적화하면, 성능이 더욱 향상됩니다.

최근 AI 분야의 논문들은 모델을 구현한 코드 및 사전 학습 모델과 학습에 사용한 데이터셋까지도 함께 배포하는 경우가 많습니다. 개발자들이 오픈소스를 코드 저장소인 깃허브 <sup>Github</sup> 에 공개하듯이, 머신러닝 연구자와 개발자들도 사전 학습 모델과 데이터셋을 다른 사람들이 사용하기 쉽도록 모델 저장소에 공개하는 것입니다.

대표적인 모델 저장소로는 허깅페이스 <sup>Huggingface</sup> 가 있습니다. 손글씨 인식을 위해 적합한 사전 학습 모델을 허깅페이스에서 찾아봅시다.

## 허깅페이스에서 모델 탐색하기

허깅페이스는 AI 관련 여러 오픈소스 라이브러리와 모델 및 데이터셋 저장소를 제공하는 세계 최대의 AI 플랫폼 중 하나입니다. 허깅페이스에 공개된 다양한 모델 중에 이번 예제에서 사용할 손글씨 인식 모델을 찾아보겠습니다.

**01** 먼저 웹 브라우저를 열고 허깅페이스 웹사이트(https://huggingface.co)에 접속합니다. 첫 화면은 다음과 같습니다. 모델 탐색을 위해 상단의 [Models] 메뉴를 클릭합니다.

Note 허깅페이스는 회원 가입이 필요한 사이트입니다. 회원 가입 과정은 간단하므로 생략합니다.

**02** 여러 사전 학습 모델을 소개하고, 필요한 모델을 검색할 수 있는 웹페이지가 나타납니다. 좌측에는 다양한 카테고리가 나열되어 있습니다. 우리는 이미지를 인식해 이를 텍스트로 추출하는 모델을 탐색할 예정이므로, [Computer Vision] 카테고리에서 [Image-to-Text]를 클릭합니다.

**03** 우측에 이미지에서 텍스트를 추출하는 사전 학습 모델이 보입니다. [Filter by name] 검색창에 'handwritten'을 입력하고 Enter 키를 눌러 손글씨 관련 모델을 검색합니다. 결과 중에서 [microsoft/trocr-base-handwritten]을 클릭하세요. 이번 예제에서는 손글씨 인식 모델 중 microsoft/trocr-base-handwritten 사전 학습 모델을 사용해 보겠습니다.

**04** microsoft/trocr-base-handwritten 모델을 클릭하면 사전 학습된 microsoft/trocr-base-handwritten 모델, 즉 TrOCR 모델을 제공하는 리포지터리 Repository 페이지 (https://huggingface.co/microsoft/trocr-base-handwritten)로 이동합니다.

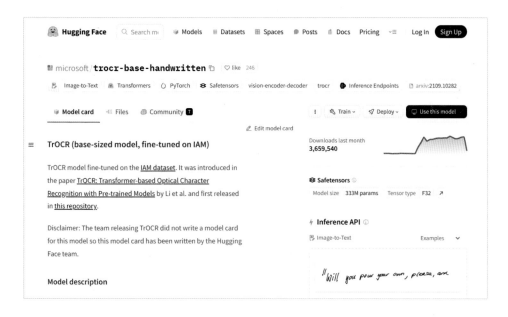

## 모델 선정하기 - TrOCR

이번 절에서는 모델 사용에 앞서, 해당 모델의 특성과 선정 이유를 설명하겠습니다.

TrOCR Transformer-based Optical Character Recognition [1] 은 2021년 4월에 마이크로소프트에서 공개한 모델로, 트랜스포머 기반의 OCR 작업을 수행하는 인코더-디코더 모델입니다. 즉, 글씨 이미지를 입력받는 이미지 인코더와 텍스트를 출력하는 텍스트 디코더로 구성된 모델입니다.

2024년을 기준으로, TrOCR은 여러 손글씨 데이터셋 중에서도 준수한 성능을 보이고 있습니다. 특히 인식된 텍스트와 정답 텍스트 간의 문자 오류 비율을 나타내는 지표인 CER Character Error Rate 에서 높은 성능을 보입니다. 또한, 사전 학습 모델을 허깅페이스의 transformers 라이브러리를 통해 쉽게 사용할 수 있습니다.

---

1 참고: TrOCR 논문, 「TrOCR: Transformer-based Optical Character Recognition with Pre-trained Models」(https://arxiv.org/abs/2109.10282)

## CER이란?

**CER** Character Error Rate 은 인식된 텍스트와 정답 텍스트 간의 문자 오류 비율을 나타내는 지표입니다. OCR처럼 문자 인식 분야 혹은 자연어 처리 분야에서 주로 사용되며, 문자 단위로 정확도를 측정하는 데 활용됩니다. CER은 두 문자열 사이의 문자열 길이, 문자 대체, 삽입, 삭제 등의 편집 연산에 따른 거리를 이용해 계산합니다.

TrOCR 모델이 이미지를 텍스트로 인식하는 과정은 다음 그림과 같습니다. 복잡해 보일 수 있지만 먼저 인코더와 디코더 부분에 주목해서 살펴보고, ❶~❹번의 설명을 바탕으로 진행 흐름과 구조를 이해해 보세요.

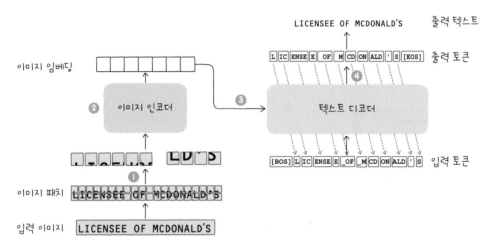

해당 그림을 바탕으로 TrOCR의 작동 방식을 설명하면 다음과 같습니다.

❶ 손글씨 이미지가 입력되면(입력 이미지), TrOCR의 인코더는 손글씨 이미지를 작은 부분으로 나눈 조각들인 이미지 패치Patch를 입력값으로 받습니다.

❷ 이미지 인코더는 입력받은 이미지 패치를 저차원의 벡터 정보로 변환합니다. 이 저차원의 벡터 정보를 임베딩Embedding 정보라고 부릅니다.

❸ 이미지 임베딩 정보는 텍스트 디코더의 입력값으로 들어갑니다.

❹ 텍스트 디코더는 이미지 임베딩 정보를 기반으로 텍스트 토큰을 순차적으로 출력(출력 토큰)합니다. 디코더가 생성한 텍스트가 곧 이미지에서 인식한 텍스트(출력 텍스트)가 됩니다. 디코더는 시작 토큰인 〈BOS Beginning Of Sequence〉를 시작으로 입력받은 토큰에 대해 다음 토큰을 예측합니다. 마지막 토큰인 〈EOS End Of Sequence〉를 출력할 때까지 텍스트를 출력합니다.

TrOCR 모델에 대해서 간략히 알아보았습니다. 설명이 조금 어려울 수 있지만, 1.2절 '알아야 하는 기술 키워드'에서 인코더와 디코더, 토큰의 개념을 설명했으므로 이를 바탕으로 읽어 보면 좀 더 쉽게 이해할 수 있을 것입니다. 더 깊이 알고 싶은 독자들은 관련 논문과 코드를 참고하기 바랍니다.

서비스에 TrOCR 모델을 활용하기 위해 모델 리포지터리 페이지에서 얻어야 할 정보는 ① 원하는 기능을 수행할 수 있는지(모델의 기능), ② 입력할 데이터로 원하는 수준의 결과가 나오는지(모델의 성능), ③ 모델을 어떻게 사용할 수 있는지(모델의 사용 방법)입니다. 즉, 모델의 3가지 조건을 살펴보고, 해당 모델이 본 예제에서 사용 가능한 모델인지 판단해야 합니다.

먼저 리포지터리 페이지를 살펴보면서 관련 정보를 찾아 보고, 모델을 테스트하는 과정을 통해 조건을 충족하는지 확인해 보겠습니다.

## 모델 정보 얻기

우리가 가장 우선적으로 원하는 기능은 '손글씨 이미지'를 입력하면 '텍스트'로 변환하는 작업을 수행하는 기능입니다. 리포지터리 페이지의 [Model Card] 탭에서 모델의 이론적인 배경 설명, 모델 구조, 사용법, 모델 결과 등을 확인할 수 있습니다. 앞에서 선택한 microsoft/trocr-base-handwritten 모델(TrOCR)의 모델 카드를 한번 읽어 봅시다.

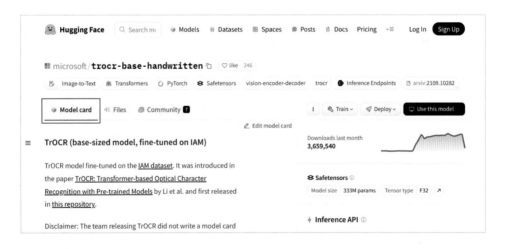

Note 리포지터리 페이지에 들어가면 기본적으로 [Model Card] 탭이 제일 먼저 보이도록 설정되어 있으므로, 해당 내용처럼 되어 있다면 탭을 별도로 클릭하지 않아도 됩니다.

[Model description] 부분에서 TrOCR은 인코더–디코더 구조의 모델로 이미지를 입력받아서 텍스트를 출력하는 구조를 가지고 있다는 설명을 확인할 수 있습니다. 인코더는 이미지를 처리하는 트랜스포머를, 디코더는 텍스트를 처리하는 트랜스포머를 사용합니다. 이를 통해 우리가 원하는 ①번 조건은 충족한다는 것을 알 수 있습니다.

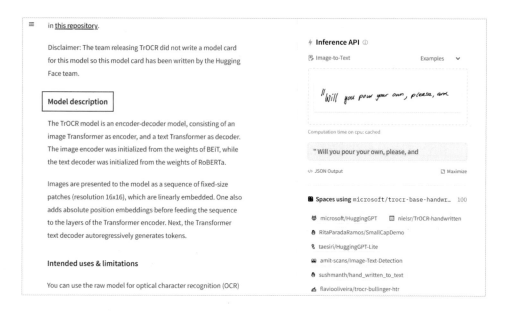

모델 카드의 설명만으로는 TrOCR 모델에 대해 상세한 정보까지 알기는 어려우나, 그래도 해당 모델을 본 예제에서 사용할 수 있는지를 판단할 만한 정보는 충분히 얻을 수 있습니다.


## 모델 테스트하기 - 예제 이미지

허깅페이스는 모델 리포지터리 페이지에서 해당 모델을 간단하게 테스트해 볼 수 있도록 데모 기능을 제공합니다. 리포지터리 페이지 우측의 [Inference API]가 바로 그것입니다.

01 microsoft/trocr-base-handwritten 모델을 테스트하기 위해 [Inference API]에서 [Example]의 드롭다운 버튼을 클릭합니다. 'Note 1', 'Note 2', 'Note 3' 목록이 보이면 하나씩 선택해서 결과를 확인해 봅시다.

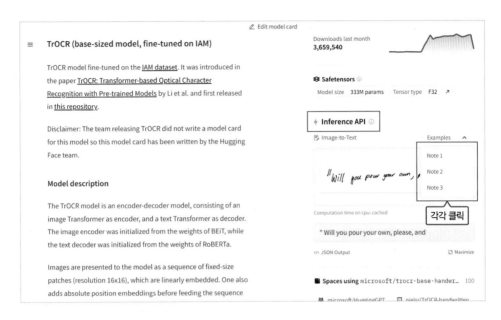

앞에서 허깅페이스를 이용하기 위해서는 회원 가입이 필요하다고 했습니다. 일부 기능은 가입하지 않아도 이용할 수 있지만, [Inference API]를 사용해 테스트를 진행하려면 반드시 로그인해야 합니다. 모델을 테스트하고 이 책의 내용을 잘 따라올 수 있도록 가입을 권장합니다.

02 예시로 입력된 이미지로부터 텍스트 결과가 나타나는 것, 즉 microsoft/trocr-base-handwritten 모델이 이미지의 글씨를 텍스트로 변환하는 기능을 잘 수행한다는 사실을 확인할 수 있습니다. 다음은 'Note 3'을 선택했을 때 나타나는 화면입니다.

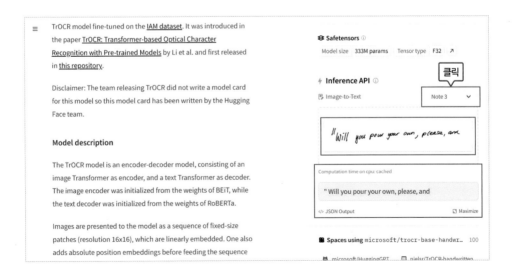

## 모델 테스트하기 - 임의의 손글씨 이미지

다음으로 microsoft/trocr-base-handwritten 모델 리포지터리 페이지에서 제공하는 예제 이미지가 아니라 임의의 손글씨 이미지도 테스트해 봅시다.

이 책에서 사용하는 손글씨 예제 이미지는 이 책의 예제 자료실인 **깃허브 리포지터리**에서 다운 로드할 수 있습니다. 'Bob.png' 파일부터 'sentence.png' 파일까지 총 8개의 예제 이미지를 제공합니다. 모두 확장자가 png인 이미지 파일이며, 파일명이 곧 해당 이미지가 담고 있는 텍스트입니다.

### | 예제 이미지 다운로드하기 |

**01** 먼저 깃허브 리포지터리(https://github.com/MrSyee/dl_apps/tree/main/ocr/examples)에 접속해서 원하는 예제 이미지 파일을 클릭합니다. 본 예제에서는 'Hello.png' 파일을 클릭했습니다.

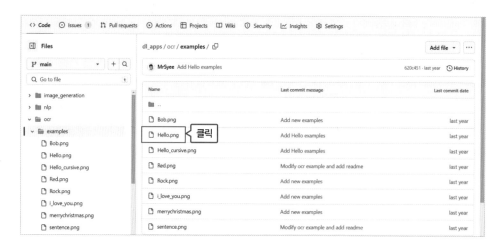

**02** 다음으로 나타나는 페이지에서 Download raw file(⬇) 아이콘을 클릭하여 예제 이미지를 다운로드합니다. 다운로드 경로를 특별히 지정하지 않았다면 해당 예제 이미지가 자동으로 [내 컴퓨터]의 [다운로드] 폴더에 저장됩니다.

## | 예제 이미지 업로드 및 테스트하기 |

**01** 허깅페이스의 microsoft/trocr-base-handwritten 모델의 리포지터리 페이지 화면으로 돌아갑니다. 이미지 파일을 업로드하기 위해 [Inference API]에 입력된 이미지를 클릭합니다.

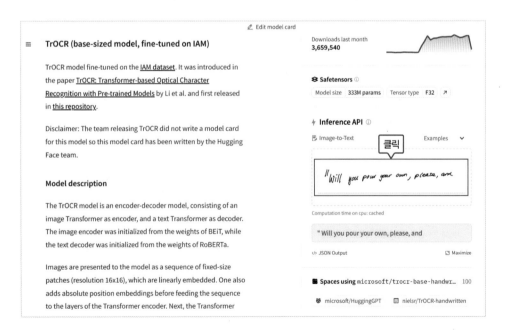

**02** [열기] 창이 나타납니다. 깃허브 링크에서 다운로드한 예제 이미지가 있는 폴더에서 이미지를 선택하고 [열기] 버튼을 클릭합니다.

**03** 예제 이미지가 입력값으로 입력되고 자동 실행됩니다. 로딩이 끝나면 이미지 하단의 초록색 창에 텍스트값이 결과로 나타납니다. 제대로 인식되었는지 확인해 봅시다. 우리가 원했던 Hello 텍스트가 결과로 출력된 것을 확인할 수 있습니다.

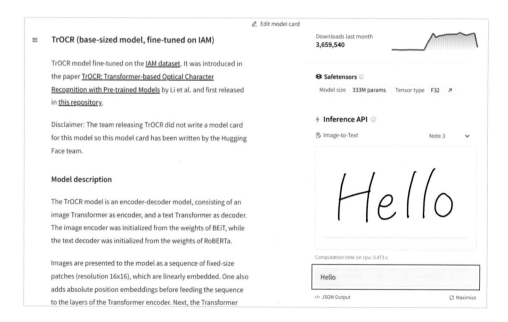

결과를 보니 직접 만든 손글씨 데이터로도 잘 작동하는군요. 즉, 임의의 테스트 데이터를 입력했을 때도 원하는 출력을 얻을 수 있으니 '입력할 데이터로 원하는 수준의 결과가 나오는지'라는 ②번 조건도 충족합니다.

다만 이번 예제에서는 테스트 데이터로 이미지 한 장만 입력했지만, 사실 ②번 조건을 더 엄밀하게 검증하려면 더 많은 테스트 데이터로 데모를 진행해서 다양한 결과를 확인해야 합니다. 앞에서 이야기한 것처럼 8개의 파일을 준비했으니, 더 많은 테스트를 원하는 독자라면 해당 파일들과 본인이 직접 만든 이미지를 적극적으로 활용해 보기를 바랍니다.

## 모델 사용법 확인하기

이제 마지막 ③번 조건인 '모델을 어떻게 사용할 수 있는지'만 남았습니다. 서비스를 개발하다 보면 해당 모델의 사용 방법이 현재 상황에 맞지 않을 수 있으므로 이 단계에서 확실하게 확인해 두어야 합니다. 앞서 언급했던 [Model Card] 탭으로 돌아가 봅시다. 스크롤을 내려 보면 [How to use]라는 항목이 있습니다. 바로 예제 코드를 작동하는 방법을 정리해 놓은 부분입니다.

다음 절에서는 TrOCR 모델을 직접 실행해 보면서 사용법을 더 구체적으로 설명할 예정이니, [How to use] 부분을 먼저 한번 참고해 주세요.

이제 TrOCR 모델을 실행해 봅시다! TrOCR 모델 등의 딥러닝 모델은 많은 연산을 필요로 하기에 일반적인 컴퓨터 자원으로는 속도가 느릴 수 있습니다. 딥러닝 모델을 더 빠르게 실행하기 위해서는 GPU 자원이 필요합니다.

앞으로의 모든 과정은 GPU 자원을 무료로 사용할 수 있는 **코랩**Colab 환경에서 실습해 볼 예정입니다. 본격적인 실습에 앞서 코랩 환경을 먼저 설정해 봅시다.

## 실습 환경 설정하기

구글 코랩Google Colab은 구글에서 제공하는 클라우드 기반의 **주피터 노트북**Jupyter notebook 서비스입니다. 주피터 노트북은 코드, 텍스트, 시각화를 한 문서에서 통합적으로 작성하고 실행할 수 있는 웹 기반의 인터랙티브 환경으로, 사용자는 웹 브라우저를 통해 코랩에 접속하여 파이썬Python 코드를 작성하고 실행할 수 있습니다.

코랩은 GPU나 TPUTensor Processing Units 등의 하드웨어 가속기를 무료로 제공해 주기에 개발자들이 머신러닝 및 데이터 분석 작업을 쉽게 수행할 수 있으며, 대용량 데이터셋을 다루는 작업이나 딥러닝 모델을 학습하는 작업도 추가 비용 없이 수행할 수 있습니다. 먼저 모델을 실행해 볼 수 있도록 예제 파일을 준비한 후 코랩 환경을 설정해 보겠습니다.

### | 예제 파일 준비하기 |

**01** 먼저 웹 브라우저를 열고 코랩 웹사이트(https://colab.research.google.com)에 접속합니다.

**02** 좌측 상단에서 [파일] – [노트 열기] 메뉴를 선택합니다. [노트 열기] 창이 나타나면 좌측 사이드바에서 [GitHub]를 선택하고 상단 입력란에 깃허브 리포지터리 URL(https://github.com/MrSyee/dl_apps)을 입력한 후 검색(🔍) 아이콘을 클릭합니다.

**Note** 검색란에는 "깃허브 URL을 입력하거나 조직 또는 사용자로 검색하세요"라는 안내 문구가 있습니다. 해당 문구처럼 3가지 형태의 검색이 모두 가능합니다. 이 책에서는 주로 깃허브 URL 입력 방식으로 진행합니다.

**03** 앞으로 진행할 예제 코드 목록이 나타납니다. 이번 장에서는 'ocr/trocr.ipynb' 파일을 사용해서 실습을 진행합니다. 해당 파일을 클릭합니다.

**04** 'ocr/trocr.ipynb' 파일을 클릭하면 실습을 위한 예제 파일이 코랩 환경에서 열립니다. 실습을 위한 예제 파일 준비를 마쳤으니, 코랩 환경 설정을 진행해 보겠습니다. 예제 실행 첫 화면[2]을 그대로 유지한 상태에서 다음 과정을 진행합니다.

> **Note** 다음 장부터는 앞의 환경 설정 과정은 동일하게 진행하고, 장별로 필요한 예제 코드를 다운로드해서 실습을 진행할 예정입니다. 예제 실습 코드를 선택하는 과정에 일부 차이는 있으나, 구글 코랩 환경 설정 및 예제 파일 다운로드 과정은 비슷한 형태입니다.

### 여기서 잠깐

#### .ipynb: IPython 노트북이란?

**.ipynb** 확장자는 IPython 노트북 파일을 나타내는 확장자입니다. IPython 노트북은 데이터 분석, 머신러닝, AI 등의 작업에 많이 사용되는 파이썬 기반의 대화형 개발 환경입니다. .ipynb 파일은 텍스트 파일 형태로 작성되어 있으며, JSON 형식으로 구성되어 있습니다. 이 파일은 코드, 텍스트, 수식, 그림 등을 포함할 수 있으며, 모든 내용은 웹 브라우저를 통해 편집 및 실행할 수 있습니다.

IPython 노트북은 데이터 분석 작업을 할 때 코드와 결과를 함께 정리할 수 있다는 장점이 있습니다. 또한, 코드를 셀 단위로 실행할 수 있어서 개발 작업을 진행하면서 중간 결과를 쉽게 확인할 수 있습니다. 이러한 장점들은 데이터 분석 및 머신러닝 등의 작업을 수행하는 개발자들에게 매우 유용합니다. .ipynb 파일은 대표적으로 주피터 노트북, 코랩 등에서 실행할 수 있습니다.

---

2 이 책에서 예제 파일을 실행한 후 나타나는 첫 화면은 모두 '예제 실행 첫 화면'으로 지칭합니다.

## | 런타임 설정하기 |

**01** 코랩에서 GPU 자원을 사용하기 위해 런타임 유형을 설정하겠습니다. 좌측 상단에서 [런타임] – [런타임 유형 변경] 메뉴를 선택합니다.

**02** [런타임 유형 변경] 창이 나타납니다. [런타임 유형]의 드롭다운 버튼을 클릭한 후 'Python3'을 선택하고, [하드웨어 가속기]에서 'T4 GPU'에 체크한 후 [저장] 버튼을 클릭합니다. 이제 코랩에서 GPU 자원을 사용할 수 있습니다.

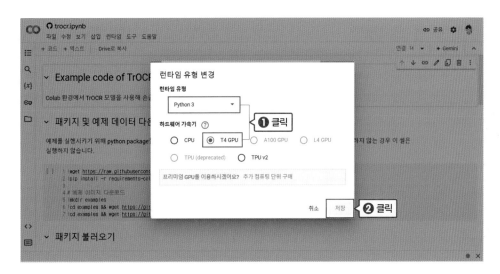

# TrOCR 모델 실행하기

이제 코랩 환경에서 GPU 자원으로 TrOCR 모델을 실행해 보겠습니다. 실제 애플리케이션을 구현하기 전에 마지막으로 모델을 실행하고 테스트해 보는 단계입니다.

먼저 예제를 실행하기 위한 환경 설정부터 시작합니다. 예제 실행 첫 화면을 그대로 유지한 채로 실습을 진행하면 됩니다. 이후의 과정은 모두 예제 실행 화면에 정리해 놓았으니, 해당 화면을 기준으로 설명하겠습니다.

## | 패키지 및 예제 데이터 다운로드하기 |

첫 번째 코드 셀은 코랩 환경에서 예제를 실행하기 위한 파이썬 패키지와 예제 이미지를 다운로드하는 코드 셀입니다. 코드를 실행해 봅시다.

[패키지 및 예제 데이터 다운로드하기]의 코드 셀 좌측의 셀 실행(●) 아이콘을 클릭합니다. 코랩에서는 셀별로 셀 좌측의 셀 실행(●) 아이콘을 클릭하면 해당 셀이 실행됩니다(셀을 클릭한 뒤 [Shift]+[Enter] 키를 눌러도 실행됩니다). 해당 코드 셀을 실행하면 예제를 실행하기 위한 파이썬 패키지들이 자동으로 설치되고, 예제 이미지 파일이 다운로드됩니다. 코드 셀이 문제없이 실행되었다면 셀 실행 아이콘 옆에 초록색 체크 표시가 생성됩니다.

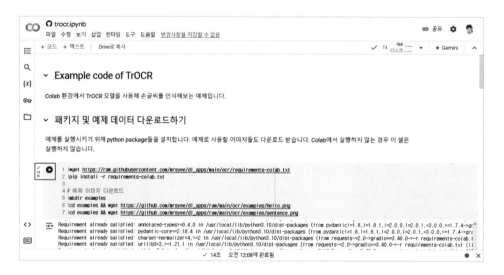

**Note** 코드 셀을 보면 "!"가 입력된 부분들이 있습니다. 코랩에서 명령어 앞에 "!"를 입력하면 파이썬 코드가 아닌 리눅스 명령어를 사용할 수 있습니다.

"이 노트북은 Google에서 작성하지 않았습니다"라는 경고 메시지 창이 나타날 경우, [무시하고 계속하기] 버튼을 클릭합니다.

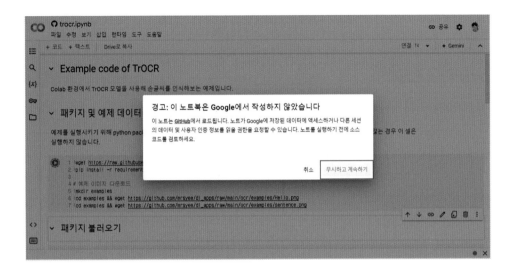

이번 예제에서 사용할 패키지의 버전은 다음과 같습니다.

- transformers: 4.41.2
- Pillow: 9.4.0

## | 패키지 불러오기 |

다음으로 [패키지 불러오기]의 코드 셀을 실행하기 전에, 먼저 코드를 살펴보겠습니다. 해당 코드의 내용과 각 요소는 다음과 같습니다.

**[패키지 불러오기] 코드 셀**

```python
from PIL import Image
from transformers import TrOCRProcessor, VisionEncoderDecoderModel
import matplotlib.pyplot as plt
```

- **PIL:** 이미지를 다루기 위한 파이썬 패키지입니다. 이미지 저장, 로드, 리사이즈 등의 함수를 제공합니다.

- **transformers:** 트랜스포머 기반의 사전 학습 딥러닝 모델을 제공하는 파이썬 패키지입니다. 허깅페이스에서 만든 라이브러리입니다.

- **matplotlib:** 데이터를 시각화하기 위한 파이썬 패키지입니다. 본 예제에서는 이미지를 시각화하는 데 사용합니다.

[패키지 불러오기]의 코드 셀을 실행하면 이번 예제를 실행하는 데 필요한 파이썬 패키지들을 import문으로 불러옵니다.

### | 예제 이미지 불러오기 |

다음으로 TrOCR 모델에 입력할 손글씨 예제 이미지를 불러와야 합니다. 우리는 이미 50쪽의 [패키지 및 예제 데이터 다운로드하기] 단계에서 손글씨 예제 이미지를 다운로드했습니다. 예제 이미지 중에서 'Hello.png' 파일을 불러오기 위해 [예제 이미지 불러오기]의 코드 셀을 모두 실행합니다.

**[예제 이미지 불러오기] 코드 셀**

```python
image = Image.open("examples/Hello.png").convert("RGB")

plt.figure(figsize=(10,10))
plt.imshow(image)
plt.axis("on")
plt.show()
```

실행 결과는 다음과 같습니다.

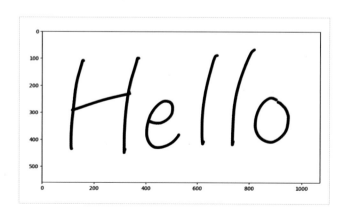

## | 사전 학습 모델 불러오기 |

예제 이미지가 준비되었다면 사전 학습 모델을 불러올 차례입니다. 허깅페이스의 transformers에 구현되어 있는 TrOCR 모델을 불러와 봅시다. transformers 라이브러리는 다양한 머신러닝, 딥러닝 모델을 제공하며, 사전 학습 모델의 가중치 값도 함께 제공합니다. transformers 라이브러리를 활용하면 사전 학습 TrOCR 모델을 쉽게 사용할 수 있습니다.

먼저 예제 실행 첫 화면에서 [사전 학습 모델 불러오기]의 코드 셀을 실행하여 transformers의 라이브러리에서 다음의 2가지 클래스Class를 불러옵니다.

- **TrOCRProcessor:** 모델에 입력할 데이터의 전처리와 출력된 모델 결과물의 후처리를 수행하는 클래스입니다.

- **VisionEncoderDecoderModel:** 실제 모델 클래스입니다. 전처리된 입력을 받으면 모델 추론 결과물을 출력합니다.

각 클래스에는 from_pretrained( ) 함수가 있으며, 이 함수에 원하는 모델의 이름을 입력하여 사전 학습 모델을 불러올 수 있습니다. 모델 관련 정보는 허깅페이스에서 TrOCR 모델을 검색해서 확인할 수 있습니다.[3]

모델을 로딩하는 과정은 시간이 약간 소요됩니다. 과정을 쉽게 알 수 있도록 print문으로 간단한 로그를 남깁니다. [사전 학습 모델 불러오기]의 코드 셀을 실행합니다.

**[사전 학습 모델 불러오기] 코드 셀**

```
print("[INFO] Load pretrained TrOCRProcessor")
processor = TrOCRProcessor.from_pretrained("microsoft/trocr-base-handwritten")
print("[INFO] Load pretrained VisionEncoderDecoderModel")
model = VisionEncoderDecoderModel.from_pretrained("microsoft/trocr-base-hand
written")
```

실행 결과로 다음과 같은 메시지가 출력되었다면 과정이 제대로 수행된 것입니다. 모델의 한 부분이 새롭게 초기화되었다는 경고 메시지가 출력되지만, 무시해도 상관없습니다.

---

**3** 참고: https://huggingface.co/models?other=trocr

/usr/local/lib/python3.10/dist-packages/huggingface_hub/utils/_token.py:88: UserWarning:
The secret `HF_TOKEN` does not exist in your Colab secrets.
To authenticate with the Hugging Face Hub, create a token in your settings tab (https://huggingface.co/settings/tokens), set it as secret in your
You will be able to reuse this secret in all of your notebooks.
Please note that authentication is recommended but still optional to access public models or datasets.
  warnings.warn(

preprocessor_config.json: 100%          228/228 [00:00<00:00, 11.6kB/s]
Could not find image processor class in the image processor config or the model config. Loading based on pattern matching with the model's feature
tokenizer_config.json: 100%             1.12k/1.12k [00:00<00:00, 64.1kB/s]
vocab.json: 100%                        899k/899k [00:00<00:00, 31.6MB/s]
merges.txt: 100%                        456k/456k [00:00<00:00, 26.6MB/s]
special_tokens_map.json: 100%           772/772 [00:00<00:00, 50.2kB/s]
[INFO] Load pretrained VisionEncoderDecoderModel
config.json: 100%                       4.17k/4.17k [00:00<00:00, 289kB/s]
model.safetensors: 100%                 1.33G/1.33G [00:13<00:00, 127MB/s]
Some weights of VisionEncoderDecoderModel were not initialized from the model checkpoint at microsoft/trocr-base-handwritten and are newly initial
You should probably TRAIN this model on a down-stream task to be able to use it for predictions and inference.
generation_config.json: 100%            190/190 [00:00<00:00, 2.14kB/s]

지금까지 TrOCR의 Processor와 Model을 성공적으로 불러왔습니다.

## | TrOCR 모델로 이미지에서 텍스트 추론하기 |

이제 TrOCR 모델을 이용해 손글씨 예제 이미지에서 텍스트를 추론해 봅시다. 과정은 다음과 같습니다. (1) 먼저, Processor 객체를 이용해 입력 이미지를 모델의 입력에 맞게 전처리합니다. 이 단계에서 이미지 리사이즈와 정규화 등의 전처리가 수행됩니다. (2) 그 후, 전처리된 이미지를 TrOCR 모델 객체에 입력합니다. 이 단계에서 38쪽에서 설명한 TrOCR 모델의 작동 방식대로, 이미지 패치 단위로 나누기 – 인코더 추론 – 디코더 추론 과정을 내부적으로 실행합니다. token_ids는 텍스트 디코더가 출력한 토큰 형태의 텍스트 결과물입니다. (3) 마지막으로 Processor 객체의 batch_decode() 함수를 사용해 '텍스트 토큰'을 실제 텍스트로 바꾸는 후처리를 진행합니다. 각 단계 또한 예제 실행 첫 화면에 제시해 놓았습니다.

[TrOCR 모델로 이미지에서 텍스트 추론하기]의 첫 번째 코드 셀을 실행합니다.

**[TrOCR 모델로 이미지에서 텍스트 추론하기] 코드 셀 ①**

```
pixel_values = processor(images=image, return_tensors="pt").pixel_values  ··· (1)
token_ids = model.generate(pixel_values)  ··· (2)
text_from_image = processor.batch_decode(token_ids, skip_special_tokens=True)[0]  ··· (3)
```

실행 결과로 어떤 결과가 나오는지 확인해 볼 차례입니다. 앞서 [예제 이미지 불러오기]를 실행해서 불러 온 'Hello.png' 파일을 TrOCR 모델이 추론을 통해 텍스트로 잘 인식했을까요? 두 번째 코드 셀을 실행합니다.

**[TrOCR 모델로 이미지에서 텍스트 추론하기] 코드 셀 ②**

```
text_from_image
```

실행 결과는 다음과 같습니다.

**실행 결과**

```
'Hello'
```

자, 어떤가요? 손글씨로 'Hello'라고 쓰여진 이미지로부터 'Hello'라는 텍스트를 얻어냈습니다. 앞서 설명해 드린 OCR 기술을 구현해 낸 것입니다.

지금까지 TrOCR 모델에 대해서 ① 원하는 기능을 수행할 수 있는지, ② 입력할 데이터로 원하는 수준의 결과가 나오는지, ③ 모델을 어떻게 사용할 수 있는지를 모두 확인했습니다. 특히 이번 절에서는 TrOCR 모델의 추론까지 구현해 보았습니다.

이제 TrOCR 모델을 이용해 유스케이스 다이어그램에서 디자인했던 '손글씨를 인식해서 텍스트를 생성해 주는 웹 애플리케이션'을 구현해 볼 차례입니다.

## 1.6 애플리케이션 구현하기

앞서 유스케이스에서 디자인했던 애플리케이션을 이제 본격적으로 구현할 차례입니다. 예제 실습을 바탕으로 OCR 서비스를 구성하는 과정과 개념을 잘 이해하면 여러분만의 애플리케이션을 만들 수 있습니다. 몇 가지 세부적인 사항 준비가 필요하지만, 앞서 설명한 과정들에서 일부분만 달라진 것이라 이 부분은 간략하게 설명하고 실제 애플리케이션 구현으로 넘어가겠습니다.

### 환경 설정하기

먼저 코랩 환경 설정부터 진행하겠습니다. 앞에서 다룬 내용과 거의 동일하므로, 차이가 있는 부분만 간략하게 간략하게 설명하겠습니다.

## | 실습 환경 설정하기 |

1.5절 '실습 환경 설정하기' 과정을 참고해서 동일한 설정을 진행하고 예제 파일을 준비합니다. 이번에는 'ocr/handwritten_ocr_app.ipynb' 파일을 사용해서 실습을 진행합니다. 해당 파일의 예제 실행 첫 화면은 다음과 같습니다.

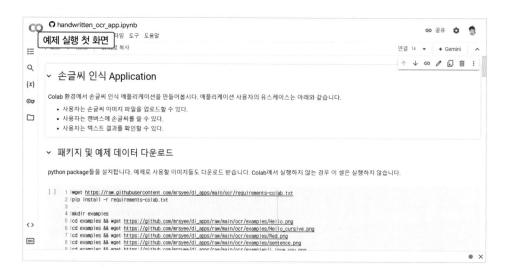

**Note** 모든 예제 코드는 앞서 언급한 대로 깃허브 리포지터리(https://github.com/MrSyee/dl_apps)에 있습니다. 또한, 코랩 환경 설정 시에는 GPU 설정도 잊지 않고 해 주어야 합니다. 1.5절 '런타임 설정하기'를 참고하세요.

## | 기본 환경 설정하기 |

예제를 실습하기 위한 기본 환경 설정 또한 앞서 실습했던 microsoft/trocr-base-hand-written 모델과 거의 동일합니다.

먼저 애플리케이션이 작동하는 데 필요한 파이썬 패키지를 설치하고, 예제 이미지를 다운로드합니다. 예제 실행 첫 화면에서 [패키지 및 예제 데이터 다운로드하기]의 셀 실행(▶) 아이콘을 클릭하여 코드 셀을 실행합니다.

**[패키지 및 예제 데이터 다운로드하기] 코드 셀**

```
!wget https://raw.githubusercontent.com/mrsyee/dl_apps/main/ocr/requirements-colab.txt
!pip install -r requirements-colab.txt
```

```
!mkdir examples
!cd examples && wget https://github.com/mrsyee/dl_apps/raw/main/ocr/examples/Hello.
png
...중략...
```

이번 예제에서 사용할 패키지의 버전은 다음과 같습니다.

- transformers: 4.41.2
- Pillow: 9.4.0
- gradio: 3.40.0

다음으로 [패키지 불러오기]의 코드 셀을 실행합니다. 이번 예제에서 사용할 요소는 다음과 같습니다(1.5절에서 소개한 요소는 설명을 생략합니다).

**[패키지 불러오기] 코드 셀**

```
import os

import gradio as gr
import numpy as np
from PIL import Image
from transformers import TrOCRProcessor, VisionEncoderDecoderModel
```

- **os:** 파이썬 표준 라이브러리로, 환경 변수나 디렉터리, 파일 등의 OS 자원을 제어할 수 있게 해 주는 패키지입니다.

- **gradio:** 웹 기반의 GUI를 만들 수 있는 라이브러리입니다. 이 책의 모든 예제는 gradio를 활용해 UI를 구성합니다.

- **numpy:** 다차원 배열과 행렬 연산에 필요한 다양한 함수와 메소드를 제공하는 파이썬 라이브러리입니다. 다차원 배열로 표현할 수 있는 이미지 데이터도 numpy로 다룰 수 있습니다. 데이터 분석, 머신러닝에서 매우 유용한 사용하는 라이브러리입니다.

## 시나리오 최종 확인하기

환경 설정을 마쳤으니, 본격적으로 서비스를 구현하기에 앞서 유스케이스를 통해 구상했던 시나리오를 바탕으로, 구현해야 할 부분을 한 번 더 정리해 보겠습니다. 30쪽의 '유스케이스 작성하기'에 있는 유스케이스 시나리오와 함께 되새겨 보면 더욱 좋습니다.

❶ 사용자는 손글씨 이미지를 2가지 방식으로 입력할 수 있습니다.
 – 첫 번째는 이미지 파일 업로드 방식입니다. 이를 위해 이미지 파일 업로드 UI를 구현합니다.
 – 두 번째는 캔버스 입력 방식입니다. 이를 위해 캔버스 입력 UI를 구현합니다.
❷ 입력된 손글씨 이미지를 손글씨 인식 OCR 모델을 통해 텍스트 데이터로 변환합니다. 이를 위해 모델 추론기를 구현합니다.
❸ 사용자는 변환된 텍스트 데이터를 텍스트 UI를 통해 확인할 수 있습니다. 이를 위해 텍스트 UI를 구현합니다.


## 이미지 파일 업로드 UI 구현하기

이미지 파일 업로드 UI를 구현해 보겠습니다. 해당 UI 시나리오는 다음과 같습니다.

❶ 이미지 파일을 업로드합니다.
❷ [Convert] 버튼을 클릭합니다.
❸ 이미지로부터 얻은 텍스트를 보여 줍니다.

이 시나리오를 수행할 수 있는 UI를 만들기 위해 gradio를 사용합니다. gradio는 웹 기반의 GUI를 만들 수 있는 라이브러리로, 다양한 UI 컴포넌트를 지원합니다. GUI를 구성하기 위해서는 먼저 상위 레벨 컴포넌트인 Block 객체를 생성한 후, 하위에 버튼 컴포넌트나 이미지 컴포넌트 등의 UI 컴포넌트를 생성해야 합니다.

gradio를 활용하여 UI를 구성할 때는 Block 객체를 생성하여 상위 레벨에서부터 UI 컴포넌트를 추가해야 합니다. gr.Image 객체로 이미지 컴포넌트를 추가하고, 손글씨 이미지 파일을 업로드한 뒤 [Convert] 버튼을 추가하여 변환 작업을 요청할 수 있습니다. 변환 결과는 텍스트 박스 컴포넌트에 출력됩니다. 각 컴포넌트에는 label 인자를 지정하여 UI상에서 서로 구분할 수 있도록 합니다.

마지막으로 gr.Markdown 객체는 UI에 마크다운 문법으로 문구를 추가할 수 있습니다. 현재 만들고 있는 애플리케이션의 제목인 'Handwritten Image OCR'이 UI에 보이도록 gr.Markdown 객체를 추가합니다. 예제 실행 첫 화면에서 [이미지 파일 업로드 UI 구현하기] 의 첫 번째 코드 셀을 실행합니다. 이 코드에서는 app이라는 이름으로 Block 객체를 정의했습니다.

**[이미지 파일 업로드 UI 구현하기] 코드 셀 ①**

```
with gr.Blocks() as app:
    gr.Markdown("# Handwritten Image OCR")
    image = gr.Image(label="Handwritten image file")
    output = gr.Textbox(label="Output Box")
    convert_btn = gr.Button("Convert")
```

만들어진 UI를 실행하기 위해서는 Block 객체의 launch() 함수를 실행해야 합니다. [이미지 파일 업로드 UI 구현하기]의 두 번째 코드 셀을 실행합니다.

**[이미지 파일 업로드 UI 구현하기] 코드 셀 ②**

```
app.launch(inline=False, share=True)
```

실행 결과로 웹 GUI에 접근할 수 있는 URL을 얻었습니다(URL 주소는 실행 시마다 매번 달라지기에 '*' 기호로 표기했습니다).

**실행 결과**

```
Running on public URL: https://*****************.gradio.live
```

> **여기서 잠깐**
>
> ### launch() 함수의 인자란?
>
> launch() 함수에는 여러 가지 인자가 있습니다. 이 책의 예제에서는 2가지 인자를 추가해 두었습니다.
>
> **inline** 인자는 주피터 노트북의 출력 셀에 UI를 출력할 것인지 정하는 옵션입니다. 셀에 출력될 필요는 없으므로 False로 설정합니다.

해당 URL로 접속해 UI를 확인해 봅시다. gradio로 만든 UI를 확인할 수 있습니다.

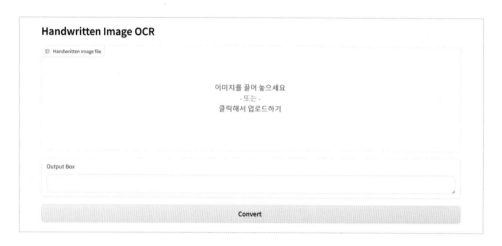

이제 이미지 컴포넌트를 클릭해서 예제 이미지를 업로드할 수 있습니다. 'Hello.png' 이미지 파일을 업로드해 보겠습니다. 깃허브 리포지터리(https://github.com/MrSyee/dl_apps/tree/main/ocr/examples)에서 예제 이미지를 다운로드하는 방법과 과정은 앞에서도 소개했으니 생략합니다. 해당 예제 이미지 파일을 다운로드한 후, UI를 통해 업로드합니다.

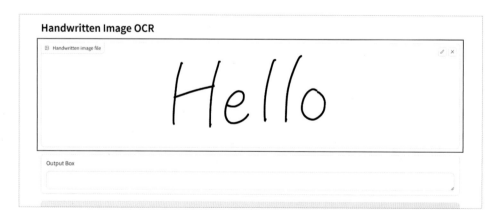

[Convert] 버튼은 아직 아무 기능도 구현하지 않았으므로 클릭해도 아무런 작동을 하지 않습니다. 일단 UI가 잘 구현된 것을 확인했으니 웹 GUI를 종료하겠습니다. 세 번째 코드 셀을 실행합니다.

**[이미지 파일 업로드 UI 구현하기] 코드 셀 ③**

```
app.close()
```

> **Note** 웹 GUI를 종료하지 않으면 코랩에서 다시 웹 GUI를 실행할 때 문제가 생기므로 반드시 종료해 주어야 합니다. 앞으로 진행할 모든 프로젝트에 동일하게 해당되는 사항이니, 각 예제에 종료 코드 셀이 있을 경우 코드 셀 실행 순서를 따라 마지막 단계에서 이를 실행하세요.

세 번째 코드 셀까지 실행을 마친 결과는 다음과 같습니다.

**실행 결과**

```
Closing server running on port: 7861
```

이제 [Convert] 버튼을 눌렀을 때 모델을 이용해서 이미지에서 텍스트를 인식하는 로직을 구현해 보겠습니다.

## TrOCR 추론기 클래스 구현하기

앞의 예제를 통해서 TrOCR 모델의 '① 전처리 – ② 모델 추론 – ③ 후처리' 과정을 수행해 보았습니다. 이제 앞선 예제와 동일한 과정을 수행하는 TrOCR 추론기를 클래스 형태로 구현해 보겠습니다.

예제 실행 첫 화면에 있는 [TrOCR 추론기 클래스 구현하기]의 첫 번째 코드 셀을 실행합니다.

**[TrOCR 추론기 클래스 구현하기] 코드 셀 ①**

```
class TrOCRInferencer:
    def __init__(self): … (1)
        print("[INFO] Initialize TrOCR Inferencer.")
```

```
        self.processor = TrOCRProcessor.from_pretrained(
            "microsoft/trocr-base-handwritten"
        )
        self.model = VisionEncoderDecoderModel.from_pretrained(
            "microsoft/trocr-base-handwritten"
        )

    def inference(self, image: Image) -> str:  ··· (2)
        """Inference using model.

        It is performed as a procedure of preprocessing - inference - postprocessing.
        """
        # preprocess
        pixel_values = self.processor(images=image, return_tensors="pt").pixel_values
        # inference
        generated_ids = self.model.generate(pixel_values)
        # postprocess
        generated_text = self.processor.batch_decode(
            generated_ids, skip_special_tokens=True
        )[0]

        return generated_text
```

TrOCRInferencer는 TrOCR 모델 객체와 프로세서 객체를 관리하고, 두 객체를 활용해 모델 추론 작업을 수행하는 객체를 만드는 클래스입니다. **(1)** TrOCRInferencer 객체는 생성될 때 내부 변수로 전/후처리를 위한 프로세서와 추론 작업을 수행할 사전 학습 모델을 불러옵니다. **(2)** 그 후 inference() 함수에서 이미지를 입력받아 '① 전처리 – ② 모델 추론 – ③ 후처리' 과정을 거쳐 텍스트를 출력합니다.

TrOCRInferencer 객체를 생성해 보겠습니다. [TrOCR 추론기 클래스 구현하기]의 두 번째 코드 셀을 실행합니다.

**[TrOCR 추론기 클래스 구현하기] 코드 셀 ②**

```
inferencer = TrOCRInferencer()
```

과정을 잘 수행했다면 다음과 같은 실행 결과가 나옵니다.

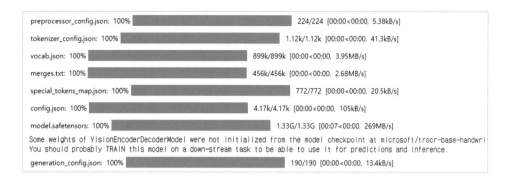

## 추론 기능 구현하기

TrOCRInferencer 객체를 활용해 버튼 눌렀을 때 추론이 작동하도록 만들어 봅시다. 버튼을 눌렀을 때 이미지로부터 텍스트를 얻는 기능을 수행하는 **콜백**Callback 함수를 정의해 보겠습니다. [추론 기능 구현하기]의 첫 번째 코드 셀을 실행합니다.

**[추론 기능 구현하기] 코드 셀 ①**

```
def image_to_text(image: np.ndarray) -> str:
    image = Image.fromarray(image).convert("RGB")  ⋯ (1)
    text = inferencer.inference(image)  ⋯ (2)
    return text
```

이 함수는 **(1)** 먼저 numpy.ndarray 타입인 이미지를 입력받으면 우선 PIL.Image 타입으로 변환합니다. 변환하는 이유는 TrOCR 모델이 PIL.Image 타입의 입력을 지원하기 때문입니다. **(2)** 그 후 TrOCRInferencer 객체의 inference( ) 함수를 사용해서 이미지로부터 텍스트를 추론하고 해당 텍스트를 출력합니다.

[Convert] 버튼을 눌렀을 때 이 함수가 작동하도록 하려면 gr.Button의 click( ) 함수를 설정해야 합니다. 다음은 두 번째 코드 셀의 일부입니다.

**[추론 기능 구현하기] 코드 셀 ② 일부**

```
convert_btn.click(
    fn=image_to_text, inputs=image, outputs=output
)
```

click() 함수의 fn 인자에 콜백 함수를 지정합니다. 그 후 inputs 인자에 이미지 컴포넌트를, outputs 인자에는 텍스트 박스 컴포넌트를 설정합니다. 이렇게 설정하면 [Convert] 버튼을 눌렀을 때 image_to_text() 함수가 실행되며 image_to_text() 함수의 인자에 이미지 컴포넌트의 이미지가 들어가게 됩니다. 출력으로 설정한 텍스트 박스 컴포넌트에는 image_to_text() 함수의 출력값이 들어가게 됩니다.

click() 함수를 포함하여 UI를 구현한 코드는 다음과 같습니다. 두 번째 코드 셀을 실행합니다.

**[추론 기능 구현하기] 코드 셀 ②**

```
with gr.Blocks() as app:
    gr.Markdown("# Handwritten Image OCR")
    image = gr.Image(label="Handwritten image file")
    output = gr.Textbox(label="Output Box")
    convert_btn = gr.Button("Convert")
    convert_btn.click(
        fn=image_to_text, inputs=image, outputs=output
    )

app.launch(inline=False, share=True)
```

코드 실행을 마친 후, 웹 GUI로 들어가 손글씨 이미지 파일을 업로드합니다. 그리고 [Convert] 버튼을 클릭합니다.

자, 'Hello'가 적힌 손글씨 이미지로부터 'Hello'라는 텍스트를 얻어냈습니다! 여러 가지 손글씨 이미지를 업로드해서 결과를 테스트해 봅시다.

테스트를 마친 후에는 app.close( ) 함수를 사용하여 과정을 종료합니다. 이 부분 또한 [추론 기능 구현하기]의 세 번째 코드 셀에 구현해 놓았으니 참고하기 바랍니다.

## 캔버스 UI 구현하기

이번에는 손글씨를 직접 입력할 수 있는 캔버스 UI를 만들어 보겠습니다. gradio의 Sketch-pad 컴포넌트를 사용하면 쉽게 만들 수 있습니다.

다음은 [캔버스 UI 구현하기]의 첫 번째 코드 앞부분입니다.

**[캔버스 UI 구현하기] 코드 셀 ① 일부**

```
sketchpad = gr.Sketchpad(
    label="Handwritten Sketchpad",
    shape=(600, 192),
    brush_radius=2,
    invert_colors=False,
)
```

Sketchpad 컴포넌트도 다른 컴포넌트처럼 label 인자를 활용해 UI에서 보이는 컴포넌트의 이름을 지정할 수 있습니다. shape 인자는 캔버스의 너비와 높이를 지정할 수 있고, brush_radius 인자로는 캔버스에 그릴 선의 굵기를 지정할 수 있습니다. invert_colors 인자는 False로 지정하면 흰 바탕에 검은 글씨로 캔버스가 설정됩니다. TrOCR 모델은 흰 바탕에 검은 글씨인 경우에 인식률이 가장 높은 편이므로 캔버스도 그렇게 설정합니다.

Sketchpad 컴포넌트를 이용해 캔버스 UI를 실행시켜 보겠습니다. 그리고 이미지 파일 업로드 UI에서 사용했던 추론 로직도 추가해 봅시다. 첫 번째 코드 셀을 실행합니다.

**[캔버스 UI 구현하기] 코드 셀 ①**

```
with gr.Blocks() as app:
    gr.Markdown("# Handwritten Image OCR")
    sketchpad = gr.Sketchpad(  … (1)
        label="Handwritten Sketchpad",
        shape=(600, 192),
        brush_radius=2,
        invert_colors=False,
    )
    output = gr.Textbox(label="Output Box")
    convert_btn = gr.Button("Convert")
    convert_btn.click(  … (2)
        fn=image_to_text, inputs=sketchpad, outputs=output
    )

app.launch(inline=False, share=True)
```

(1) 바로 위에서 구현한 캔버스 UI에 (2) 추론 로직인 image_to_text 콜백 함수를 추가했습니다. 이 코드를 실행하고 실행 결과로 출력된 웹 GUI에 접속해 보면 다음과 같은 결과물이 나옵니다.

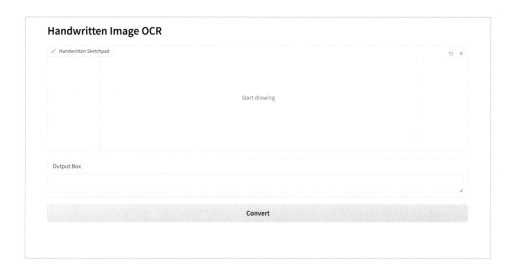

캔버스에 'Hello'라고 입력한 후, [Convert] 버튼을 클릭해 봅시다.

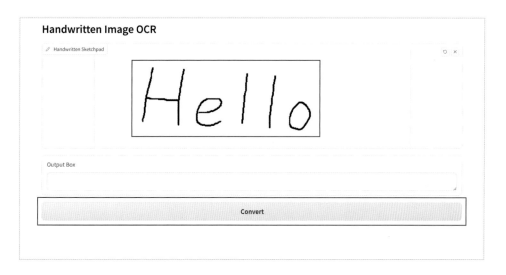

과연 이미지로부터 텍스트를 제대로 추출해낼 수 있을까요? [Output Box] 부분을 확인해 봅시다. 캔버스에 적힌 'Hello' 손글씨로부터 'Hello'라는 텍스트를 얻어냈습니다!

여기까지 따라오느라 고생 많으셨습니다. 캔버스에 여러 가지 손글씨를 그려서 더 테스트해 봅시다.

## 1장에서는

- OCR의 개념을 이해하고, 활용 사례 및 서비스의 시장성을 살펴보았습니다.
- 손글씨 인식 애플리케이션의 시나리오를 정의하고, 이를 충족시키는 유스케이스를 설계했습니다.
- 요구사항에 맞는 사전 학습 모델을 찾고, 이를 활용했습니다. 허깅페이스에서 제공하는 TrOCR 모델을 이용해 이미지에서 텍스트를 추출하는 과정을 구현했습니다.
- gradio를 사용하여 손글씨 이미지를 입력했을 때 텍스트를 추출할 수 있는 웹 기반의 손글씨 인식 애플리케이션을 구현했습니다.

# chapter 2

## 사진 속 알맹이만 쏙쏙, 배경을 제거해 주는
# 이미지 세그멘테이션 서비스

이번 장에서는 두 번째 AI 서비스로 이미지 세그멘테이션 Image Segmentation 기술과 관련된 서비스를 다뤄 보겠습니다.

먼저 이미지 세그멘테이션의 개념을 설명하고, 해당 기술의 시장성과 전망, 활용 사례를 차례로 소개합니다. 그리고 이미지 세그멘테이션을 활용한 배경 제거 서비스 관련 기술 키워드를 배운 뒤, 유스케이스를 작성하고 배경 제거 애플리케이션의 구현으로 나아가 보겠습니다.

- 이미지 세그멘테이션의 개념을 이해하고, 활용 사례 및 서비스의 시장성을 살펴봅니다.
- 이미지 세그멘테이션 기술을 활용한 서비스 구현 예제로 배경 제거 애플리케이션을 기획합니다.
- 사용자 상호작용이 가능한 이미지 세그멘테이션 사전 학습 모델을 탐색하고 선정합니다. 그리고 시나리오를 바탕으로 사전 학습 모델과 이미지 처리 알고리즘을 활용해 배경 제거 애플리케이션을 구현합니다.

2장에서는 이미지 세그멘테이션 기술을 활용해 이미지에서 선택한 객체만 남기고 배경을 제거해 주는 AI 서비스를 구현합니다. 먼저 이미지 세그멘테이션 기술의 개념을 배워 보고, 기술을 활용한 사례를 살펴보겠습니다.

## 개념 이해

이미지 세그멘테이션Image Segmentation 기술은 컴퓨터가 디지털 이미지나 영상에서 데이터를 추출하고 해석할 수 있도록 하는 컴퓨터 비전 기술 중의 하나로, 이미지 내의 특정 객체를 픽셀 단위로 분리하는 기술입니다.

이 기술은 다양한 방법을 사용해서 이미지나 영상에서 특정한 관심 대상이 되는 '객체'를 픽셀 단위로 분리합니다. 이를 통해 객체의 경계를 픽셀 단위로 정확하게 파악하고, 객체 내부와 배경을 구분할 수 있습니다.

이미지 세그멘테이션 기술은 객체 인식Object detection 기술과 비슷한 개념이지만, 몇 가지 차이점이 있습니다. 객체 인식 기술은 이미지 내에서 객체의 위치와 크기를 사각형 박스로 표현하여 객체를 식별합니다. 반면에 이미지 세그멘테이션 기술은 객체를 이루는 모든 픽셀을 정확하게 분리해서 객체의 윤곽을 세밀하게 파악합니다. 그리고 이를 통해서 객체의 형태와 구조를 더 자세하게 분석할 수 있습니다.

> **여기서 잠깐**
> ### 객체 인식 기술이란?
>
> **객체 인식 기술**은 이미지 내에서 특정 객체를 식별하고 그 위치를 파악하여 경계를 표시하는 컴퓨터 비전 기술입니다. 일반적으로 객체를 식별한 후에는 **바운딩 박스**Bounding box라고 불리는 사각형을 그려 경계를 표시합니다.
>
> 객체 인식 기술을 활용하면 객체의 위치를 파악하고 다른 작업에 활용할 수 있습니다. 예를 들어, 여러 동물이 찍힌 사진에서 객체 인식 기술을 통해 개의 객체를 식별하고 개의 객체 수를 세는 등의 작업을 수행할 수 있습니다.

또한 세그멘테이션 기술과 연계하면 객체 내부의 세부적인 구조를 파악할 수도 있습니다. 객체를 한 번 인식한 뒤 픽셀 수준에서 분리하므로 정확성이 더 높아집니다.

객체 인식 기술은 자율주행, 보안 등 다양한 분야에서 객체 식별과 위치 파악에 활용되며, 이를 통해 더 지능적이고 유용한 응용 프로그램을 개발할 수 있습니다.

다음 표는 객체 인식과 이미지 세그멘테이션의 특징을 비교한 표입니다.

|  | 객체 인식 기술 | 이미지 세그멘테이션 기술 |
| --- | --- | --- |
| **목적** | 객체 위치 파악 및 객체별 클래스 분류 | 픽셀별 클래스 분류 |
| **결과물** | 각 객체의 위치와 경계 | 세그멘테이션 마스크 |
| **특징** | 객체의 크기 및 위치만 인식 | 객체의 정확한 형태까지 인식 |
| **활용 사례** | 얼굴 인식, 차량 감지 | 의료 이미지상의 병변 인식, 도로 차선 인식 |

## 활용 사례

이미지 세그멘테이션 기술 역시 OCR 기술처럼 실제로 많은 분야에서 활용되고 있습니다. 이미지 세그멘테이션 기술에 대한 개념을 알아보았으니 이제는 시장성과 전망을 살펴보고, 현재 상용화된 이미지 세그멘테이션 서비스 활용 사례를 소개하겠습니다.

전 세계 이미지 인식 시장 규모는 2024년 기준 약 50억 달러로 평가되었으며, 2030년 기준 약 123억 달러에 이를 것으로 예상됩니다. 이는 연평균 성장률 약 16.19%의 급격한 성장세입니다.

특히 이미지 세그멘테이션 기술은 1장에서 다루었던 글자를 인식하는 OCR 기술보다 활용 범

위와 사례가 넓은 편입니다. 여러 이미지 세그멘테이션 서비스 중에서 상용화된 서비스를 선정해 3가지 사례를 소개하겠습니다.

## | 의료 이미지 분석 서비스 |

의료 이미지(영상 포함) 분석 시 이미지 세그멘테이션 기술을 활용하면 이미지에서 세포나 종양 등의 특정 영역을 정확하게 분리하고 특성 분석을 수행할 수 있습니다. 이러한 분석 자료는 의료 전문가들의 정확한 진단과 치료를 위한 정보로 사용됩니다.

예를 들어, 미국의 방사선 기업인 래드넷<sup>RadNet</sup>은 이미지 세그멘테이션 기술을 MRI, CT 스캔, X-ray 등 다양한 의료 이미지를 분석하여 질병을 조기에 발견하고 진단하는 데 적극적으로 활용합니다.

의료 관련 기업들은 이미지 세그멘테이션 기술을 활용하여 의료 분야에서 진단의 정확성을 높이고, 의료 효율성을 개선하며, 비용을 절감하고, 의료 서비스의 접근성을 향상시키는 등 다방면에서 유용성을 입증하고 있습니다. 의료 분야는 삶의 필수 분야로 시장성이 매우 큰 만큼, 의료 분야에서의 AI 서비스 또한 전망이 밝습니다.

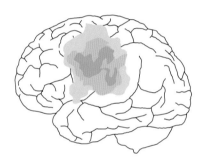

## | 자율주행 서비스 |

자율주행 시스템에서도 영상 정보를 기반으로 도로 상황을 인식하기 위해 이미지 세그멘테이션 기술이 사용됩니다. 이미지 세그멘테이션 기술은 도로 위의 표지판, 보행자, 장애물, 도로 표면, 차선 등 모든 정보를 픽셀 수준으로 구분해서 인식하여 자율주행 시스템이 도로 상황을 정확히 인지하고 적절한 조치를 취할 수 있게 합니다.

전기차로 유명한 미국의 테슬라<sup>Tesla</sup>는 뛰어난 자율주행 기술을 보유한 회사입니다. 테슬라의 자동차는 세그멘테이션 기술을 사용하여 도로 환경을 이해하고 도로 위의 객체들을 인식합니다. 이를 통해 도로의 차선, 보행자, 차량, 표지판 등을 정확히 구분하여 안전하고 효율적인 자율주행을 가능하게 합니다.

자율주행 기술은 지금도 끊임없이 발전하고 있습니다. 리서치 전문 기업 마켓앤마켓<sup>Markets and</sup>

Markets에 따르면 전 세계 자율주행차 시장 규모는 2024년 약 284억 2,600만 달러로 평가되었으며, 2030년에는 약 1,332억 달러에 이를 것으로 예상됩니다. 자율주행 기술에서 특히 중요한 요소 중 하나가 안전성인 만큼, 자율주행 분야에서 이미지 세그멘테이션 기술의 전망과 성장 가능성 또한 전 세계적으로 매우 높습니다.

## | 영상 분석 서비스 |

CCTV 영상 분석에도 세그멘테이션 기술이 활용됩니다. 이미지 세그멘테이션 기술을 활용하면 CCTV 영상에 등장하는 사람들에 대한 정보를 데이터화할 수 있습니다. 그리고 이러한 데이터를 바탕으로 필요한 정보를 추출하고 기록할 수 있습니다. 이를 통해 보안 목적이나 거수자 및 미아를 찾는 상황에서 빠르고 정확한 대응이 가능해집니다.

지금까지의 사례를 바탕으로 이미지 세그멘테이션 관련 서비스의 상용화 가능성을 충분히 파악해 보았습니다. 이제 다음으로는 이 장에서 이미지 세그멘테이션 서비스를 구현하기 위해 알아야 하는 기술 키워드를 짚고 넘어가도록 하겠습니다.

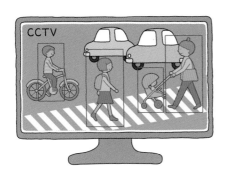

**알아야 하는 기술 키워드**

이미지 세그멘테이션 기술을 구현하거나 학습하기 위해서 꼭 필요한 필수 키워드를 간략하게 소개합니다.

## 클래스

클래스 Class는 분류 문제에서 대상이 될 수 있는 여러 카테고리 중 하나를 의미합니다(객체 지향 프로그래밍에서의 '클래스'와 동음이의어입니다).

예를 들어, 개와 고양이를 구분하는 분류 문제에서는 개, 고양이가 각각 하나의 클래스입니다. 각 클래스는 모델이 학습하고 예측해야 하는 고유한 범주를 나타내며, 정확한 분류를 위해 각 클래스의 특징을 잘 이해하는 것이 중요합니다.

## 세그멘테이션 마스크

세그멘테이션 마스크 Segmentation Mask는 세그멘테이션의 결과물을 의미합니다. 세그멘테이션 마스크는 원본 이미지와 같은 크기를 가지며, 각 픽셀이 어떤 클래스에 속하는지를 나타내는 정보를 가지고 있습니다.

예를 들어, 이미지 세그멘테이션의 목적이 '사람'과 '배경'을 구분하는 것이라면, 세그멘테이션 마스크에서 '사람'에 해당하는 픽셀은 1로, '배경'에 해당하는 픽셀은 0으로 표현될 수 있습니다. 다음 그림을 보면 이해가 쉽습니다.

```
00000000000000000000000000000000
00000000000011111110000000000000
00000000000111111111000000000000
00000000000111111111000000000000
00000000000111111111000000000000
00000000000111111111100000000000
00000000000111111111100000000000
00000001100111111111100000000000
00000000110111111111100000000000
00000000011111111111100000000000
00000000011111111111100000000000
```

세그멘테이션 마스크

## 바운딩 박스

바운딩 박스Bounding box는 이미지 내의 관심 객체 주위를 사각형으로 둘러싸는 것을 의미합니다. 주로 이미지 내 특정 객체의 위치와 크기를 나타내는 데 사용됩니다. 박스 위치와 크기는 좌표로 표현합니다. 일반적으로 박스 모서리에 위치한 4개의 좌표 중 좌측 상단Top-left과 우측 하단Bottom-right의 좌표를 대푯값으로 사용하여 바운딩 박스를 표현합니다. 이 개념 또한 그림을 통해 더 쉽게 이해할 수 있습니다.

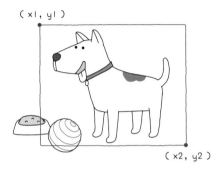

---

## 2.3 서비스 기획하기

이미지 세그멘테이션 기술을 사용해 사진에서 우리가 원하는 객체만 남기고 배경을 제거하는 애플리케이션 구현을 시작하기에 앞서 이 절에서는 프로젝트의 방향성을 기획하고, 구현 과정에서 도움이 될 중요한 가이드라인을 설정하는 것부터 시작하겠습니다.

서비스 구현을 위한 준비 작업인 유스케이스 작성부터 시작합니다. 유스케이스의 개념과 작성 방식이 기억나지 않는 독자들은 28쪽의 〈여기서 잠깐〉을 한 번 더 참고하기 바랍니다.

### 유스케이스 작성하기

우리가 구현할 배경 제거 애플리케이션은 마우스로 이미지상의 특정 객체를 클릭하면, 그 객체만 분리하고 나머지 부분을 자동으로 제거해 주는 애플리케이션입니다. 이번 장에서 만들 배경 제거 애플리케이션의 유스케이스 다이어그램을 작성해 보면 다음 그림과 같습니다.

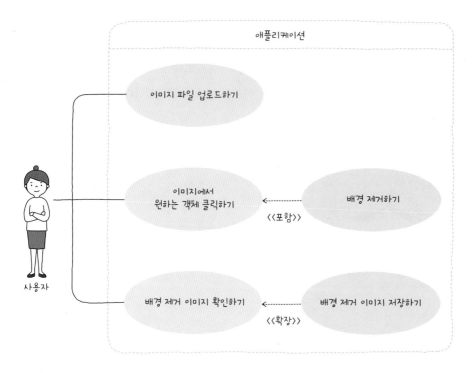

유스케이스 다이어그램을 바탕으로 이번 예제의 시나리오를 요약해 봅시다.

❶ 사용자가 원하는 이미지를 애플리케이션에 업로드합니다. 업로드한 이미지는 화면에서 확인할 수 있어
   야 합니다.

❷ 사용자가 화면에 보이는 이미지에서 원하는 객체를 마우스로 클릭합니다. 애플리케이션은 클릭한 지점
   을 기준으로 해당 위치의 좌표를 확보합니다.

❸ 애플리케이션은 이미지와 좌표 데이터를 바탕으로 사용자가 원하는 객체를 추출하고, 객체를 제외한 나
   머지 부분인 배경을 제거합니다.

❹ 사용자는 배경이 제거된 이미지를 화면에서 확인할 수 있습니다.
   – 원할 경우 최종 결과물 이미지를 다운로드해서 사용할 수 있습니다.

## | 이미지 파일 업로드하기 |

사용자는 배경을 제거하고 싶은 이미지를 애플리케이션에 업로드할 수 있습니다. 업로드한 이
미지는 화면에서 확인할 수 있어야 합니다.

## | 이미지에서 원하는 객체 클릭하기 |

이미지가 애플리케이션 화면에 나타나면, 사용자는 이미지를 확인하고 배경을 제거할 객체를 클릭하여 선택합니다. 이때 사용자가 클릭한 위치는 좌표로 기록되고, 이미지 세그멘테이션 모델이 이 좌표를 기준으로 해당 객체의 경계를 인식합니다.

## | 배경 제거하기 |

선택된 객체를 기준으로 이미지에서 객체를 구분한 뒤 객체를 제외한 배경을 제거합니다. 이 과정에서 사전 학습 이미지 세그멘테이션 모델이 활용되어 객체의 윤곽을 정밀하게 추출합니다.

사용자가 이미지에서 원하는 객체를 클릭하는 동작과 연계되어 작동하므로, 두 유스케이스는 <<포함>> 관계를 갖습니다.

## | 배경 제거 이미지 확인하기 |

배경 제거 작업이 완료되면, 결과 이미지가 화면상에 표시됩니다. 사용자는 화면에 출력된 이미지를 확인하고 배경 제거 결과가 본인이 원하는 대로 수행되었는지 검토할 수 있습니다.

## | 배경 제거 이미지 저장하기 |

배경이 제거된 이미지 결과가 원하는 대로 구현되었다면, 사용자는 [저장] 버튼을 클릭하여 최종 이미지를 본인의 디바이스에 저장할 수 있습니다. 이미지의 배경이 제거된 부분은 투명도가 반영되어야 하므로 투명 배경을 지원하는 png 형식으로도 저장이 가능해야 합니다. 저장된 이미지는 다양한 용도로 활용할 수 있습니다.

또한, 이미지 저장 기능은 이미지 확인 기능에서 확장된 것으로 볼 수 있으므로 두 유스케이스는 <<확장>> 관계를 갖습니다.

## 애플리케이션 구성 구체화하기

다음으로, 76쪽의 '유스케이스 작성하기'에서 다룬 애플리케이션의 구성을 구체화해 보겠습니다. 해당 과정의 필요성은 이미 앞 장에서도 설명했습니다. 우선 최종 사용자의 사용 과정과 애플리케이션의 운영 과정을 그림으로 표현하면 다음과 같습니다.

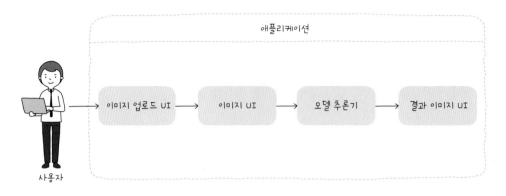

각 과정을 단계별로 구체화해 봅시다.

**1단계:** 사용자가 입력한 '이미지'를 업로드할 수 있는 UI가 필요합니다. 이미지는 파일 업로드 방식으로 입력할 수 있어야 하며, 업로드한 이미지는 이미지 UI에서 확인할 수 있어야 합니다. 즉, 2가지 조건을 충족하는 이미지 업로드 UI를 만들어야 합니다.

**2단계:** 이미지 UI는 마우스 클릭이 가능한 UI로 구성해야 합니다. 이번 예제에서는 이미지에서 사용자가 원하는 부분을 마우스로 클릭하여 선택하는 동작을 구현할 예정입니다. 마우스로 클릭한 후에는 그 결괏값으로 클릭한 좌표 정보도 얻을 수 있어야 합니다.

**3단계:** 이미지와 마우스 클릭이라는 입력이 주어지면 사전 학습 이미지 세그멘테이션 모델을 이용해 원하는 위치의 객체만 남기고 배경을 제거합니다. 모델 추론기는 1장의 OCR 예제에서처럼 전처리, 모델 추론, 후처리와 같은 모델 추론에 필요한 기능들을 포함합니다.

**4단계:** 마지막으로 결과 이미지 UI에서는 모델 추론을 통해 변환된 '배경이 제거된 이미지'를 보여 줍니다. 결과 이미지는 화면에서 확인할 수 있고, 다운로드할 수 있어야 합니다.

1장에서와 마찬가지로 애플리케이션 구성 중에서 모델 추론기 부분을 먼저 구체화해 보겠습니다. '① 전처리 – ② 모델 추론 – ③ 후처리' 과정의 모델 추론기를 구체화합니다. 특히 이번 장의 배경 제거 애플리케이션 예제에서는 모델도 중요하지만, '후처리' 과정 또한 중요합니다.

'배경 제거'라는 표현에서도 알 수 있듯이, 우리의 목표는 원하는 객체만 남기고 배경을 제거하는 것입니다. 그러나 사실 세그멘테이션 모델의 모델 추론 결과는 단순히 객체 위치의 세그멘테이션 마스크를 결괏값으로 내놓는 것에 불과합니다. 즉, 사전 학습 모델 추론 결과만으로는 배경이 제거된 이미지를 한 번에 얻을 수 없습니다.

그래서 모델이 만든 세그멘테이션 마스크 정보를 활용해 후처리 과정에서 객체를 제외한 나머지 부분, 즉 배경만 제거해 주어야 합니다. 이 부분을 그림으로 다시 표현하면 다음과 같습니다. 78쪽의 '애플리케이션 구성 구체화하기' 부분과 거의 동일하나, 모델 추론기 부분이 3단계로 세분화되었다는 점에 주목해 주세요.

배경 제거 기능은 컴퓨터 비전 알고리즘을 통해 구현할 수 있습니다. 2장의 실습 예제를 통해 모델 추론과 더불어 컴퓨터 알고리즘을 조합하여 원하는 기능을 만드는 과정을 알아보겠습니다.

이렇게 배경 제거 애플리케이션의 구성 디자인을 마쳤습니다. 이제 이미지 세그멘테이션 서비스 구현 준비를 마쳤으니, '① 사전 학습 모델 탐색 및 선정하기, ② 모델 테스트 및 실행하기, ③ AI 서비스 구현 및 결과 확인하기' 순서로 진행하며 실제 AI 서비스를 구현해 보겠습니다. 먼저 적합한 모델을 선정하는 과정부터 진행합니다.

| 2.4 | 모델 선정하기 |
|---|---|

이미지 세그멘테이션 기술을 적용한 배경 제거 애플리케이션을 만들기 위해서는 먼저 적합한 머신러닝 모델을 선정해야 합니다. 앞에서 설명한 것처럼 사용자의 클릭 기반의 상호작용을 통해 이미지의 특정 부분을 세그멘테이션하는 애플리케이션을 디자인한 만큼, 해당 방식으로 세그멘테이션하는 데 특화된 모델이 필요합니다.

이번 예제에서는 이미지 세그멘테이션의 유형 중 인터랙티브 세그멘테이션Interactive segmentation 방식을 사용하고자 합니다. 인터랙티브 세그멘테이션은 이름 그대로 사용자의 상호작용을 바탕으로 하는 세그멘테이션 방식입니다. 사용자가 마우스나 터치스크린 등을 이용해서 세그멘테이션하려는 객체의 위치를 입력하면, 이미지에서 입력한 위치의 특정 객체를 분리하는 방식입니다.

> **Note** 1장에서 모델 탐색 과정을 어느 정도 수행해 보았기에 이번 예제에서는 모델 탐색 과정을 생략합니다.

파운데이션 모델이 다양한 분야에 적용되기 시작하면서, 이미지 처리 분야에서도 여러 파운데이션 모델이 연구되고 있습니다. 이번 장에서는 이미지 세그멘테이션 작업에 특화된 파운데이션 모델인 Segment Anything Model(이하 SAM)을 소개합니다.

### 모델 선정하기 - Segment Anything Model

SAM은 메타Meta에서 2023년 4월에 공개한 파운데이션 모델로, 이미지 세그멘테이션에 특화된 파운데이션 모델입니다. 공식 웹사이트(https://segment-anything.com)에서 상세한 소개와 활용법을 살펴볼 수 있습니다. 웹사이트의 내용에 따르면 'SAM은 한 번의 클릭으로 이미지에 있는 모든 객체를 잘라낼 수 있는 메타 AI의 새로운 AI 모델'이라고 정의하고 있습니다. 이 문장 만으로도 SAM이 상호작용이 가능한 이미지 세그멘테이션 모델이라는 것을 정확하게 알 수 있지요.

SAM은 이미지 세그멘테이션 작업을 학습하기 위해서 새롭게 구축한 약 1,100만 개의 이미지와 10억 개의 마스크 데이터셋을 학습한 만큼, 이미지 내의 대표적인 객체뿐만 아니라 구석에 있는 상대적으로 작은 객체도 정밀하게 세그멘테이션할 수 있습니다.

또한, 단순히 이미지 입력을 기반으로 이미지 세그멘테이션을 수행하는 것이 아니라 세그멘테이션 프롬프트 Segmentation prompt 라는 입력을 추가로 받습니다. 이 입력은 이미지에서 '세그멘테이션할 영역을 지정하는 행위'로서 이미지의 특정 위치에 점을 찍거나, 특정 객체를 박스로 표시하는 것을 의미합니다.

## 모델 구조 및 특징 파악하기

SAM은 세그멘테이션 프롬프트를 통해 사용자와 상호작용을 할 수 있다는 특징으로 2장에서 만들 클릭 기반 이미지 세그멘테이션 서비스의 핵심 기능을 담당할 수 있습니다. 즉, 사용자의 클릭을 점 좌표로 변경해서 SAM의 세그멘테이션 프롬프트로 입력하면, 사용자가 클릭한 위치의 객체를 세그멘테이션할 수 있습니다.

SAM의 구조를 간략하게 그림으로 표현하면 다음과 같습니다.

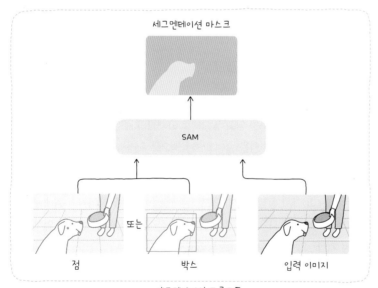

세그멘테이션 프롬프트

좀 더 자세하게 살펴보겠습니다. SAM은 이미지 인코더, 프롬프트 인코더, 마스크 디코더로 구성되어 있습니다. 이미지 인코더는 이미지를 입력값으로 받으면 이미지의 특성을 담고 있는 저차원의 이미지 임베딩을 출력합니다. 또한, 프롬프트 인코더는 세그멘테이션 프롬프트 정보를 입력값으로 받으면 프롬프트 임베딩을 출력합니다. 그리고 두 인코더의 정보를 마스크 디코더에 입력하면 두 정보를 바탕으로 세그멘테이션 마스크를 출력합니다.

다음은 SAM의 운영 과정을 좀 더 구체화해서 표현한 그림입니다.

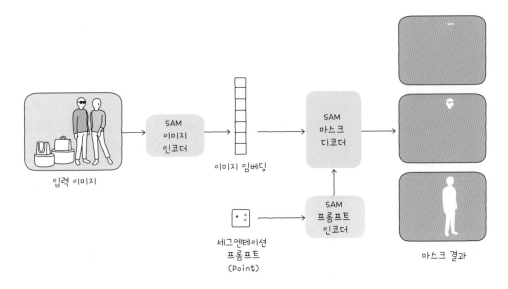

### 여기서 잠깐
#### 인코더 모델과 이미지 임베딩이란?

**이미지 임베딩**은 이미지 데이터를 저차원으로 변환하여 효율적으로 처리하는 과정입니다. 일반적으로 이미지는 높이, 너비, 채널 수 등의 정보를 담고 있으므로 고차원의 공간으로 표현됩니다. 그래서 이를 저차원의 공간으로 변환시켜서 부담을 줄이고 효율적으로 처리하려는 시도가 바로 이미지 임베딩입니다.

여기서 **인코더**라는 중요한 개념이 다시 등장합니다. 인코더는 원본 이미지를 저차원의 임베딩으로 변환하는 역할을 합니다. 딥러닝에서 사용하는 인코더는 대게 신경망 모델로 구성되며, 이미지의 중요한 특징을 추출해서 저차원의 벡터로 변환하는 방법을 학습합니다.

생성된 임베딩은 원본 이미지의 중요한 정보를 담고 있으므로 유사한 이미지들은 서로 유사한 임베딩을 가지게 됩니다. 임베딩은 다차원 벡터이므로, 유사한 임베딩이라는 의미는 벡터 간의 거리가 가깝다는 것을 의미합니다.

이미지가 유사하다면 그 이미지의 특징들도 유사할 가능성이 높습니다. 이런 특성 덕분에 이미지 임베딩은 이미지 검색, 이미지 클러스터링, 이미지 분류 등 다양한 분야에서 사용될 수 있습니다.

SAM의 모델 추론 결과로 기본적으로 3개의 세그멘테이션 마스크가 나옵니다. 모델이 3개의 세그멘테이션 마스크를 만들어내는 이유는 세그멘테이션 프롬프트로 이미지의 특정 부분을 인식할 때 생기는 모호성을 방지하기 위함입니다.

예를 들어, 셔츠를 입은 남자 이미지를 기반으로 이미지 세그멘테이션을 수행한다고 가정해 보겠습니다. 남자의 셔츠 위치를 포인트로 모델 추론을 하면, 모델은 셔츠만 세그멘테이션해야 하는지, 아니면 남자 전체를 세그멘테이션해야 하는지 모호하기에 판단하기가 어려울 것입니다. 그래서 일단 3개의 세그멘테이션 마스크를 출력합니다. 즉, 모호한 객체들을 모두 출력합니다.

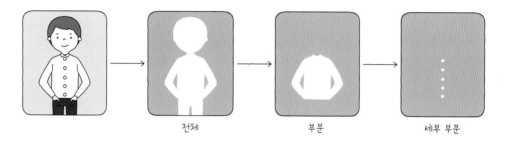

전체       부분       세부 부분

마스크가 모호한 경우는 대부분 여러 객체가 중첩되었기 때문에 발생하는 것입니다. 중첩된 마스크는 ① 전체, ② 부분, ③ 세부 부분의 3가지 계층으로 이루어진 경우가 많습니다. 이 때문에 SAM은 전체, 부분, 세부 부분의 3개의 마스크를 출력합니다.

3개의 마스크 중 가장 적합한 하나의 마스크를 선택하기 위해서 세그멘테이션 모델은 세그멘테이션 마스크의 품질에 대한 모델의 평가 점수를 함께 출력합니다. 평가 점수를 활용하면 마스크 중에서 가장 우선순위가 높은 세그멘테이션 마스크를 선택할 수 있습니다.

SAM의 사전 학습 모델은 공식 리포지터리(https://github.com/facebookresearch/segment-anything)에 공개되어 있으며, 모델에 대한 설명과 튜토리얼 등의 정보를 함께 제공합니다.

또한 모델을 쉽게 다운로드하고 추론 기능을 활용할 수 있도록 SAMPredictor 추론기를 라이브러리 형태로 제공하고 있습니다.

### SAMPredictor란?

SAM은 공식 리포지터리에서 라이브러리 형태로 사전 학습 모델을 제공합니다. **SAMPredictor**
는 라이브러리에서 제공하는 클래스 중 하나로, 이미지와 세그멘테이션 프롬프트를 입력받아 세
그멘테이션 마스크를 출력하는 기능을 제공하며, 다양한 설정을 통해 모델의 세부 동작을 조정할
수 있습니다. 이 클래스를 통해 사용자는 복잡한 코드 없이도 간단하게 세그멘테이션 작업을 수행
할 수 있습니다.

다음 절에서는 SAM을 이용한 모델 실행과 테스트 과정을 구체적으로 설명하겠습니다. 그리
고 SAM을 활용하여 클릭 기반의 이미지 세그멘테이션 기술 기반의 서비스를 구현함으로써,
사용자가 원하는 객체만을 손쉽게 분리하고 배경을 제거할 수 있는 애플리케이션을 구현해 보
겠습니다. 1장과 마찬가지로 환경을 설정하고, 사전 학습 SAM 모델을 불러오는 순서로 진행
합니다.

## 2.5 모델 실행하기

이제 SAM 모델을 실행해 보겠습니다. SAM 모델은 공식 리포지터리에서도 다운로드할 수 있
지만, 예제를 실습하면서 모델을 자동으로 다운로드할 수 있도록 준비해 놓았습니다.

SAM 모델은 CPU 자원에서도 실행 가능하지만, GPU 자원에서 실행하면 훨씬 빠른 속도로
실행됩니다. 그래서 이번에도 역시 GPU 자원을 무료로 사용할 수 있는 코랩 환경에서 SAM
모델을 실행해 보겠습니다. 본격적인 실습에 앞서 코랩 환경 설정부터 진행합니다.

### 실습 환경 설정하기

코랩 웹사이트 접속 후 깃허브 리포지터리 URL 입력 과정은 1장과 동일하므로 생략합니다.
환경 설정 방법이 기억나지 않는다면 1.5절 '실습 환경 설정하기'를 다시 한번 참고하기 바랍
니다.

이번에는 'segmentation/sam.ipynb' 파일을 사용해서 실습을 진행합니다. 해당 파일의 예제 실행 첫 화면은 다음과 같습니다.

다음으로는 코랩에서 런타임 유형을 변경합니다. 동일한 과정이므로 이 역시 설명은 생략합니다. 앞서 1장에서 이 과정을 수행했다면 이번에는 한결 수월하게 진행할 수 있을 것입니다.

## SAM 모델 실행하기

자, 이제 몇 가지 설정을 더 진행한 후 코랩 환경에서 GPU 자원으로 SAM 모델을 테스트해 보겠습니다.

1장에서처럼 먼저 예제를 실행하기 위한 환경 설정부터 시작합니다. 예제 실행 첫 화면을 그대로 유지한 채로 실습을 진행하면 됩니다.

### | 패키지 및 예제 데이터 다운로드하기 |

먼저 코랩 환경에서 예제를 실행하기 위해 파이썬 패키지와 예제 이미지를 다운로드해야 합니다. [패키지 및 예제 데이터 다운로드하기]의 코드 셀을 실행해서 예제를 실행하기 위한 파이썬 패키지들을 설치하고, 테스트할 예제 이미지를 다운로드합니다.

**[패키지 및 예제 데이터 다운로드하기] 코드 셀**

```
!wget https://raw.githubusercontent.com/mrsyee/dl_apps/main/segmentation/
requirements-colab.txt
!pip install -r requirements-colab.txt

# 예제 이미지 다운로드
!mkdir examples
!cd examples && wget https://raw.githubusercontent.com/mrsyee/dl_apps/main/
segmentation/examples/dog.jpg
!cd examples && wget https://raw.githubusercontent.com/mrsyee/dl_apps/main/
segmentation/examples/mannequin.jpg
```

> **Note** 1장에서도 설명했지만, 셀을 클릭한 뒤 `Shift`+`Enter` 키를 눌러도 실행됩니다.

이번 예제에서 사용할 패키지의 버전은 다음과 같습니다.

- torch: 2.3.0
- opencv-python: 4.8.0.76
- segment-anything: 1.0
- pycocotools: 2.0.6


## | 패키지 불러오기 |

[패키지 불러오기]의 코드 셀을 실행해서 import문으로 파이썬 패키지들을 불러옵니다. 해당 코드의 내용과 각 요소는 다음과 같습니다.

**[패키지 불러오기] 코드 셀**

```
import os
import urllib

import cv2
import numpy as np
import matplotlib.pyplot as plt
import torch
from segment_anything import SamPredictor, sam_model_registry
```

- **os:** 파이썬 표준 라이브러리로, 환경 변수나 디렉터리, 파일 등의 OS 자원을 제어할 수 있게 해 주는 패키지입니다.

- **urllib:** URL을 다루기 위한 파이썬 표준 라이브러리입니다. HTTP, FTP 등의 프로토콜을 사용하여 URL을 열고 사용하는 것이 가능합니다.

- **cv2:** 다양한 이미지 처리 알고리즘을 제공하는 파이썬 패키지인 OpenCV입니다. 이미지 리사이징, 이미지 색 타입 변경 등의 처리에 사용됩니다.

- **numpy:** 다차원 배열과 행렬 연산에 필요한 다양한 함수와 메소드를 제공하는 파이썬 라이브러리입니다. 다차원 배열로 표현할 수 있는 이미지 데이터도 numpy로 다룰 수 있습니다. 데이터 분석, 머신러닝에서 매우 유용한 라이브러리입니다.

- **matplotlib:** 데이터를 시각화하기 위한 파이썬 패키지입니다. 본 예제에서는 이미지를 시각화하는 데 사용합니다.

- **torch:** 딥러닝에 필요한 필수적인 라이브러리를 제공하는 파이썬 패키지입니다.

- **segment_anything:** SAM 모델을 제공하는 라이브러리입니다. 사전 학습 SAM 모델 불러오기, SAM 모델 추론 등의 작업을 하는 데 사용합니다.

### | 사전 학습 모델 불러오기 |

예제 데이터가 준비되었다면 사전 학습 모델을 불러올 차례입니다. 사전 학습된 SAM 모델을 불러와 보겠습니다. 먼저, 사전 학습 모델의 정보가 저장된 체크포인트 Checkpoint를 다운로드할 경로와 다운로드 URL을 정의합니다.

사전 학습 SAM 모델은 공식 리포지터리에 Base, Large, Huge 총 3가지 버전이 공개되어 있습니다. 모델별 이미지 인코더의 파라미터 수에 따라 분류된 버전입니다. 즉, Base 버전에서 Huge 버전으로 갈수록 파라미터 수가 많으며 더 높은 성능을 보여 줍니다. 다음은 해당 세 버전을 비교한 표입니다.

| 모델 버전 | 이미지 인코더의 파라미터 수 |
|---|---|
| Base | 91 M |
| Large | 308 M |
| Huge | 636 M |

본 예제에서는 가장 높은 성능을 보이는 Huge 버전을 사용합니다. 사전 학습 모델의 파일 이름은 sam_vit_h_4b8939.pth입니다. [사전 학습 모델 불러오기]의 첫 번째 코드 셀을 실행합니다.

**[사전 학습 모델 불러오기] 코드 셀 ①**

```
CHECKPOINT_PATH = os.path.join("checkpoint") … (1)
CHECKPOINT_NAME = "sam_vit_h_4b8939.pth" … (2)
CHECKPOINT_URL = "https://dl.fbaipublicfiles.com/segment_anything/sam_vit_h_4b8939.pth" … (3)
DEVICE = torch.device("cuda" if torch.cuda.is_available() else "cpu") … (4)
```

다음은 각 코드에 대한 설명입니다.

**(1)** 사전 학습 모델의 체크포인트는 checkpoint라는 이름의 디렉터리에 저장됩니다.

**(2)** 파일명은 sam_vit_h_4b8939.pth라는 이름으로 저장될 예정입니다.

**(3)**의 URL로부터 사전 학습 모델의 체크포인트를 다운로드할 수 있습니다.

**(4)** DEVICE는 실행할 환경에 따라 모델의 자료 구조를 변경해 주는 설정값입니다. torch 라이브러리로 만들어진 모델은 CPU 환경인지, GPU 환경인지에 따라 모델의 자료 구조를 다르게 설정해 주어야 합니다. DEVICE를 해당 코드처럼 설정하면 현재 실행 환경을 파악해서 적절한 자료 구조로 변경해 줍니다.

이제 SAM 모델을 불러옵니다. segment_anything 라이브러리의 SAMPredictor 클래스를 이용해 SAM 모델을 불러오도록 하겠습니다. [사전 학습 모델 불러오기]의 두 번째 코드 셀을 실행합니다.

**[사전 학습 모델 불러오기] 코드 셀 ②**

```
if not os.path.exists(CHECKPOINT_PATH):
    os.makedirs(CHECKPOINT_PATH, exist_ok=True)  … (1)
checkpoint = os.path.join(CHECKPOINT_PATH, CHECKPOINT_NAME)
if not os.path.exists(checkpoint):
    urllib.request.urlretrieve(CHECKPOINT_URL, checkpoint)  … (2)
```

앞에서 설정한 CHECKPOINT_URL로부터 사전 학습 모델을 다운로드하고 segment_any-thing 라이브러리를 사용해 모델을 불러옵니다.

다음은 각 코드에 대한 설명입니다.

**(1)** 먼저 모델을 다운로드할 디렉터리를 생성합니다.

**(2)** urllib 라이브러리를 이용해 사전 학습 모델의 다운로드 URL로 접근해 사전 학습 모델을 다운로드합니다.

코드의 실행이 완료되면 모델이 실제 코랩의 세션 내에 다운로드됩니다. 제대로 다운로드되었는지 직접 확인해 봅시다.

**01** 먼저 모델이 다운로드된 경로를 확인해야 합니다. 예제 실행 첫 화면 좌측의 파일(□) 아이콘을 클릭합니다.

**02** 폴더 트리가 나타납니다. 앞단계에서 사전 학습 모델의 체크포인트는 checkpoint라는 이름의 디렉터리에 저장되도록 설정했습니다. [checkpoint] 디렉터리를 클릭합니다.

**03** sam_vit_h_4b8939.pth라는 이름의 체크포인트를 통해 제대로 다운로드된 것을 확인할 수 있습니다.

[사전 학습 모델 불러오기]의 세 번째 코드 셀을 실행하여 이후 과정을 진행합니다.

**[사전 학습 모델 불러오기] 코드 셀 ③**

```
sam = sam_model_registry["vit_h"](checkpoint=checkpoint).to(DEVICE) ··· (1)
predictor = SamPredictor(sam) ··· (2)
```

다음은 각 코드에 대한 설명입니다.

**(1)** segment_anything 라이브러리에서 제공하는 sam_model_registry를 이용해 사전 학습 SAM 모델을 불러온 후 sam 변수에 생성합니다. sam_model_registry는 다양한 버전의 사전 학습된 torch 모델들을 저장하고 있는 딕셔너리입니다. 이 딕셔너리를 사용하면 특정 버전의 사전 학습 모델을 쉽게 불러올 수 있습니다.

sam_model_registry["vit_h"](checkpoint=checkpoint) 코드를 실행하면, Huge 버전의 SAM 모델을 초기화하며 저장된 체크포인트로부터 사전 학습 모델의 정보를 불러옵니다. 결과적으로 sam 변수는 사전 학습 모델인 SAM이 torch 모델 객체로 정의되어 있는 상태가 됩니다.

**(2)** 다음으로 SAM 모델을 이용해 추론을 수행할 SamPredictor 객체를 생성합니다. segment_anything 라이브러리는 SAM 모델의 '① 전처리 − ② 모델 추론 − ③ 후처리' 과정을 쉽게 수행할 수 있도록 SamPredictor 클래스를 제공합니다. 본 예제에서는 SamPredictor 클래스를 이용해 이미지와 정보를 입력받아 모델의 추론을 수행해 원하는 결과를 얻고자 합니다.

## | 예제 이미지 불러오기 |

다음으로 SAM 모델을 통해 세그멘테이션할 예제 이미지를 불러오겠습니다. 먼저 OpenCV 라이브러리를 이용해 환경 설정 단계에서 다운받은 'mannequin.jpg' 파일을 불러옵니다. 또한, SAM 모델은 RGB 타입의 이미지를 받아야 하므로 해당 이미지를 RGB 타입으로 변경해 줍니다.

[예제 이미지 불러오기]의 첫 번째 코드 셀을 실행합니다.

**[예제 이미지 불러오기] 코드 셀 ①**

```
IMAGE_PATH = "examples/mannequin.jpg"
image = cv2.imread(IMAGE_PATH, cv2.IMREAD_COLOR)
image = cv2.cvtColor(image, cv2.COLOR_BGR2RGB)
```

두 번째 코드는 해당 이미지에 대한 정보를 담고 있습니다. 코드를 실행해서 어떤 이미지가 나타나는지 확인해 볼까요?

**[예제 이미지 불러오기] 코드 셀 ②**

```
plt.figure(figsize=(10, 10))
plt.imshow(image)
plt.axis("on")
plt.show()
```

실행 결과는 다음 그림과 같습니다.

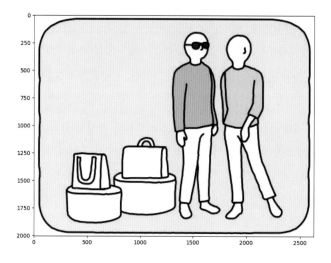

**Note** 실제 코랩 실습 예제는 마네킹 '사진'을 사용해서 진행합니다. 다만 이 책에서는 이미지 세그멘테이션 과정을 좀 더 명확하게 보여 주기 위해 마네킹 '일러스트'를 활용해서 진행합니다.

우리는 이 이미지에서 좌측 마네킹을 기준으로, 해당 마네킹이 착용한 선글라스, 얼굴, 몸 전체 등의 특정 부분을 분리해 낼 예정입니다.

> **여기서 잠깐**
>
> ### 이미지 컬러 타입: RGB vs BGR이란?
>
> **RGB**는 'Red, Green, Blue'의 약자로, 색상을 표현하는 가장 일반적인 방법입니다. 컴퓨터 그래픽 분야에서는 대개 이 RGB 방식을 사용합니다. RGB 방식에서 각 색상은 빨강Red, 초록Green,

파랑Blue의 3가지 색의 조합으로 표현되며, 각 색은 0에서 255 사이의 값을 가집니다. 이 3가지 색상이 결합해서 수백만 가지의 다른 색상을 만들어내는 것입니다.

**BGR**이라는 개념도 있습니다. BGR은 'Blue, Green, Red'의 약자로 RGB와 순서가 반대입니다. 바로 OpenCV 라이브러리가 이 방식을 사용합니다. OpenCV가 개발될 당시, 초창기 카메라 산업 개발자들이 BGR을 많이 썼기 때문에 그에 맞춰 이 방식을 사용하게 된 것이죠. 그래서 OpenCV 에서 이미지를 불러오면 색상 채널은 BGR 순서로 나타납니다.

## | 포인트 좌표 입력 만들기 |

이번 예제는 가볍게 모델을 구동해 보는 데 의미가 있으므로, 실제 마우스 클릭을 감지하는 UI를 구현하지는 않습니다. 그 대신 클릭이라는 입력의 결과인 포인트 좌표를 임의로 만들어 서 모델에 입력해 보겠습니다.

예제 실행 첫 화면에서 [포인트 좌표 입력 만들기]의 첫 번째 코드 셀을 실행합니다. SAM 모델 에 포인트 좌표를 입력하기 위해서는 2가지 정보가 필요한데, 해당 내용을 담은 코드입니다.

**[포인트 좌표 입력 만들기] 코드 셀 ①**

```
point_coords = np.array([[1720, 230]])
points_labels = np.array([1])
```

먼저 numpy 라이브러리의 array 타입을 이용해 x, y 좌표를 임의로 만듭니다. 그리고 추가 로 입력할 세그멘테이션 프롬프트의 타입을 입력으로 만들어 줍니다. 타입은 points_labels 라는 변수로 정의합니다.

세그멘테이션 프롬프트 타입은 숫자(0과 1)로 표현됩니다. 1은 세그멘테이션할 영역을 뜻하 는 전경 포인트Foreground point이고, 0은 세그멘테이션하지 않을 영역을 뜻하는 배경 포인트Back-ground point입니다. 만약 현재 입력받는 좌표를 세그멘테이션할 영역으로 설정하고 싶다면 해당 좌표를 전경 포인트인 1로 설정해야 합니다.

반대로 입력받는 좌표를 세그멘테이션하지 않을 영역으로 본다면 배경 포인트인 0으로 설정 해야 합니다. 본 예제는 입력으로 넣을 포인트 좌표가 있는 부분을 세그멘테이션할 예정이므 로 1로 설정합니다.

포인트 좌표를 예제 이미지에 시각화해 보겠습니다. 초록색 원으로 마킹하는 방식을 사용하겠습니다. [포인트 좌표 입력 만들기]의 두 번째 코드 셀을 실행합니다.

**[포인트 좌표 입력 만들기] 코드 셀 ②**

```python
plt.figure(figsize=(10, 10))
plt.imshow(image)
plt.gca().scatter(
    point_coords[0, 0],
    point_coords[0, 1],
    color="green",
    marker="o",
    s=200,
    edgecolor="white",
    linewidth=1.25,
)
plt.axis("on")
plt.show()
```

실행 결과는 다음 그림으로 확인할 수 있습니다. 그림 우측 상단의 초록색 점이 시각화된 포인트 좌표입니다.

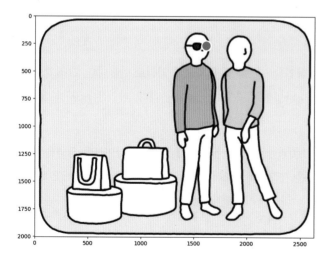

## | SAM 모델 추론하기 |

87쪽의 '사전 학습 모델 불러오기' 단계에서 SAMPredictor 객체를 만들어 두었습니다. 이제 SAMPredictor를 사용해서 모델 추론을 해 보겠습니다. SAM 모델 추론은 predictor의 predict( ) 함수를 통해 추론하며, 추론의 결과로 masks와 scores라는 2가지 정보가 출력됩니다. 해당 정보는 뒤에서 설명하도록 하겠습니다.

예제 실행 첫 화면에서 [SAM 모델 추론하기]의 첫 번째 코드 셀을 실행합니다.

**[SAM 모델 추론하기] 코드 셀 ①**

```
predictor.set_image(image)
masks, scores, _ = predictor.predict(point_coords, points_labels)
```

SAMPredictor의 내부 함수인 set_image( ) 함수를 사용해 이미지를 입력합니다. SAMPredictor의 set_image( ) 함수는 입력 이미지의 전처리와 SAM 인코더의 추론을 포함하는 함수입니다. 그리고 SAMPredictor의 predict( ) 내부 함수로 포인트 정보를 입력하고 모델 추론을 수행합니다.

해당 코드의 내부 과정을 살펴보면 다음과 같습니다. SAMPredictor의 set_image( ) 함수를 사용해 전처리와 이미지를 인코딩하는 과정을 그림으로 표현했습니다.

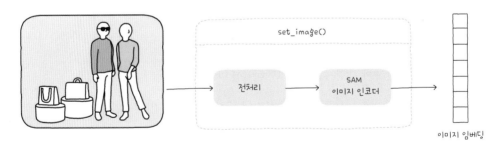

다음으로 SAMPredictor의 predict( ) 함수를 사용해 이미지 임베딩과 포인트 정보를 입력으로 받아서 마스크 결과를 만들어내는 과정을 그림으로 표현했습니다.

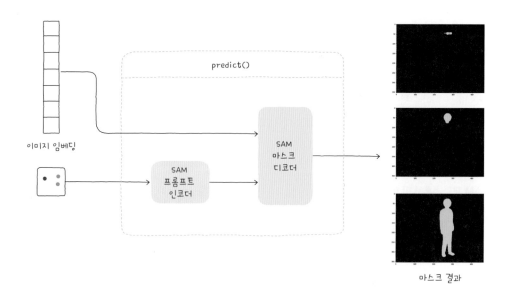

마스크 결과

SAM 모델의 추론은 실제로는 SAM 모델을 구성하는 이미지 인코더, 프롬프트 인코더, 마스크 디코더라는 3가지 모델 추론 과정이 포함된 복잡한 과정이라는 점을 유의해 주세요.

SAMPredictor의 predict( ) 함수는 포인트 정보만 입력으로 들어가는 것으로 보이지만, 내부적으로 이미지에 대한 추가 정보도 함께 들어갑니다. predict( ) 함수 이전에 set_image( ) 함수에서 입력된 이미지를 이미지 임베딩 정보로 만듭니다. 이때 앞의 그림에서 설명한 SAM 이미지 인코더의 추론이 사용됩니다. 추론 결과로는 다음과 같은 정보를 출력합니다. 앞에서 언급했던 masks와 scores가 바로 이것입니다. 추가로 low_res_logits까지 설명하겠습니다.

- **masks:** 입력한 정보에 대한 3개의 세그멘테이션 마스크입니다.
- **scores:** 3개의 세그멘테이션 마스크의 품질에 대한 모델의 평가 점수입니다. 점수가 가장 높을수록 품질이 높은 마스크입니다.
- **low_res_logits:** 저해상도 마스크 출력이며, 원본 크기로 후처리 되기 전 모델의 출력입니다. 본 예제에서는 사용하지 않습니다.

SAM의 모델 추론 결과로 기본적으로 3개의 세그멘테이션 마스크가 출력됩니다. 3개의 세그멘테이션 마스크가 나오는 이유는 83쪽의 '모델 구조 및 특징 파악하기' 부분에서 설명했습니다. 다음 그림은 'SAMPredictor'를 이용한 전체 추론 과정을 그림으로 표현한 것입니다.

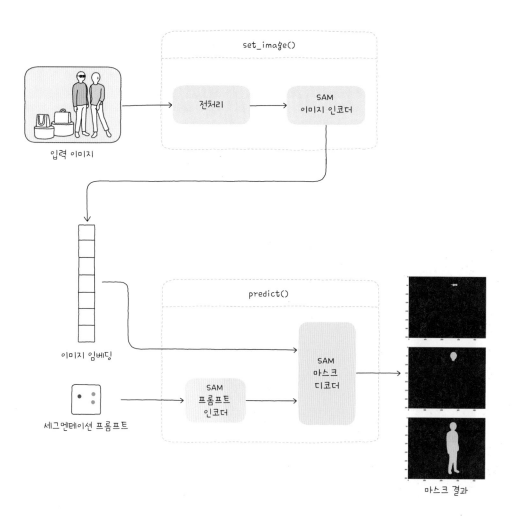

추론 결과로 3개의 세그멘테이션 마스크가 나오면, 이와 함께 세그멘테이션 마스크의 품질에 대한 모델의 평가 점수를 출력해서 가장 우선순위가 높은 세그멘테이션 마스크를 선택할 수 있습니다.

예제 이미지에 대한 모델 출력 결과로 나온 3개의 마스크를 모두 시각화해 보겠습니다. [SAM 모델 추론하기]의 두 번째 코드 셀을 실행합니다.

**[SAM 모델 추론하기] 코드 셀 ②**

```python
for i, mask in enumerate(masks):
    print(f"Mask {i}")
```

```
plt.figure(figsize=(10, 10))
plt.imshow(mask)
plt.axis("on")
plt.show()
```

실행 결과는 다음 그림에서 확인할 수 있습니다. 예제 사진을 바탕으로 출력된 3개의 세그멘테이션 마스크입니다. 앞서 말했던 대로, 두 마네킹 중에서 좌측 마네킹을 기준으로 출력되었습니다. 각각 선글라스, 얼굴, 몸 전체의 3단계로 구성된 3가지 세그멘테이션 마스크가 출력된 것을 확인할 수 있습니다.

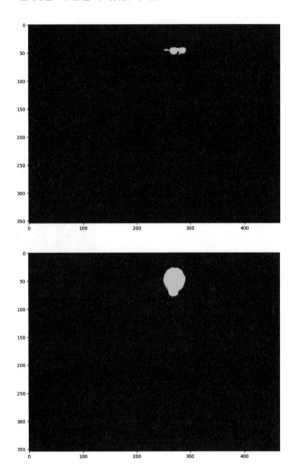

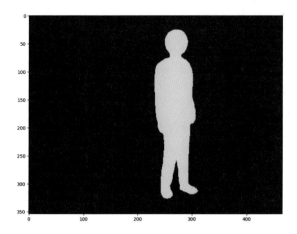

이번에는 출력된 3개의 세그멘테이션 마스크가 정확하게 어느 부분을 나타내는 것인지 구분할 수 있도록 원본 이미지 위에 시각적으로 표현해 보겠습니다. 세 번째 코드 셀을 실행합니다.

**[SAM 모델 추론하기] 코드 셀 ③**

```python
color = np.array([30/255, 144/255, 255/255, 0.5])

for mask in masks:
    mask_image = np.expand_dims(mask, axis=-1) * color.reshape(1, 1, -1)
    mask_image = (mask_image * 255).astype(np.uint8)

    plt.figure(figsize=(10, 10))
    plt.imshow(image)
    plt.imshow(mask_image)
    plt.axis("on")
    plt.show()
```

실행 결과는 다음 그림으로 확인할 수 있습니다. 모델 추론을 통해 구한 마스크들에 파란색으로 색 정보를 넣어 준 뒤, 원본 이미지 위에 그린 형태입니다.

두 번째 코드 셀의 실행 결과인 3개의 이미지와 비교해 보면, 출력된 3개의 세그멘테이션 마스크에 맞게 각각 파란색이 적용된 것을 확인할 수 있습니다. 3개의 세그멘테이션 마스크가 시각적으로 확실하게 구분되어 표현된 것입니다.

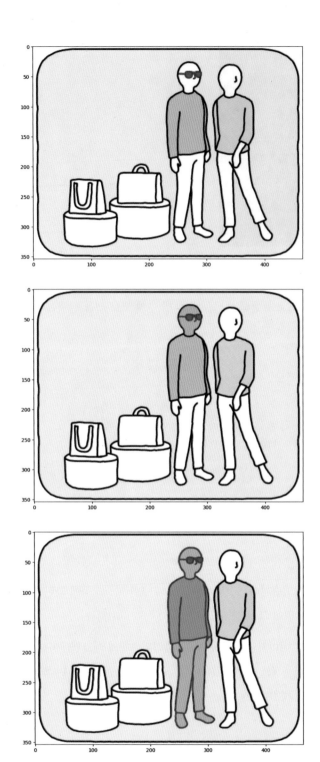

이제 평가 점수를 기반으로 해당 3개의 세그멘테이션 마스크 중에서 우리가 원하는 최종 세그멘테이션 마스크를 선택해 보겠습니다.

## | 평가 점수를 이용해 세그멘테이션 마스크 선택하기 |

3개의 세그멘테이션 마스크 모두 애초에 의도했던 대로 '원하는 지점의 객체 추출'이라는 목적을 달성한 이미지들입니다. 그러나 2.4절 '모델 선정하기'에서 설명한 것처럼 해당 마스크들은 여러 객체가 중첩된 탓에 나온 것들이며, 우리는 이 중에서 하나를 선택해서 사용하는 것을 목표로 하고 있습니다.

이때 선정 기준은 바로 '평가 점수'입니다. SAM 모델은 3개의 세그멘테이션 마스크의 품질을 모두 평가하고 이를 점수화한 평가 점수를 함께 출력합니다. 그 결과로 이 중에서 가장 우선순위가 높은 세그멘테이션 마스크를 선택할 수 있습니다.

먼저 각 마스크에 대한 모델의 평가 점수를 출력해 보겠습니다. 예제 실행 첫 화면에서 [평가 점수를 이용해 세그멘테이션 마스크 선택하기]의 첫 번째 코드 셀을 실행합니다.

**[평가 점수를 이용해 세그멘테이션 마스크 선택하기] 코드 셀 ①**

```
scores
```

실행 결과는 다음과 같습니다. SAM 모델이 3개의 세그멘테이션 마스크를 각각 평가한 후, 순서대로 점수를 출력합니다.

**실행 결과**

```
array([0.92280793, 0.84871876, 0.959496  ], dtype=float32)
```

이 중에서 가장 높은 점수의 마스크를 선택한 후, 원본 이미지 위에 해당 마스크를 시각적으로 표현해 보겠습니다. 두 번째 코드 셀을 실행합니다.

**[평가 점수를 이용해 세그멘테이션 마스크 선택하기] 코드 셀 ②**

```
mask = masks[np.argmax(scores)]

color = np.array([30/255, 144/255, 255/255, 0.5])
```

```
mask_image = np.expand_dims(mask, axis=-1) * color.reshape(1, 1, -1)
mask_image = (mask_image * 255).astype(np.uint8)

plt.figure(figsize=(10, 10))
plt.imshow(image)
plt.imshow(mask_image)
plt.axis("on")
plt.show()
```

실행 결과는 다음 그림으로 확인할 수 있습니다. numpy 라이브러리의 argmax( ) 함수를 이용해 평가 점수가 가장 큰 마스크의 인덱스를 얻고, 해당 마스크를 선택한 뒤 원본 이미지 위에 마스크 부분을 파랗게 표현해 시각적으로 확실하게 구분해 줍니다. 평가 점수에 따라 선택된 세그멘테이션 마스크는 마네킹 전신을 담은 마스크입니다.

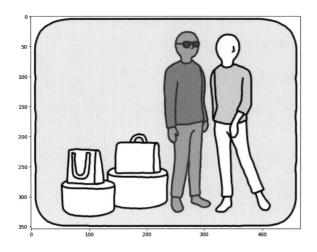

지금까지 SAM 모델을 활용한 예제를 기반으로 예제 이미지 및 원하는 위치의 포인트 좌표로 모델 추론 기능을 실행해 보았습니다. 포인트 좌표에 위치한 객체에 대한 3개의 세그멘테이션 마스크를 얻고, 모델의 또 다른 출력인 평가 점수를 활용해 하나의 마스크를 결정했습니다. 앞서 설명해 드린 이미지 세그멘테이션 기술을 구현해 낸 것입니다.

이제 SAM 모델을 이용해 유스케이스에서부터 디자인했던 '이미지를 인식해서 배경을 제거해 주는 애플리케이션'을 구현해 볼 차례입니다.

**애플리케이션 구현하기**

앞서 유스케이스에서 디자인했던 애플리케이션을 이제 본격적으로 구현할 차례입니다. 단순히 따라 하는 것에 중점을 두지 말고 어떤 방식으로 구현하는지, 또 이를 구현하는 요소는 어떤 것들인지 생각하며 실습을 진행하면 좋습니다. 개념을 이해하면 여러분만의 애플리케이션을 만들 수 있습니다.

## 환경 설정하기

먼저 코랩 환경 설정부터 진행하겠습니다. 앞에서 다룬 내용과 거의 동일하므로, 차이가 있는 부분만 간략하게 설명하겠습니다.

### | 실습 환경 설정하기 |

1.5절 '실습 환경 설정하기' 과정을 참고해서 동일한 설정을 진행하고 예제 파일을 준비합니다. 이번에는 'segmentation/remove_background_app.ipynb' 파일을 사용해서 실습을 진행합니다. 해당 파일의 예제 실행 첫 화면은 다음과 같습니다.

> **Note** 모든 예제 코드는 앞서 언급한 대로 깃허브 리포지터리(https://github.com/MrSyee/dl_apps)에 있습니다. 또한, 코랩 환경 설정 시에는 GPU 설정도 잊지 않고 해 주어야 합니다. 1.5절 '런타임 설정하기'를 참고하세요.

## | 기본 환경 설정하기 |

예제를 실습하기 위한 기본 환경 설정 또한 앞서 실습했던 내용과 거의 동일합니다.

먼저 애플리케이션이 작동하는 데 필요한 파이썬 패키지를 설치하고, 예제 이미지를 다운로드합니다. 예제 실행 첫 화면에서 [패키지 및 예제 데이터 다운로드하기]의 코드 셀을 실행합니다.

**[패키지 및 예제 데이터 다운로드하기] 코드 셀**

```
!wget https://raw.githubusercontent.com/mrsyee/dl_apps/main/segmentation/
requirements-colab.txt
!pip install -r requirements-colab.txt

!mkdir examples
!cd examples && wget https://github.com/mrsyee/dl_apps/raw/main/segmentation/
examples/dog.jpg
!cd examples && wget https://github.com/mrsyee/dl_apps/raw/main/segmentation/
examples/mannequin.jpg
```

이번 예제에서 사용할 패키지의 버전은 다음과 같습니다.

- torch: 2.3.0
- opencv-python: 4.8.0.76
- segment-anything: 1.0
- pycocotools: 2.0.6
- gradio: 3.40.0

다음으로 [패키지 불러오기]의 코드 셀을 실행합니다. 이번 예제에서 사용할 패키지는 다음과 같습니다(2.5절에서 소개한 요소는 설명을 생략합니다).

**[패키지 불러오기] 코드 셀**

```
import os
import urllib
from typing import Tuple

import cv2
```

```
import gradio as gr
import numpy as np
import torch
from PIL import Image
from segment_anything import SamPredictor, sam_model_registry
```

- **typing:** 파이썬에서 함수의 타입을 표시하는 데 사용하는 패키지입니다. 일반적으로 코드의 실행에 직접 관여하지는 않지만, 함수의 입출력 타입을 명시적으로 작성할 수 있게 해 주어 디버깅에 도움을 줍니다.
- **PIL:** 이미지를 다루기 위한 파이썬 패키지입니다. 이미지 저장, 로드, 리사이즈 등의 함수를 제공합니다.

## 시나리오 최종 확인하기

환경 설정을 마쳤으니, 서비스를 구현하기에 앞서 유스케이스를 통해 구상했던 시나리오를 바탕으로, 구현해야 할 부분을 한 번 더 정리해 보겠습니다. 76쪽의 '유스케이스 작성하기'에 있는 유스케이스 시나리오와 함께 되새겨 보면 더욱 좋습니다.

❶ 사용자가 원하는 이미지를 애플리케이션에 업로드하고 화면에서 확인할 수 있습니다. 이를 위해 이미지 파일 업로드(입력) UI를 구현합니다.

❷ 사용자가 화면에 보이는 이미지에서 원하는 객체를 마우스로 클릭합니다. 애플리케이션은 클릭한 지점을 기준으로 해당 위치의 좌표를 확보합니다. 이를 위해 마우스 클릭이 가능한 이미지 UI를 구현합니다.

❸ 애플리케이션은 모델 추론기를 통해 이미지와 좌표 데이터를 확보하고, 이를 바탕으로 사용자가 원하는 객체를 추출한 뒤 객체를 제외한 나머지 부분인 배경을 제거합니다.

❹ 사용자는 배경이 제거된 이미지를 화면에서 확인할 수 있습니다. 이를 위해 결과 이미지 UI를 구현합니다.
  – 원할 경우 최종 결과물 이미지를 다운로드해서 사용할 수 있습니다.

## 애플리케이션 UI 구현하기

이번 예제의 유스케이스를 모두 만족하는 애플리케이션을 구현하기 위해서는 입력 이미지 UI와 결과 이미지 UI가 필요합니다. 2개의 UI를 gradio의 Image 컴포넌트로 만들어 줍니다.

그리고 Image 컴포넌트의 크기를 고정하기 위해 height 인자로 높이값을 고정해 줍니다. 본 예제에서는 높이값을 600으로 고정합니다.

또한 마우스 클릭으로 원하는 위치를 지정할 예정이므로 마우스 클릭 시 클릭 좌표를 보여 주는 UI도 구현합니다. 클릭 좌표를 보여 주는 UI는 gradio의 Number 컴포넌트로 만듭니다.

예제 실행 첫 화면에서 [애플리케이션 UI 구현하기]의 첫 번째 코드 셀을 실행합니다.

**[애플리케이션 UI 구현하기] 코드 셀 ①**

```
with gr.Blocks() as app:
    gr.Markdown("# Interactive Remove Background from Image")
    with gr.Row():
        coord_x = gr.Number(label="Mouse coords x")
        coord_y = gr.Number(label="Mouse coords y")

    with gr.Row():
        input_img = gr.Image(label="Input image", height=600)
        output_img = gr.Image(label="Output image", height=600)
```

두 번째 코드 셀을 실행합니다.

**[애플리케이션 UI 구현하기] 코드 셀 ②**

```
app.launch(inline=False, share=True)
```

실행 결과는 다음과 같습니다.

**실행 결과**

```
Running on public URL: https://****************.gradio.live
```

자, 웹 GUI에 접근할 수 있는 URL을 얻었습니다(URL 주소는 실행 시마다 매번 달라지기에 '*' 기호로 표기했습니다)! 해당 URL로 접속해 UI를 확인해 봅시다.

유스케이스의 내용대로 이미지를 업로드할 수 있고 업로드한 이미지를 보여 줄 수 있는 UI(Input image)와 출력된 이미지를 보여 주는 UI(Output image)가 구현된 것을 확인할 수 있습니다. 추가로 마우스 클릭 좌표도 보여 줄 수 있는 UI도 구현되었군요.

## 마우스 클릭 이벤트 구현하기

이제 UI에 기능들을 추가할 차례입니다. 먼저 이미지에서 원하는 부분을 클릭하고 클릭한 부분의 좌표를 얻는 이벤트를 구현합니다. gradio의 Image 컴포넌트는 select( ) 함수라는 내부 함수를 지원하는데, select( ) 함수는 사용자가 Image 컴포넌트를 클릭할 때 실행할 동작을 설정할 수 있습니다. 이를 바탕으로 이미지를 클릭했을 때, 클릭한 좌표를 얻는 함수를 구현해 보겠습니다.

다음은 [마우스 클릭 이벤트 구현하기]의 첫 번째 코드 셀 앞부분입니다.

**[마우스 클릭 이벤트 구현하기] 코드 셀 ① 일부**

```
def get_coords(evt: gr.SelectData):
    return evt.index[0], evt.index[1]

...중략...
    input_img.select(get_coords, None, [coord_x, coord_y])
```

먼저 클릭한 위치로부터 좌표를 생성할 get_coords( ) 함수를 정의합니다. 이 함수는 gr.SelectData 객체를 인자로 받습니다. gr.SelectData 객체는 클릭 정보를 담을 예정입니다. 함수의 리턴값은 클릭한 좌표의 x, y 값입니다.

이 함수를 Image 컴포넌트의 select( ) 함수의 콜백 함수로 입력합니다. 이렇게 코드를 구성하면 Image 컴포넌트를 클릭할 때의 위치가 gr.SelectData의 형태로 변환되고, get_coords( ) 함수에 입력됩니다.

마지막 인자에는 함수의 출력을 입력할 컴포넌트를 정의해 줍니다. 앞에서 정의했던 클릭 좌표를 보여 주는 Number 컴포넌트를 인자로 전달하면 되겠습니다.

이를 앞에서 구현한 UI 코드와 합치면 최종적으로 다음과 같은 코드가 됩니다.

**[마우스 클릭 이벤트 구현하기] 코드 셀 ①**

```python
def get_coords(evt: gr.SelectData):
    return evt.index[0], evt.index[1]


with gr.Blocks() as app:
    gr.Markdown("# Interactive Remove Background from Image")
    with gr.Row():
        coord_x = gr.Number(label="Mouse coords x")
        coord_y = gr.Number(label="Mouse coords y")

    with gr.Row():
        input_img = gr.Image(label="Input image", height=600)
        output_img = gr.Image(label="Output image", height=600)

    input_img.select(get_coords, None, [coord_x, coord_y])
```

구현한 코드를 실행해서 확인해 보겠습니다. [마우스 클릭 이벤트 구현하기]의 첫 번째, 두 번째 코드 셀을 순서대로 실행합니다.

**[마우스 클릭 이벤트 구현하기] 코드 셀 ②**

```python
app.launch(inline=False, share=True)
```

실행 결과는 다음과 같습니다.

**실행 결과**

```
Running on public URL: https://***************.gradio.live
```

URL을 얻었군요(URL 주소는 실행 시마다 매번 달라지기에 '*' 기호로 표기했습니다). 해당 URL로 들어가서 UI에서 테스트해 보겠습니다. 웹브라우저를 실행한 후 해당 URL을 입력해서 이동합니다. UI에서 좌측의 이미지 파일 업로드 창을 클릭합니다.

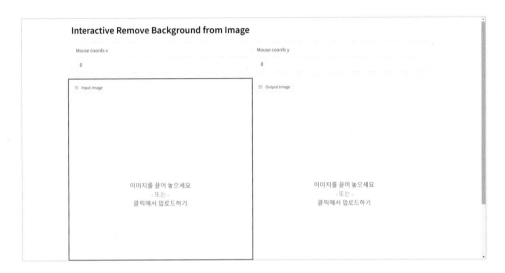

원하는 이미지를 하나 업로드해 보겠습니다. 본 예제에서는 앞의 예제에서 활용했던 이미지인 'mannequin.jpg' 파일을 다시 활용합니다. 이미지를 선택하고 [열기] 버튼을 클릭합니다.

이미지 컴포넌트에 업로드한 이미지가 나타납니다. 마우스 클릭 이벤트를 테스트해 보겠습니다. 이미지에서 원하는 부분을 클릭하면 Mouse coords의 Number 컴포넌트에 마우스 클릭 좌표가 나타납니다.

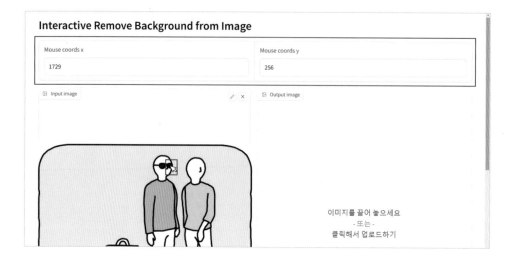

## SAM 추론기 클래스 구현하기

앞의 예제에서 SAM의 추론 과정을 구현해 보았습니다. 이 구현을 토대로 이제 SAM 추론기를 클래스 형태로 구현해 보겠습니다.

먼저 모델을 로드하기 위한 상수값들을 선언합니다. 예제 실행 첫 화면에서 [SAM 추론기 클래스 구현하기]의 첫 번째 코드 셀을 실행합니다.

**[SAM 추론기 클래스 구현하기] 코드 셀 ①**

```
CHECKPOINT_PATH = os.path.join("checkpoint")
CHECKPOINT_NAME = "sam_vit_h_4b8939.pth"
CHECKPOINT_URL = "https://dl.fbaipublicfiles.com/segment_anything/sam_vit_h_4b8939.
pth"
DEVICE = torch.device("cuda" if torch.cuda.is_available() else "cpu")
```

앞의 예제와 동일한 값들입니다. 이 값들을 인자로 받아 객체를 생성하는 SAMInferencer 객체를 정의합니다. 다음으로 두 번째 코드 셀을 실행합니다.

**[SAM 추론기 클래스 구현하기] 코드 셀 ②**

```python
class SAMInferencer:
    def __init__(  ··· (1)
        self,
        checkpoint_path: str,
        checkpoint_name: str,
        checkpoint_url: str,
        model_type: str,
        device: torch.device,
    ):
        print("[INFO] Initialize inferencer")
        if not os.path.exists(checkpoint_path):
            os.makedirs(checkpoint_path, exist_ok=True)
        checkpoint = os.path.join(checkpoint_path, checkpoint_name)
        if not os.path.exists(checkpoint):
            urllib.request.urlretrieve(checkpoint_url, checkpoint)
        sam = sam_model_registry[model_type](checkpoint=checkpoint).to(device)
        self.predictor = SamPredictor(sam)

    def inference(  ··· (2)
        self,
        image: np.ndarray,
        point_coords: np.ndarray,
        points_labels: np.ndarray,
    ) -> np.ndarray:
        self.predictor.set_image(image)
        masks, scores, _ = self.predictor.predict(point_coords, points_labels)
        mask, _ = self.select_mask(masks, scores)
        return mask

    def select_mask(  ··· (3)
        self, masks: np.ndarray, scores: np.ndarray
    ) -> Tuple [np.ndarray, np.ndarray]:
        score_reweight = np.array([-1000] + [0] * 2)  ··· (4)
        score = scores + score_reweight
        best_idx = np.argmax(score)
        selected_mask = np.expand_dims(masks[best_idx, :, :], axis=-1)
        selected_score = np.expand_dims(scores[best_idx], axis=0)
        return selected_mask, selected_score
```

해당 과정을 통해 SAMInferencer의 내부 함수로 3개의 함수를 구현했습니다. 각 함수에 대해 좀 더 자세히 알아보겠습니다.

- **__init__() 함수:** (1) SAMInferencer 객체를 생성할 때 실행되는 함수이며 앞에서 정의한 상수값들을 받아 모델을 로드하고 SAMPredictor까지 내부 변수로 생성합니다. 모델을 로딩하는 과정은 2.5절에서 실습했던 과정과 동일합니다.

- **inference() 함수:** (2) __init__() 함수에서 정의한 SAMPredictor 객체를 사용해 모델 추론을 수행하는 함수입니다. 이 함수에서 이미지 및 포인트 정보를 입력받아 세그멘테이션 결과를 만들어냅니다. 이때 SAMPredictor의 set_image() 함수와 predict() 함수를 사용합니다. SAMPredictor의 predict() 함수의 결과로 3개의 세그멘테이션 마스크와 평가 점수가 출력됩니다. inference() 함수는 3개의 마스크 중 하나의 마스크를 선택하는 후처리까지 수행합니다.

- **select_mask() 함수:** (3) 후처리를 수행하는 함수입니다. 2.5절 '모델 실행하기' 부분의 예제에서는 단순히 평가 점수가 높은 마스크를 선택했지만, 이번 예제에서는 전체, 부분, 세부 부분의 3가지 계층의 마스크 중에서 전체와 부분 마스크에 가중치를 두어 선택합니다.

앞의 코드 셀의 (4)번 부분에서 각 마스크에 대해 가중치를 주어 점수를 새로 계산합니다. 각 가중치는 [세부 부분, 부분, 전체]에 대해서 [−1000, 0, 0]만큼의 가중치를 주고 있습니다. 이는 한 번의 클릭으로 객체를 선택하면 세부 부분 마스크의 점수가 너무 높게 나오는 경향이 있어서 이를 조정해 주기 위함입니다. 이 값을 조정하면 원하는 마스크에 가중치를 줄 수 있으니 상황에 따라 값을 변경해 봅시다.

> **Note** 이처럼 각 마스크에 가중치를 주는 로직은 SAM 공식 리포지터리에서도 제안하는 방법입니다.

이렇게 구현한 SAMInferencer 클래스로 객체를 생성합니다. 생성된 객체는 다음 절의 추론 콜백 함수에서 사용할 예정입니다. 참고할 수 있도록 해당 부분의 코드를 첨부합니다.

**[SAM 추론기 클래스 구현하기] 코드 셀 ③**

```
inferencer = SAMInferencer(
    CHECKPOINT_PATH, CHECKPOINT_NAME, CHECKPOINT_URL, "vit_h", DEVICE
)
```

# 추론 및 배경 제거 후처리 구현하기

이번에는 앞에서 구현한 SAMInferencer 객체를 이용해 이미지에서 사용자가 클릭한 부분의 객체를 세그멘테이션하고 배경을 제거하는 콜백 함수를 만들어 보겠습니다.

먼저 다음 코드 셀처럼 간단한 코드로 구현합니다. 이어서 코드를 추가할 예정이니 잘 살펴봐 주세요. [추론 및 배경 제거 후처리 구현하기]의 첫 번째 코드 셀 일부입니다.

**[추론 및 배경 제거 후처리 구현하기] 코드 셀 ① 일부**

```python
def extract_object_by_event(image: np.ndarray, evt: gr.SelectData):
    click_x, click_y = evt.index

    return extract_object(image, click_x, click_y)
```

다음으로, 앞서 구현한 마우스 클릭 이벤트 콜백 함수 get_coords() 함수와 유사하게 ex-tract_object_by_event()라는 세그멘테이션 콜백 함수를 만듭니다. 이미지를 클릭하면 extract_object()라는 함수가 작동하도록 합니다. 해당 내용은 모두 코랩 실행 화면에서 [추론 및 배경 제거 후처리 구현하기]의 있는 첫 번째 코드 셀에 구현해 놓았습니다. 다음 코드와 함께 참조해 보세요.

**[추론 및 배경 제거 후처리 구현하기] 코드 셀 ① 일부**

```python
def extract_object(image: np.ndarray, point_x: int, point_y: int):
    point_coords = np.array([[point_x, point_y]])  … (1)
    point_label = np.array([1])  … (2)

    # Get mask
    mask = inferencer.inference(image, point_coords, point_label)  … (3)

    # Extract object and remove background
    # Postprocess mask
    mask = (mask > 0).astype(np.uint8)  … (4)
```

해당 코드를 조금 더 자세하게 설명해 보겠습니다. 실제 추론과 후처리는 extract_object() 함수에서 구현합니다. 입력받은 마우스 클릭 좌표를 모델 추론을 위한 입력값으로 변경해야 합니다. 코드를 잘 살펴보세요.

다음은 각 코드에 대한 설명입니다.

(1) 입력받은 마우스 클릭 좌표를 모델이 입력받을 수 있는 배열 형태로 만듭니다.

(2) 추가로 이 좌표의 타입이 전경 포인트라는 것을 표시하기 위한 point_label 값도 만들어 줍니다.

(3) 이렇게 만든 입력값을 SAMInferencer의 inference() 함수에 입력해 세그멘테이션 마스크를 얻습니다.

모델의 추론 결과로 나온 마스크는 약간의 후처리가 필요합니다. 우리가 원하는 마스크는 0 혹은 1의 값을 가져야 하지만 모델 추론에서 나온 마스크 값은 −1 ~ 1 사이의 소수이기 때문입니다.

(4)의 후처리를 통해 0 혹은 1의 값을 갖는 마스크로 변경해 줍니다.

모델의 추론 결과로 원하는 객체에 대한 마스크를 얻었습니다. 하지만 우리의 최종 목표는 원본 이미지에서 객체를 제외한 모든 배경을 지우는 것입니다. 이미지에서 마스크 부분을 제외하고 나머지 부분을 모두 제거하는 후처리를 구현해 봅시다. [추론 및 배경 제거 후처리 구현하기]의 첫 번째 코드 셀을 기반으로 설명하겠습니다.

**[추론 및 배경 제거 후처리 구현하기] 코드 셀 ① 일부**

```python
# Remove background
result_image = cv2.bitwise_and(image, image, mask=mask)  … (1)

# Convert to rgba channel
bgr_channel = result_image[..., :3]  # BGR 채널 분리
alpha_channel = np.where(bgr_channel[..., 0] == 0, 0, 255).astype(np.uint8)  … (2)
result_image = np.dstack((bgr_channel, alpha_channel))  # BGRA 이미지 생성

return result_image
```

(1) 먼저 원본 이미지에서 마스크 영역을 제외한 모든 픽셀값을 0으로 만듭니다. OpenCV 라이브러리의 bitwise_and() 함수를 이용하면 원본 이미지와 마스크 간의 픽셀 단위의 AND 연산을 할 수 있습니다. 마스크의 픽셀값은 0 또는 1이기 때문에 원본 이미지에서 마스크 부분에 해당하는 픽셀만 값이 살아남고 나머지 부분은 0이 됩니다.

이렇게 만든 이미지를 기반으로 배경이 제거된 이미지를 만들려면 BGRA 타입으로 변환해야 합니다. BGRA 타입 이미지는 92쪽에서 설명한 BGR의 세 개의 컬러 채널에 더해서 추가로 투명도를 담당하는 네 번째 채널인 **알파 채널**<sup>alpha channel</sup>을 가지고 있습니다.

**(2)** 세그멘테이션 마스크에 해당하는 부분을 제외한 나머지 픽셀의 투명도를 최대로 하면 배경을 제거할 수 있습니다. extract_object( ) 함수는 최종적으로 배경이 제거된 이미지를 반환합니다.

마지막으로 이미지에 마우스 클릭 입력이 들어올 때 extract_object_by_event( ) 콜백 함수가 작동하도록 구현합니다. [추론 및 배경 제거 후처리 구현하기]의 두 번째 코드 셀을 실행합니다.

**[추론 및 배경 제거 후처리 구현하기]] 코드 셀 ②**

```
with gr.Blocks() as app:
    gr.Markdown("# Interactive Remove Background from Image")
    with gr.Row():
        coord_x = gr.Number(label="Mouse coords x")
        coord_y = gr.Number(label="Mouse coords y")

    with gr.Row():
        input_img = gr.Image(label="Input image", height=600)
        output_img = gr.Image(label="Output image", height=600)

    input_img.select(extract_object_by_event, [input_img], [output_img])  ⋯ (1)
    input_img.select(get_coords, None, [coord_x, coord_y])  ⋯ (2)
```

코드를 좀 더 자세하게 살펴보겠습니다. 이미지 컴포넌트의 select( ) 함수를 사용해서 구현합니다.

**(1)** select( ) 함수의 인자로 콜백 함수인 extract_object_by_event( ) 함수를 입력합니다. 콜백 함수의 입력은 입력 이미지 컴포넌트에 업로드된 이미지로 합니다. 콜백 함수의 결과물은 출력 이미지 컴포넌트에 나타납니다.

**(2)** 추가로 마우스 클릭의 좌표를 확인하기 위해 앞에서 구현했던 좌표 위치를 출력하는 콜백 함수도 그대로 사용해 줍니다.

이제 모든 코드가 작성되었습니다! 코드를 실행하여 UI에서 테스트해 보겠습니다. [추론 및 배경 제거 구현하기]의 세 번째 코드 셀을 실행합니다.

**[추론 및 배경 제거 후처리 구현하기] 코드 셀 ③**

```
app.launch(inline=False, share=True)
```

실행 결과는 다음과 같습니다.

**실행 결과**

```
Running on public URL: https://****************.gradio.live
```

URL을 얻었습니다. 해당 URL에 접속해서 애플리케이션을 사용해 보겠습니다.

이제 이미지를 입력하고 원하는 부분을 클릭하면 클릭한 부분에 해당하는 객체만 남고 배경이 제거되는 애플리케이션을 구현한 것입니다. 앞서 사용했던 예제 이미지를 다시 활용해서 애플리케이션이 잘 작동하는지 확인해 보겠습니다.

01 먼저 웹 브라우저에서 URL을 입력해 실행 결과로 출력된 웹 GUI에 접속합니다.

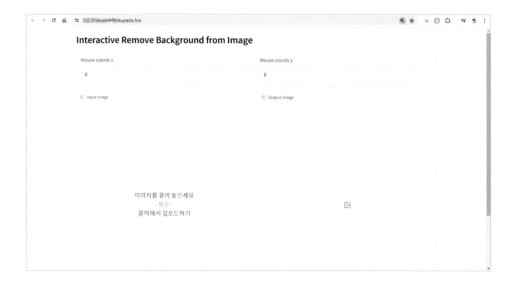

**02** 다음으로 화면에 있는 [클릭해서 업로드하기] 부분을 클릭합니다. 깃허브 리포지터리에서 다운로드한 예제 이미지가 있는 폴더로 경로를 지정한 뒤 예제 이미지를 선택하고 [열기] 버튼을 클릭합니다.

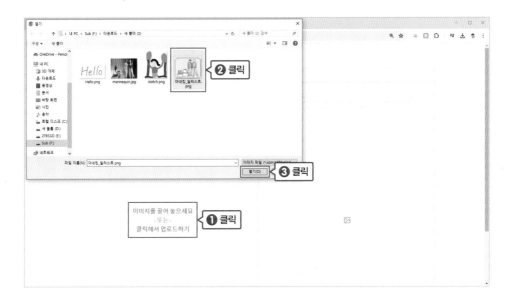

**03** 그림에서 원하는 위치를 클릭해 봅시다. 클릭한 부분을 기반으로 모델이 좌푯값을 구한 후, 추론 과정을 통해 이미지 세그멘테이션 작업을 수행합니다.

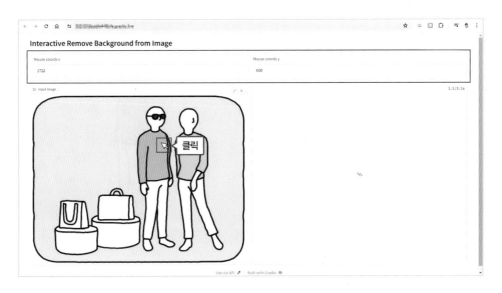

**04** 추론 과정에는 약간의 시간이 소요됩니다. 우측 화면에 로딩 창이 뜨는 것으로 과정이 진행 중임을 알 수 있습니다.

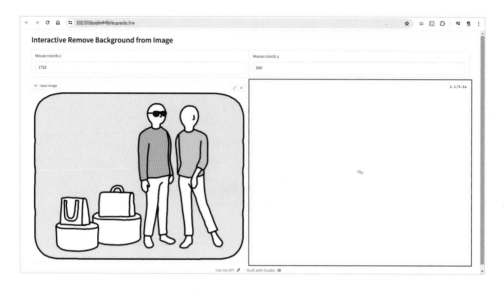

**05** 우측에 결과 화면이 출력됩니다. 원본 이미지에서 처음에 의도했던 대로 좌측 마네킹 전신만 분리된 것을 확인할 수 있습니다.

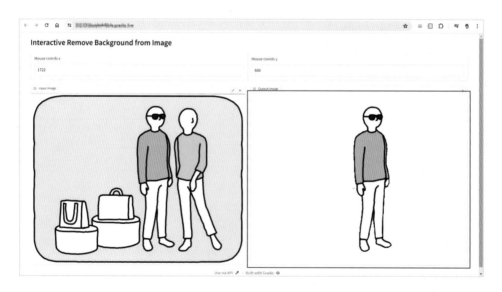

**06** 결과 이미지는 출력 이미지 컴포넌트 우측 상단의 다운로드(⬇) 아이콘을 클릭하여 다운로드해서 원하는 곳에 사용할 수 있습니다.

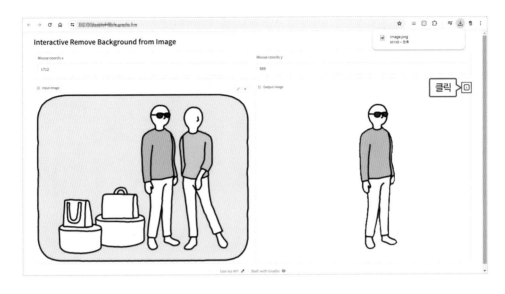

**07** 배경을 제거하고 객체만 남긴 최종 결과 이미지입니다. 이미지를 입력한 뒤 배경을 제거해서 원하는 결과 이미지를 얻어냈습니다! 배경 제거 애플리케이션이 잘 작동하는군요.

여기까지 따라오느라 고생 많으셨습니다. 이제 다양한 이미지를 업로드해서 결과를 테스트해봅시다.

## 2장에서는

- 이미지 세그멘테이션의 개념을 이해하고, 활용 사례 및 서비스의 시장성을 살펴보았습니다.
- 배경 제거 애플리케이션의 시나리오를 정의하고, 이를 충족시키는 유스케이스를 설계했습니다.
- 애플리케이션의 기능에 맞는 이미지 세그멘테이션 모델인 SAM에 대해 이해하고, 라이브러리 형태로 제공되는 SAM 모델을 활용해 이미지를 세그멘테이션하는 과정을 학습했습니다.
- 이미지 처리 알고리즘을 이용해 세그멘테이션 결과를 보완하고 배경 제거 애플리케이션의 최종 기능을 완성했습니다. 이를 통해 AI 모델과 다양한 알고리즘을 조합하여 원하는 기능을 온전히 수행할 수 있는 애플리케이션을 개발하는 방법을 익혔습니다.

이슈를 모아서 정리해 주는 챗봇 기반

# 자연어 처리 서비스

이번 장에서는 세 번째 AI 서비스로 자연어 처리 Natural Language Processing 기술과 관련된 서비스를 다뤄 보겠습니다.

먼저 컴퓨터가 사람의 언어를 이해할 수 있도록 하는 자연어 처리의 개념을 배우고, 해당 기술의 시장성과 전망, 활용 사례를 차례로 소개합니다. 그리고 자연어 처리를 활용한 뉴스 기사 탐색 챗봇 서비스 관련 기술 키워드를 배운 뒤, 유스케이스를 작성하고 뉴스 기사 탐색 챗봇 애플리케이션의 구현으로 나아가 보겠습니다.

- 자연어 처리의 개념을 이해하고, 활용 사례 및 서비스의 시장성을 살펴봅니다.
- 자연어 처리 기술을 활용한 서비스 구현 예제로 뉴스 기사 탐색 챗봇 애플리케이션을 기획합니다.
- 사전 학습된 자연어 처리 모델을 탐색하고 자연어 처리 모델 API 활용 방법을 알아봅니다.
- 자연어 처리 모델 API과 뉴스 정보를 가져올 수 있는 API의 기능을 조합해 뉴스 기사 탐색 챗봇 애플리케이션을 구현합니다.

# 자연어 처리 개념과 사례

3장에서는 자연어 처리 기술을 활용해 이슈를 모아서 정리해 주는 챗봇 AI 서비스를 구현합니다. 먼저 자연어 처리 기술의 개념을 배워 보고, 기술을 활용한 사례를 살펴보겠습니다.

## 개념 이해

사람들은 다양한 언어와 방식으로 소통합니다. 친구와의 대화, 글, 기사, SNS 등 우리가 일상생활에서 소통하는 모든 방식이 이에 해당합니다. 그러나 컴퓨터는 사람이 사용하는 언어를 바로 이해하지 못합니다. 이 문제를 해결하기 위해서는 '자연어 처리'라는 기술이 필요합니다.

사람이 일상적으로 사용하는 언어를 **자연어**Natural language 라고 합니다. **자연어 처리**NLP; Natural Language Processing 기술은 컴퓨터가 이러한 자연어를 이해하고 사용할 수 있도록 도와주는 기술로, 크게 '자연어 이해'와 '자연어 생성'의 2가지 기술로 나눌 수 있습니다.

첫 번째로 **자연어 이해**NLU; Natural Language Understanding 는 컴퓨터가 사람의 언어를 이해하고 분석하는 기술입니다. 예를 들어, "오늘 날씨 어때?"라는 문장을 컴퓨터에 입력하면 컴퓨터는 자연어 이해 기술을 바탕으로 말의 의미를 이해하고 사용자가 오늘의 날씨 정보를 요청한다고 해석합니다.

두 번째로 **자연어 생성**NLG; Natural Language Generation 는 컴퓨터 스스로 자연스러운 문장을 만들어내는 기술입니다. 예를 들어, 컴퓨터가 "오늘 날씨가 맑다"라는 정보를 가지고 있으면 이를 바탕으로 "오늘 날씨는 맑습니다"라는 문장을 생성할 수 있습니다. 이러한 텍스트는 당연히 사람이 자연스럽게 이해할 수 있는 문장이지요.

자연어 이해와 생성 기술의 관계를 벤다이어그램으로 나타내면, 두 기술이 자연어 처리라는 큰 영역 안에서 서로 밀접하게 연관되어 있음을 알 수 있습니다.

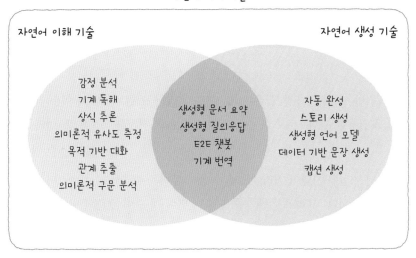

자연어 처리 기술

자연어 이해 기술

감정 분석
기계 독해
상식 추론
의미론적 유사도 측정
목적 기반 대화
관계 추출
의미론적 구문 분석

생성형 문서 요약
생성형 질의응답
E2E 챗봇
기계 번역

자연어 생성 기술

자동 완성
스토리 생성
생성형 언어 모델
데이터 기반 문장 생성
캡션 생성

## 활용 사례

자연어 처리 기술은 현재 자연어를 다루는 수준을 넘어서 챗봇 등의 인터페이스로 활용되기까지 하는 수준에 이르렀습니다. 자연어 처리 기술의 시장성과 전망을 살펴보고, 현재 상용화된 자연어 처리 서비스 활용 사례를 소개하겠습니다.

전 세계 자연어 처리 시장 규모는 2024년 기준 약 345억 달러로 평가되었으며, 2030년에는 약 900억 달러 예상으로 연평균 성장률이 약 17.33%에 달합니다. 자연어 처리 기술은 다양한 텍스트 기반 데이터의 분석과 처리를 가능하게 한다는 점에서 여러 산업 분야에서 활용되고 있습니다. 여러 자연어 처리 기술 서비스 중에서 상용화된 서비스를 선정해 3가지 사례를 소개하겠습니다.

### | 감정 분석 서비스 |

감정 분석 서비스는 뉴스 기사나 소셜 미디어 게시물에 담긴 감정을 분석해서 특정 이슈에 대한 대중의 반응을 파악하는 데 쓰입니다. 예를 들어, 온라인 쇼핑몰이나 영화 리뷰 웹사이트에 있는 구매자(관람객)들의 리뷰를 감정 분석을 통해 긍정적/부정적 리뷰로 나누어 분석할 수 있습니다.

## | 번역 서비스 |

사람들은 나라별로 각기 다른 언어를 사용합니다. 이런 상황에서 번역 서비스는 먼저 자연어 처리 기술로 다양한 언어의 의미를 파악하고, 자연어 생성 기술을 바탕으로 각 사용자가 원하는 언어로 번역해서 제공합니다.

번역 서비스의 대표적인 예로는 1.1절 '활용 사례'에서도 예로 들었던 파파고가 있습니다. 파파고는 OCR 기술을 활용한 서비스로도 볼 수 있지만, 서비스의 진정한 목적은 통·번역 서비스 제공입니다.

파파고는 최신 딥러닝 기반의 자연어 처리 기술을 활용해 문맥을 이해하고, 자연스럽고 정확한 고품질 번역을 제공합니다. 그리고 이를 통해 단순히 단어 대 단어 수준의 번역이 아니라 문장의 전체적인 의미와 뉘앙스를 고려한 번역이 가능합니다.

해외에도 번역 서비스가 있습니다. 바로 딥엘DeepL입니다. 딥엘도 현재 약 3억 달러 규모의 투자를 유치받을 정도로 시장성과 전망 면에서 밝은 모습을 보여 주고 있습니다.

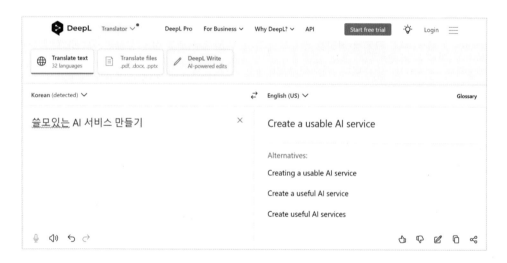

## | 챗봇 서비스 |

챗봇은 자연어 처리 기술을 활용한 AI 서비스 중에서도 현재 가장 주목받는 서비스입니다. 대표적인 예로는 요즘 가장 인기 있는 대화형 서비스인 ChatGPT를 들 수 있습니다.

ChatGPT는 OpenAI에서 개발한 대화형 AI 모델로, 자연어 처리 기술을 활용하여 사용자와 자연스러운 대화를 나눌 수 있습니다. 수많은 자연어 데이터를 학습하여 단순히 문장을 생성하는 수준을 넘어서 대화 상황에 맞는 적절한 대답을 하거나, 특정 질문에 답변하는 등의 작업도 수행할 수 있습니다. 심지어는 코드를 작성하거나 에러 로그 분석, 디버깅 등의 고급 작업도 가능합니다.

특히 ChatGPT는 초거대 언어 모델을 활용한 서비스로, 사용자와의 대화에서 높은 수준의 자연스러움을 제공합니다. 사용자의 질문이나 명령을 이해하고, 맥락에 맞는 응답을 생성하여 자연스러운 대화 경험을 제공합니다. 또한 감정 분석과 공감, 지속적인 학습, 실시간 응답 등 다양한 장점을 기반으로 다양한 분야에서 챗봇 서비스로 활용되고 있습니다.

2022년 11월 출시 후로 ChatGPT는 두 달만에 인터넷 역사상 가장 빠른 속도로 월간 활성 사용자 수 1억 명을 달성했습니다. 또한 OpenAI의 기업 가치는 2024년 기준으로 800억 달러에 이를 정도이며, ChatGPT를 활용한 서비스는 지금도 수많은 기업에서 연구 중입니다. 즉, 비즈니스 시대에 AI 서비스의 가치를 가장 단적으로 보여 주는 예라고 할 수 있습니다.

지금까지의 사례를 바탕으로 자연어 처리 관련 서비스의 상용화 가능성을 충분히 파악해 보았습니다. 이제 다음으로는 이 장에서 자연어 처리 서비스를 구현하기 위해 알아야 하는 기술 키워드를 짚고 넘어가도록 하겠습니다.

자연어 처리 기술을 구현하거나 학습하기 위해서 꼭 필요한 필수 키워드를 간략하게 소개합니다.

## 자연어

**자연어** Natural language 는 사람들이 사용하는 언어를 이르는 표현입니다. 컴퓨터는 기본적으로 기계어를 사용하기 때문에 자연어를 보아도 어떤 의미인지 파악하지 못합니다. **자연어 처리** 기술은 이러한 자연어를 컴퓨터가 이해하고 처리할 수 있도록 하는 기술입니다.

다음 그림은 자연어와 기계어를 비교한 그림입니다. 좌측이 자연어, 우측이 기계어입니다.

## 언어 모델

**언어 모델** Language model 은 단어나 문장, 문단 단위로 자연어 데이터를 입력받은 후, 다음에 올 단어나 문자열을 예측하는 모델입니다. 문장 생성, 기계 번역, 음성 인식 등 여러 응용 분야에서 사용됩니다.

## 초거대 언어 모델

**초거대 언어 모델** LLM; Large Language Model 은 일반적인 언어 모델보다 훨씬 큰 규모의 언어 모델입니다. LLM은 일반적인 언어 모델에 비해 훨씬 많은 파라미터와 방대한 데이터를 학습한 모델로, 일반화 성능이 뛰어납니다. LLM의 대표적인 예로 GPT 시리즈와 Gemini가 있습니다.

**GPT** Generative Pre-trained Transformer 시리즈는 OpenAI에서 개발한 언어 생성 중심의 자연어 처리 모델로, 대화, 문장 생성, 번역 등 다양한 자연어 처리 작업을 수행할 수 있습니다. OpenAI는 GPT 모델을 최근까지 계속 업데이트 중이며 최신 GPT 모델의 경우 텍스트뿐만 아니라 이미지, 음성, 영상 정보까지 입력받을 수 있는 멀티모달 Multimodal LLM으로 발전해 나가고 있습니다.

**Gemini**는 구글에서 만든 초거대 언어 모델로, 최신 GPT 모델과 마찬가지로 멀티모달 입력이 가능한 LLM입니다. 구글에서는 다양한 입출력이 가능한 Gemini의 확장성을 바탕으로 구글의 여러 서비스에 접목해 나가고 있습니다.

## 프롬프트와 프롬프트 엔지니어링

**프롬프트** Prompt 는 언어 모델에게 특정 작업을 수행하도록 지시하는 입력 문장이나 질문입니다. 자연어 처리 모델의 성능은 프롬프트의 형식이나 표현 방식에 따라 크게 달라질 수 있습니다. 이를테면, "프랑스의 수도는?"이라는 프롬프트보다 "프랑스의 수도는 어느 지역입니까? 그리고 그 도시의 지리적 중요성에 관해 설명해 주세요"라는 프롬프트가 더 명확한 답변을 유도할 수 있습니다.

**프롬프트 엔지니어링** Prompt engineering 은 이러한 특성을 활용하여 특정 작업이나 응답에 대해 원하는 결과를 얻기 위해 프롬프트를 조절하는 기법을 의미합니다.

## 업스트림 태스크와 다운스트림 태스크

머신러닝에서 **업스트림 태스크** Upstream task 는 사전 학습 모델이 기본적인 기능을 학습하기 위한 초기 단계의 작업을 말합니다. 초기 단계는 일반적인 작업을 수행하도록 학습하는 기본 단계이며, 이 단계에서 사전 학습 모델은 일반적인 패턴과 표현을 학습하게 됩니다. 예를 들어, 언어 모델의 업스트림 태스크는 특정 단어가 주어졌을 때 다음 단어를 예측하는 작업입니다.

다운스트림 태스크Downstream task는 업스트림 태스크에서 학습한 사전 학습 모델을 사용하여 실제로 해결하고자 하는 응용 분야의 작업을 말합니다. 일반적으로 특정 도메인 또는 응용 분야에 더 집중되어 있으며, 특정한 문제를 해결하기 위해 모델을 미세 조정하기도 합니다.

예를 들어, 다음 단어를 예측하는 업스트림 태스크에서 학습된 언어 모델을 활용해 영어 단어가 입력되었을 때 한글 단어를 예측하는 번역 기능이 가능하도록 미세 조정한다면, 이 번역 기능이 다운스트림 태스크가 됩니다.

## 웹 스크래핑

웹 스크래핑Web scraping은 웹사이트에서 데이터를 자동으로 추출하는 기술입니다. 웹사이트에서 추출한 대량의 데이터를 데이터 분석에 사용하거나 학습 데이터로 활용할 수 있습니다.

## API

API는 Application Programming Interface의 약자입니다. 이름 그대로, 다양한 애플리케이션 간에 상호작용을 할 수 있게 도와 주는 연결고리나 중개자 역할을 합니다.

API의 핵심 목표는 복잡한 시스템이나 프로그램 내부의 작동 원리를 깊게 알지 못해도, 시스템이나 프로그램이 제공하는 기능을 쉽게 사용할 수 있도록 하는 것입니다. 예를 들어, 스마트폰에서 찍은 사진을 다른 앱에서도 사용할 수 있는 이유는 앱이 API를 통해 운영체제와 통신하기 때문입니다.

현대에는 웹 기반의 서비스가 발전하면서 웹 API가 활발하게 사용되고 있습니다. 웹 API는 웹상에서 서로 다른 애플리케이션이 통신할 수 있도록 합니다. 예를 들어, 새로 개발한 서비스에서 인스타그램에 있는 사진 정보를 가져오려면, 인스타그램에서 제공하는 API를 사용할 수 있습니다. 인스타그램의 API는 포스팅 정보, 사진 정보 등을 제공합니다. 이 데이터를 인스타그램 API를 통해 가져와서 새로 개발한 서비스에 쉽게 활용할 수 있습니다.

다음 절에서는 이러한 기본 개념을 바탕으로 자연어 처리 서비스를 구현하는 데 필요한 기술을 익혀 보도록 하겠습니다.

## 3.3 서비스 기획하기

자연어 처리 기술의 발전 덕분에 이제는 다른 나라 언어로 기록된 콘텐츠들도 쉽게 찾고, 이해할 수 있게 되었습니다.

이 절에서는 자연어 처리 기술을 활용해 우리가 원하는 뉴스 기사를 문장 형태로 챗봇 애플리케이션에 입력하면, 해당 애플리케이션이 미국의 케이블 뉴스 채널인 CNN 뉴스 웹사이트에서 영어 원문 기사를 추려내어 요약한 후, 이를 번역해서 제공해 주는 애플리케이션을 구현해 보겠습니다.

서비스 구현을 위한 준비 작업인 유스케이스 작성부터 시작합니다. 유스케이스의 개념과 작성 방식이 기억나지 않는 독자들은 28쪽의 〈여기서 잠깐〉을 한 번 더 참고하기 바랍니다.

### 유스케이스 작성하기

이번 장에서 구현할 예제는 '뉴스 기사 탐색 챗봇 애플리케이션'입니다. 챗봇 인터페이스에서 원하는 기사의 정보를 질문 형태로 입력하면 애플리케이션이 질문에 맞는 기사의 리스트를 보여 줍니다.

그리고 추천 기사 중 하나를 선택하면 해당 웹페이지의 기사 내용을 스크래핑 Scraping 하여 가져온 후 자연어 처리 기술을 사용해 기사의 내용을 요약 및 번역하여 영어 요약문 및 한국어 요약문을 제공합니다.

이 기능을 바탕으로 유스케이스를 정의해 보겠습니다. 이번 장에서 만들 뉴스 기사 탐색 챗봇 애플리케이션의 유스케이스 다이어그램을 작성해 보면 다음 그림과 같습니다.

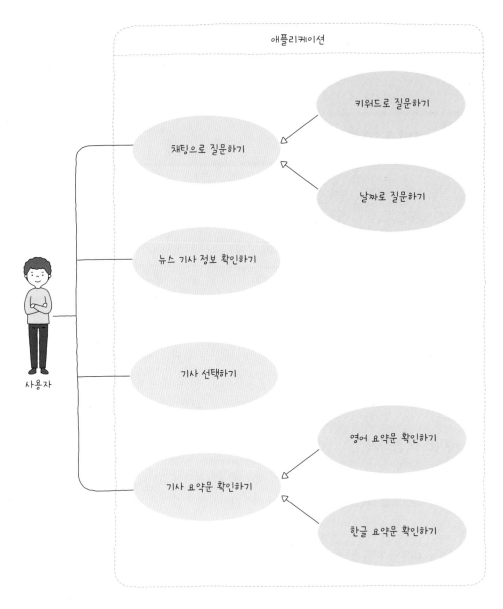

유스케이스 다이어그램을 바탕으로 이번 예제의 시나리오를 요약해 봅시다.

① 원하는 정보를 질문 형태로 챗봇에 입력합니다.

   – 키워드: 채팅 시 '키워드'를 기준으로 질문할 수 있습니다.

   – 날짜: 채팅 시 '날짜'를 기준으로 질문할 수 있습니다.

❷ 챗봇 애플리케이션은 사용자의 질문을 이해하고, 질문에 해당하는 여러 기사를 정리해서 제공합니다.

❸ 사용자는 제시된 기사 중에서 필요한 기사를 선택합니다.

❹ 챗봇이 해당 URL에 있는 기사 전문을 스크래핑한 후, 기사의 요약 및 번역을 수행합니다.

❺ 정리된 요약문을 사용자가 확인합니다.

– 영어 요약문: 요약문은 영어 원문으로 확인할 수 있습니다.

– 한글 요약문: 요약문은 한글 번역 요약문으로 확인할 수 있습니다.

## | 채팅으로 질문하기 |

먼저 사용자는 원하는 뉴스 기사 정보에 대한 질문을 채팅으로 입력합니다. 예를 들어, "오늘의 국제 주요 이슈는 뭐야?", "최근 테슬라<sup>Tesla</sup> 회사에 대해 어떤 이슈가 있니?", "2023년 8월의 대한민국 주요 이슈를 알려줘" 등의 형태입니다.

질문하는 방식은 크게 키워드와 날짜를 사용하는 2가지 방식으로 나눌 수 있습니다.

첫 번째로, '키워드로 질문하기'는 사용자가 특정 주제나 관심사를 키워드 형태로 찾을 수 있도록 구현하는 것입니다. 사용자가 특정 키워드를 입력하면 챗봇 애플리케이션이 이를 입력값으로 활용해 해당 키워드가 포함된 기사를 탐색합니다.

예를 들어, "최근 테슬라<sup>Tesla</sup> 회사에 대해 어떤 이슈가 있니?"라는 질문을 입력하면 애플리케이션은 테슬라를 키워드로 삼아 관련 기사를 탐색합니다.

두 번째로 '날짜로 질문하기'는 사용자가 날짜를 활용해 특정 일자나 특정 기간 동안의 뉴스 기사를 조회하는 방식입니다. 날짜 기반의 검색 기능을 활용하면 시간에 민감한 정보를 신속하게 제공받을 수 있습니다.

예를 들어, "오늘의 국제 주요 이슈는 뭐야?", "2023년 8월의 대한민국 이슈를 알려줘"라는 질문을 입력하면 애플리케이션은 질문 속에 들어 있는 날짜를 키워드로 삼아 관련 기사를 탐색합니다.

본 서비스는 이처럼 키워드와 날짜 2가지 모두 입력값으로 활용합니다.

## | 뉴스 기사 정보 확인하기 |

챗봇 애플리케이션은 사용자의 입력값을 바탕으로 자연어 처리 기술을 활용해 이를 이해하고,

CNN의 기사 중에서 해당 조건에 맞는 기사를 수집합니다. 이때 뉴스 API를 활용해 최신 뉴스 기사를 수집합니다.

또한, 수집한 기사는 해당 기사의 제목과 링크(URL), 설명을 간략하게 포함해서 정리한 후에 이를 사용자에게 제공해서 사용자가 원하는 뉴스 기사를 확인하고 선택할 수 있도록 합니다.

### | 기사 선택하기 |

사용자는 애플리케이션에 나열된 뉴스 기사 중 하나를 선택합니다. 해당 기사들은 모두 키워드 및 날짜를 기준으로 검색된 기사이므로 해당 애플리케이션이 사용자의 요청을 적절하게 이해하고 이를 바탕으로 작업을 제대로 수행했는지 확인할 수 있습니다.

### | 기사 요약문 확인하기 |

사용자가 뉴스 기사 중 하나를 선택하면 챗봇이 해당 기사 원문을 요약해 줍니다. 사용자는 정리된 요약문을 읽고 정보를 얻을 수 있습니다.

기사 요약문은 영어와 한글의 2가지 형태로 제공됩니다.

첫 번째로, 사용자는 영어(원문) 요약문을 확인할 수 있습니다. 사용자가 기사를 선택하면 애플리케이션이 자연어 처리 기술을 활용해 중요한 내용을 포함한 간결하고 명확한 영어 요약문을 작성해 줍니다.

두 번째로, 사용자는 한글 번역 요약문을 확인할 수 있습니다. 원문 기사는 영어이지만, 자연어 처리 기술을 활용해 영문을 한국어로 번역 및 요약해서 제공해 주는 것입니다. 이를 통해 한글만 아는 사용자도 해당 기사를 좀 더 쉽게 이해하고 접근할 수 있습니다.

이처럼 자연어 처리 기술을 활용하면 여러 언어로 콘텐츠를 제공할 수 있어서 활용성이 증대됩니다.

## 애플리케이션 구성 구체화하기

다음으로, 130쪽의 '유스케이스 작성하기'에서 다룬 애플리케이션의 구성을 구체적으로 설명해 보겠습니다. 우선 최종 사용자의 사용 과정과 애플리케이션의 운영 과정을 그림으로 표현하면 다음과 같습니다.

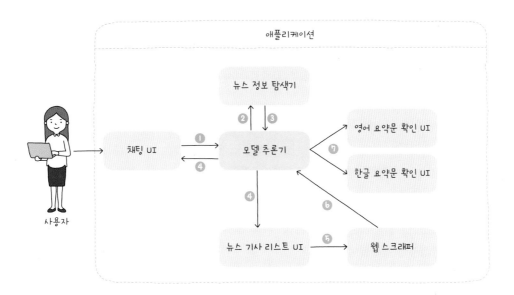

각 과정을 단계별로 구체화해 봅시다.

**1단계:** 채팅 형식으로 뉴스 기사 정보를 요청할 수 있도록 채팅 UI가 필요합니다. 사용자는 필요한 뉴스 기사를 질문 형태로 챗봇에 입력합니다.

**2~3단계:** 챗봇은 입력받은 메시지를 언어 모델로 분석하여 어떤 뉴스 기사가 필요할지 판단합니다. 그리고 이 정보를 바탕으로 뉴스 정보 탐색기로부터 뉴스 정보를 받아옵니다.

**4단계:** 받아온 뉴스 정보는 그대로 제공하지 않고 언어 모델을 활용해 가공하여 채팅 UI에 자연스러운 채팅 형태로 제공합니다. 이와 동시에 뉴스 기사 리스트 UI에 뉴스 정보 목록을 업데이트합니다. 사용자는 이 단계에서 뉴스 정보 목록으로부터 간략한 제목과 링크, 설명을 확인하고 원하는 뉴스를 선택할 수 있습니다.

**5~6단계:** 사용자가 특정 기사를 선택하면 웹 스크래퍼가 기사의 원문을 스크래핑한 후, 언어 모델로 전달합니다.

**7단계:** 언어 모델이 만든 영어 기사 요약문과 한글 기사 요약문을 저장할 텍스트 UI를 구현합니다. 사용자는 해당 UI를 통해 영어/한글 기사 요약문을 확인합니다.

이렇게 유스케이스 다이어그램에서 구상했던 시나리오를 빠짐없이 수행하는 애플리케이션 구성 디자인을 마쳤습니다. 이번 예제에서는 모델뿐만 아니라 뉴스 정보 탐색기, 웹 스크래퍼처럼 특정 기능을 수행하는 객체들도 개발할 예정입니다.

'① 사전 학습 모델 탐색 및 선정하기, ② 모델 테스트 및 실행하기, ③ AI 서비스 구현 및 결과 확인하기' 순서로 진행하며 실제 AI 서비스를 구현해 보겠습니다. 먼저 적합한 모델을 선정하는 과정부터 진행합니다.

## 3.4 모델 선정하기

자연어 처리 분야에서도 다양한 작업을 수행하는 머신러닝/딥러닝 모델들이 개발되었습니다. 예를 들어, 일부 문장을 입력하면 맥락에 맞춰 다음 단어를 생성해 주는 모델, 감정별로 문장을 분류하는 모델, 다른 언어로 번역해 주는 모델 등이 있습니다.

최근에는 트랜스포머 모델 구조를 기반으로 인터넷상에 존재하는 엄청난 양의 자연어 데이터를 학습한 언어 모델들이 많이 개발되었습니다. 이 모델들은 해당 데이터를 기반으로 문장의 일부를 입력하면 다음 단어를 예측하는 작업을 학습했습니다. 그 결과로 문장의 문맥 정보를 이용해 감정 분석이나 질의 응답, 언어 번역처럼 학습하지 않은 작업까지도 잘 수행합니다.

이렇게 대량의 자연어를 학습한 언어 모델을 LLM(초거대 언어 모델)이라고 부릅니다(3.2절의 '알아야 할 기술 키워드' 참조). LLM은 자연어 이해 능력과 자연어 생성 능력을 모두 갖추고 있습니다.

이번 장에서는 LLM 중에서도 대표적인 모델인 GPT 모델을 사용해서 애플리케이션을 구현합니다. GPT는 OpenAI에서 개발한 초기 LLM 모델 중 하나입니다.

## 모델 선정하기 - GPT

GPT는 OpenAI에서 개발한 자연어 생성 모델입니다. GPT라는 이름은 약어로, 이름을 한 글자씩 풀이해 보면 모델의 특성을 좀 더 명확하게 알 수 있습니다.

- **Generative(생성적):** 말 그대로 무언가를 생성하거나 만들어내는 능력이 있다는 것을 의미합니다. GPT는 학습한 데이터를 기반으로 새로운 문장이나 텍스트를 스스로 생성할 수 있습니다.

- **Pre-trained(사전 학습된):** GPT가 특정 작업을 수행하기 전에 대량의 데이터셋으로 미리 학습을 마쳤다는 의미입니다.

- **Transformer(트랜스포머):** GPT의 핵심 아키텍처가 트랜스포머 모델로 구성되어 있음을 의미합니다.

이처럼 GPT는 대량의 자연어 데이터를 사전 학습하여, 자연어 기반의 문장이나 텍스트를 생성할 수 있는 트랜스포머 모델입니다.

GPT는 2018년에 처음 등장한 GPT-1을 시작으로 GPT-2, GPT-3 순으로 버전을 업데이트하며 발전해 왔습니다.

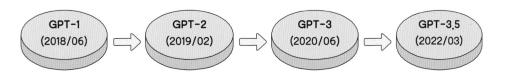

GPT의 발전 양상에서 가장 주목할 만한 변화는 모델의 파라미터 수입니다. 딥러닝 모델은 기본적으로 파라미터가 많아지면 많아질수록 더 많은 정보를 학습할 수 있습니다. GPT-1은 약 1억 1천만 개였으나, GPT-3는 약 1,750억 개에 달합니다. 모델의 크기와 함께 학습 데이터의 크기도 약 4GB 크기의 데이터셋에서 약 40GB, 약 600GB 순으로 점점 커졌습니다.

한편으로, 이와 더불어 기능적인 특징도 향상되었습니다. GPT-1은 특정 작업을 수행하기 위해 해당 작업에 맞는 데이터셋으로 세밀한 조정이 필요했지만, GPT-2에서는 이러한 조정 없이도 높은 성능을 보였습니다. 이를 제로샷Zero-shot 성능이라고 하며, 모델이 해당 작업에 대한 추가 학습 없이도 훌륭한 성능을 보이는 것을 의미합니다.

GPT-3에 이르면 입력 문맥 정보를 이용하여 다운스트림 태스크에 대한 해결 능력이 향상되었습니다. 이를 인 컨텍스트 러닝In-context learning이라고 부르며, 사용자의 입력만으로도 원하는 답변을 유도할 수 있게 되었습니다. 다음은 GPT의 버전별 특징을 정리한 표입니다.

| | GPT-1 | GPT-2 | GPT-3 |
|---|---|---|---|
| 모델 파라미터 수 | 110M(약 1억 1천만 개) | 1.5B(약 15억 개) | 175B(약 1,750억 개) |
| 데이터 크기 | 약 4GB | 약 40GB | 약 600GB |
| 주요 특징 | 다운스트림 태스크에 대해 추가 학습했을 시 높은 성능 | 다운스트림 태스크에 대한 높은 제로샷 성능 | 인 컨텍스트 러닝으로 높은 제로샷 성능 |
| 출시일 | 2018년 | 2019년 | 2020년 |

**여기서 잠깐** 인 컨텍스트 러닝과 엔샷이란?

업스트림 태스크에 대해 사전 학습 모델들을 기반으로 하여 다운스트림 태스크를 제대로 수행하는 모델을 만들기 위해서는 다운스트림 태스크의 데이터셋을 활용해 모델 자체를 업데이트해야 했습니다. 그러나 GPT-3는 프롬프트 입력을 통해 다운스트림 태스크에 대한 맥락 정보만 주어지면 다운스트림 태스크를 수행할 수 있는 능력을 갖추고 있습니다.

이처럼 프롬프트 맥락 정보만으로 다운스트림 태스크 수행 능력을 갖추는 것을 **인 컨텍스트 러닝** In-Context Learning이라고 부릅니다.

한편으로, 다운스트림 태스크를 제대로 수행하기 위해서 모델을 미세 조정할 때 몇 번 추가 학습을 수행했는지 나타내는 용어도 있습니다. 바로 **엔샷**N-shot입니다.

예를 들어, 개와 고양이 이미지를 구분하는 사전 학습 모델이 늑대와 호랑이를 구분하는 다운스트림 태스크를 수행하기 위해 늑대와 호랑이 사진을 한 번 학습해야 한다면 이는 **원샷**One-shot이라고 표현할 수 있습니다. 만약 여러 번의 추가 학습이 필요하다면 **퓨샷**Few-shot이며, 추가 학습 없이 늑대와 호랑이를 잘 구분한다면 **제로샷**Zero-shot입니다.

다만 GPT-3에서 엔샷은 다른 의미로 사용됩니다. 바로 '인 컨텍스트 러닝을 위해 프롬프트에 몇 개의 구체적인 정보를 주어야 하는지'를 말합니다. 구체적인 정보가 필요하지 않다면 제로샷, 하나의 정보가 필요하다면 원샷, 둘 이상의 정보가 필요하다면 퓨샷이라고 합니다.

예를 들어, GPT-3에게 영어 단어의 소리나는 발음을 한글로 변환해 주는 작업을 시킨다고 가정해 보겠습니다. 이 작업을 위해 프롬프트로 "다음 영어 단어를 소리가 나는 대로 한국어로 적어라. You can do it →" 이라는 프롬프트를 준다면 이는 구체적인 추가 학습 정보를 주지 않았기에 제로샷입니다.

그러나 만약, "예시는 다음과 같다. I love playing guitar → 아이 러브 플레잉 기타"처럼 프롬프트에 추가로 예시를 하나 넣어준다면 이는 원샷이 되며, 추가로 여러 개의 예시를 넣어 준다면 퓨샷이 됩니다. 다음은 제로샷과 원샷의 예시 화면입니다.

GPT-3.5는 GPT-3의 업그레이드 버전입니다. GPT-3은 높은 성능으로 자연어를 생성하는 모델이지만, 단순히 입력된 문장 다음에 올 단어를 예측하는 언어 모델이라 입력된 지시 문장에 대한 답변을 제대로 하지 못하거나, 사람의 관점에서 편향된 문장이나 단어를 만들어내기도 했습니다.

이를 개선하기 위해 OpenAI는 GPT가 생성한 답변을 사람이 직접 평가한 뒤, 그중에서 높은 점수를 받은 답변 위주로 강화학습 이론을 이용해 모델을 학습시켰습니다. 이 방법을 RL-HF Reinforcement Learning from Human Feedback 라고 합니다. 이 기법을 통해 사용성이 강화된 모델이 GPT-3.5입니다.

지금까지 GPT 모델에 대해서 알아보았습니다. GPT의 사전 학습 모델을 서비스에서 어떻게 사용할 수 있을까요? GPT는 사전 학습 모델을 유료 API 형태로 제공하고 있습니다. 모델이 API 형태로 제공될 경우 '전처리 – 모델 추론 - 후처리' 과정까지 제공하기 때문에, 직접 모델 추론의 전 과정을 구현할 필요가 없다는 장점이 있습니다. 다음으로 GPT API에 대해 알아보겠습니다.

## GPT API

GPT 시리즈는 모델을 코드나 라이브러리로 공개하지 않고 OpenAI에서 API 형태로 유료로 제공합니다. 모델이 API로 제공되는 경우 코드나 라이브러리로 제공되는 것에 비해 장단점이 존재합니다.

대표적인 장점으로는 코드에 비해 훨씬 쉽게 사용할 수 있습니다. 코드로 구현된 모델을 실행하기 위해서는 의존성 설치 등 여러 가지 환경 설정을 맞춰 주어야 하고 실행 장비도 사용자가 직접 설정해 주어야 합니다. 반면에 API로 제공되는 모델은 API를 제공하는 주체가 모델을 직접 실행시켜서 결과만 넘겨 주는 것이므로 이런 부분에서 자유롭습니다.

단점으로는 API는 제공 주체의 설정에 따라서만 모델을 사용해야 하기에 코드에 비해 모델의 자유로운 커스터마이징이 어렵다는 점을 꼽을 수 있습니다. 또한 API 사용비가 발생한다는 점도 단점입니다. 다음은 API와 코드 방식을 비교한 표입니다.

| 모델 제공 방식 | API | 코드 |
| --- | --- | --- |
| 사용 편의성 | 간편하게 API 호출로 사용 가능함 | 초기 실행 환경 세팅이 필요함 |
| 성능 | API 제공사의 고성능의 서버에서 운영되어 높은 성능을 보장함 | 사용자의 자체 장비에 따라 성능이 제한될 수 있음 |
| 관리 편리성 | API 제공사에서 유지 보수함 | 사용자가 직접 유지 보수해야 함 |
| 오프라인 사용 | 불가능 | 가능 |
| 비용 | API 호출 또는 사용량에 따라 비용 발생함 | 초기 장비 제외 비용 없음 |
| 커스터마이징 | 한계가 있음 | 자유롭게 변경 가능함 |

이 책에서는 GPT-3.5 버전을 사용해서 실습을 진행합니다. 구체적인 GPT API의 사용 방법은 다음 절에서 실습과 함께 알아봅시다.

## 3.5 모델 실행하기

이제부터는 GPT-3.5 API를 사용하여 예제를 구현해 보겠습니다. 간단한 예제를 만들면서 GPT API의 사용법을 익혀 봅시다. 먼저 GPT API를 사용하기 위해서는 사전 준비가 필요합니다. OpenAI에서 API 키를 얻는 과정부터 소개하겠습니다.

### OpenAI API 키 사용하기

API 키는 웹 API를 호출할 때, API를 사용하는 사용자를 식별하고 인증하기 위해 사용하는 고유한 문자열입니다. 쉽게 말해서, API를 사용할 수 있는 권한을 주는 열쇠의 역할을 합니다. API 키의 기능을 정리하면 다음과 같습니다.

- **인증:** 사용자나 응용 프로그램이 해당 API에 접근할 권한이 있는지 확인합니다.

- **사용량 추적:** API 요청의 수를 추적하여 제한된 요청 수를 초과하지 않도록 합니다.

- **보안:** API 키를 통해서만 API에 접근할 수 있도록 제한을 두어 악의적인 사용자나 봇이 서비스를 악용하는 것을 방지합니다.

OpenAI API를 사용하기 위해서는 OpenAI의 계정이 필요합니다. 계정을 생성하고 API 키를 얻는 순서로 진행합니다.

### | API 키 생성하기 |

먼저 API 키를 얻는 방법부터 설명하겠습니다. GPT API를 사용하기 위한 API 키는 OpenAI Platform 웹사이트에서 생성할 수 있습니다.

**01** 웹 브라우저를 열고 OpenAI Platform 웹사이트(https://platform.openai.com)에 접속합니다. 우측 상단을 보면 [Log in]과 [Sign up] 버튼이 있습니다. 기존 계정이 있다면 [Log in] 버튼을 클릭한 뒤 아이디(이메일 주소)와 비밀번호를 입력해서 로그인하고, 계정이 없다면 [Sign up] 버튼을 클릭하여 새롭게 계정을 생성합니다.

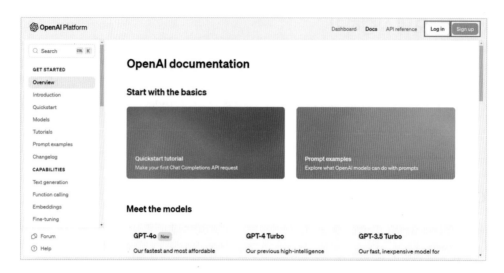

Note 계정 생성 시에는 이메일 주소와 비밀번호 입력이 필요하며, 이메일 주소는 인증 과정을 거칩니다. 회원 가입 과정은 간단하므로 생략합니다.

**02** API 키 발급을 위해서 먼저 여러 메뉴를 모아놓은 대시보드 화면으로 이동합니다. 우측 상단의 [Dashboard] 메뉴를 클릭합니다.

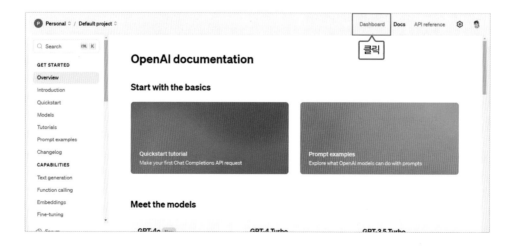

**03** 첫 접속 시 안내 화면 팝업이 나온 후, 각종 설정을 할 수 있는 대시보드 화면이 나타납니다. 우리는 API 키를 발급받을 예정이므로, 좌측의 [API keys]를 클릭합니다.

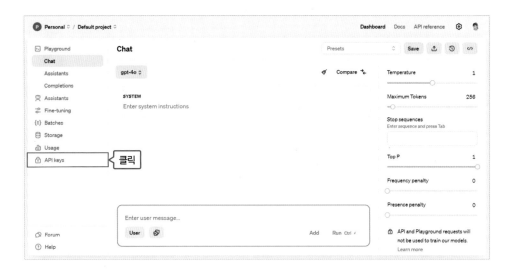

**04** API 키를 발급받을 수 있는 화면이 나타납니다. 새로운 키를 생성하여 발급 받을 예정이므로 화면 중앙에 있는 [+ Create new secret key]를 클릭합니다.

**05** [Create new secret key] 창이 나타납니다. 다른 항목들은 별도로 입력하지 않고, [Name] 입력란에 원하는 API 키 이름을 입력한 후(본 예제에서는 'gpt-test-key'라고 입력했습니다) [Create secret key]를 클릭합니다.

**06** 새롭게 생성된 API 키가 발급됩니다. 발급된 키는 옆의 [Copy] 버튼을 눌러서 복사한 후, 본인만이 아는 곳에 따로 기록해 둡니다.

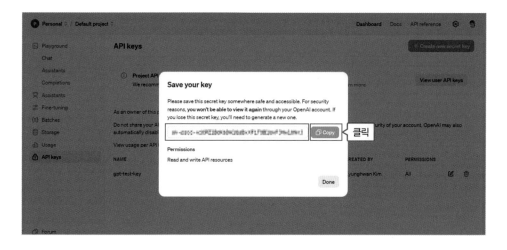

> **Note** API 키는 본인의 계정에서 API를 접근할 수 있는 보안 키이므로 절대로 외부에 공개되지 않도록 주의해야 합니다. 또한, 한 번 생성된 API 키는 잃어버리면 홈페이지를 통해 다시 찾을 수 있는 방법이 없으므로 본인만이 아는 곳에 생성된 API 키를 기록해 두어야 합니다.

## | 결제 정보 등록하기 |

다음으로, 결제 정보를 등록합니다. 앞서 이야기했듯이 GPT API는 유료 API 입니다. 즉, 사용량에 따라 비용이 발생하므로 결제 정보를 등록해 두어야 합니다.

**01** 결제 정보를 등록하기 위해서 개인 설정 화면으로 이동합니다. 대시보드 화면에서 우측 상단의 설정(⚙) 아이콘을 클릭합니다.

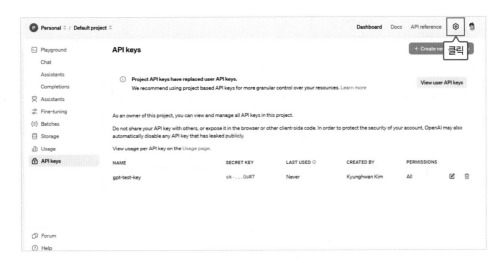

**02** 좌측의 메뉴에 개인 설정과 관련한 여러 메뉴가 나타납니다. 먼저 결제 정보를 등록하기 위해 [Billing]을 클릭합니다.

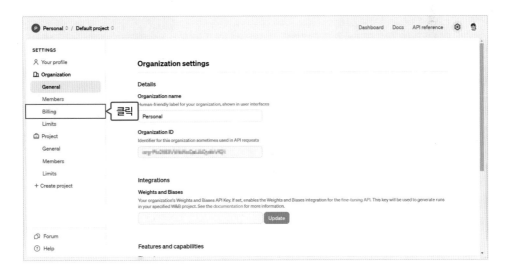

**03** 결제 정보를 등록하는 화면이 나옵니다. 화면 중앙의 [Add payment details]를 클릭합니다.

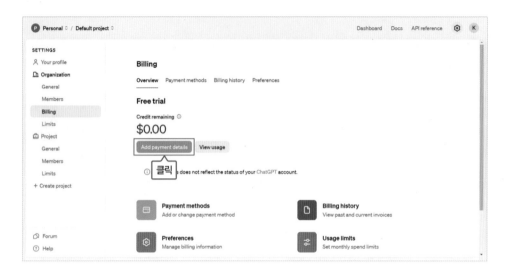

**04** [What best describes you?] 창이 나타납니다. [Individual]을 클릭합니다.

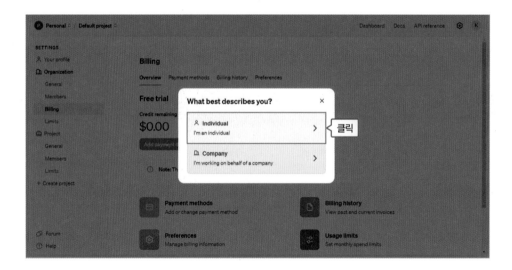

**05** [Add payment details] 창이 나타납니다. [Card information], [Name on card], [Billing address] 입력란에 관련 정보를 입력한 후 [Continue] 버튼을 클릭합니다.

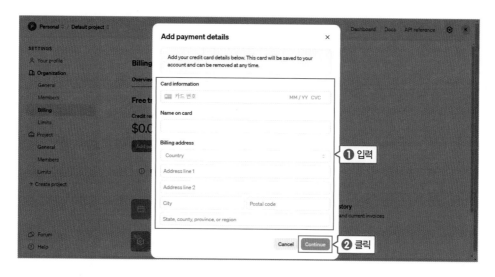

06 [Configure payment] 창이 나타납니다. 금액을 결제하면 크레딧이 충전되는 방식입니다. 기본값으로 지정된 10달러를 충전해 봅시다. 한 번에 최소 5달러에서 최대 100달러까지 충전 가능합니다. [Initial credit purchase] 하단에 있는 토글 버튼은 크레딧이 일정 이하로 떨어질 경우 자동으로 충전해 주는 옵션의 활성화 버튼입니다. 원하지 않는 추가 크레딧 충전을 막기 위해서는 기본으로 설정된 활성화를 해제하는 것이 좋습니다. 다음으로 [Continue] 버튼을 클릭합니다.

**07** [Payment summary] 창이 나타납니다. 세금을 포함하여 실제로는 11달러 정도가 결제될 예정입니다. [Confirm payment] 버튼을 클릭합니다.

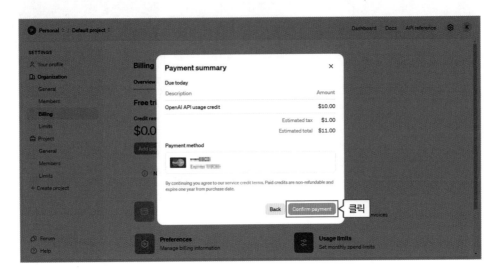

**08** 크레딧 충전이 완료되었습니다! [Billing] 화면에서 충전에 성공했다는 메시지가 화면 상단에 뜨고 10달러가 충전된 모습을 확인할 수 있습니다.

## GPT API의 가격 정책

GPT API는 OpenAI에서 유료로 제공하는 서비스입니다. GPT는 언어 모델로 입력 시 받는 토큰 수와 출력 시 GPT가 생성하는 토큰 수를 기준으로 비용을 책정합니다. 이 책에서는 GPT-3.5 Turbo API를 사용합니다. GPT-3.5 Turbo API는 비교적 가격이 저렴한 API입니다.

2024년 6월을 기준으로, GPT-3.5 Turbo API의 가격 정책은 다음 화면과 같습니다. 다른 서비스의 가격 정책도 알고 싶다면 OpenAI의 Pricing 웹페이지(https://openai.com/api/pricing)를 참고하기 바랍니다.

### GPT-3.5 Turbo

The GPT-3.5 Turbo model is our fast, inexpensive model for simple tasks. It has a 16K context window and is optimized for dialog. The Instruct model supports a 4K context window.

Learn about GPT-3.5 Turbo ↗

| Model | Input | Output |
|---|---|---|
| gpt-3.5-turbo-0125 | US$0.50 / 1M tokens | US$1.50 / 1M tokens |
| gpt-3.5-turbo-instruct | US$1.50 / 1M tokens | US$2.00 / 1M tokens |

GPT API를 사용할 준비를 마쳤으니, 이제부터는 코랩 환경에서 GPT API를 사용해 간단한 예제를 구현해 보겠습니다.

## 실습 환경 설정하기

GPT 모델은 초거대 모델이라 불릴 만큼 거대한 모델이므로 추론 시 많은 컴퓨터 자원을 사용합니다. 그러나 OpenAI에서 제공하는 API로 GPT를 사용한다면 앞서 말했던 것처럼 OpenAI의 자원을 사용하게 되므로 높은 컴퓨터 사양이 필요하지 않습니다.

편의를 위해 이번에도 코랩 환경에서 예제를 실행해 보겠습니다. 다만 GPU 자원을 사용할 필요는 없으므로 런타임 설정은 진행하지 않습니다.

코랩 웹사이트 접속 후 깃허브 리포지터리 URL 입력 과정은 앞의 장과 동일하므로 생략합니다.

## | 예제 파일 준비하기 |

이번에는 깃허브 리포지터리에서 'nlp/gpt.ipynb' 파일을 사용해서 실습을 진행합니다. 해당 파일의 예제 실행 첫 화면은 다음과 같습니다.

## GPT 모델 실행하기

자, 이제 몇 가지 설정을 더 진행한 후 코랩 환경에서 GPT API를 활용해 보겠습니다. 앞에서 언급한 대로 런타임 설정은 진행하지 않습니다. 예제 실행 첫 화면에서 다음 과정을 진행합니다.

### | 패키지 및 예제 데이터 다운로드하기 |

먼저 코랩 환경에서 예제를 실행하기 위해 파이썬 패키지와 예제 데이터를 다운로드해야 합니다. [패키지 및 예제 데이터 다운로드하기]의 코드 셀을 실행해서 예제를 실행하기 위한 파이썬 패키지들을 설치하고, 테스트할 예제 이미지를 다운로드합니다.

**[패키지 및 예제 데이터 다운로드하기] 코드 셀**

```
!wget https://raw.githubusercontent.com/mrsyee/dl_apps/main/nlp/requirements-colab.
txt
!pip install -r requirements-colab.txt
```

이번 예제에서 사용할 패키지의 버전은 다음과 같습니다.

- openai: 1.31.0

## | 패키지 불러오기 |

[패키지 불러오기]의 코드 셀을 실행해서 import문으로 파이썬 패키지들을 불러옵니다. import할 패키지는 openai 패키지입니다. 해당 코드의 내용과 각 요소는 다음과 같습니다.

**[패키지 불러오기] 코드 셀**

```
import json
import openai import OpenAI
```

- **json**: 파이썬에서 JSON 포맷의 데이터를 다루기 위해 사용하는 파이썬 패키지입니다. 정보를 JSON 형태로 변환하는 dumps( ), JSON 형식의 데이터를 다시 파이썬의 자료형으로 변환하는 loads( ) 함수를 제공합니다.

- **openai**: OpenAI에서 제공하는 파이썬 패키지로, OpenAI의 다양한 모델을 API 서비스 형태로 쉽게 사용할 수 있도록 도와주는 도구입니다. 대표적으로 GPT 모델이 있습니다. 이번 예제에서는 openai 패키지의 OpenAI 클래스를 주로 사용할 예정입니다.

> **여기서 잠깐**
>
> **JSON이란?**
>
> **JSON**은 'JavaScript Object Notation'의 약자로, 데이터를 전송하거나 저장하기 위한 표준 형식입니다. 키–값 쌍이 기본 구조이며 가독성, 간결성, 효율성이라는 특징이 있어 웹에서 데이터를 교환하는 데 주로 사용됩니다.
>
> 이름에서 알 수 있듯이 원래는 자바스크립트에서 사용하고자 개발된 형식이지만, 강점이 많아 현재는 독립적인 데이터 형식으로 사용되고 있습니다.

JSON 형식의 예시는 다음과 같습니다. 키-값 구조이므로 파이썬에서는 딕셔너리 타입으로 변환되어 사용됩니다.

**JSON 예시**

```
{
  "name": "John",
  "age": 30,
  "fruits": ["apple", "banana"]
}
```

## | GPT API 사용을 위한 환경 설정하기 |

다음으로 앞에서 생성한 OpenAI API 키를 등록해 봅시다. openai 패키지의 OpenAI 클래스는 OpenAI에서 제공하는 다양한 API들을 쉽게 사용할 수 있도록 도와주는 클라이언트 클래스입니다. 이 클래스에 API 키를 등록할 수 있습니다.

예제 실행 첫 화면의 [GPT API 사용을 위한 환경 설정하기] 첫 번째 코드 셀의 "<OPENAI_API_KEY>"의 따옴표 안에 앞서 발급받은 API 키를 복사해서 넣고 코드 셀을 실행합니다. 코드 셀을 실행하면 OpenAI 객체가 client라는 이름으로 생성됩니다.

**[GPT API 사용을 위한 환경 설정하기] 코드 셀 ①**

```
client = OpenAI(api_key="<OPENAI_API_KEY>")
```

> **Note** 예제 코드에 API 키를 입력한 후 공개된 저장소에 백업하지 않도록 주의합시다. API 키는 유출되지 않도록 각별히 신경 써야 합니다.

본 예제에서 사용할 모델도 정해 보겠습니다. 앞에서도 설명했듯이 본 예제에서는 GPT-3.5 모델을 사용합니다. OpenAI에서는 GPT-3.5 모델을 gpt-3.5-turbo라는 이름으로 제공하고 있습니다. [GPT API 사용을 위한 환경 설정하기]의 두 번째 코드 셀을 실행합니다.

**[GPT API 사용을 위한 환경 설정하기] 코드 셀 ②**

```
model = "gpt-3.5-turbo"
```

## | 프롬프트를 작성하여 GPT API에 요청할 내용 만들기 |

모델 설정을 마쳤다면, openai 패키지를 이용해 프롬프트를 작성하고 GPT의 답변을 받는 테스트를 진행해 봅시다.

먼저 간단한 프롬프트를 작성해서 실행해 보겠습니다. 다음 셀의 프롬프트는 GPT에게 먼저 ChatGPT에 대한 설명을 요청한 뒤, 이를 한국어로 번역해 달라고 요청하는 프롬프트입니다. 예제 실행 첫 화면의 [프롬프트를 작성하여 GPT API에 요청할 내용 만들기]의 첫 번째 코드 셀을 실행합니다.

**[프롬프트를 작성하여 GPT API에 요청할 내용 만들기] 코드 셀 ①**

```
prompt = "Describe ChatGPT in 40 words or less."
```

GPT 모델은 한글 프롬프트를 입력해도 충분히 이를 이해하고 작업을 수행할 수 있지만, 기본적으로 영어 프롬프트를 더 정확하게 이해하고 답변의 품질 또한 높습니다. GPT가 학습한 웹상의 수많은 데이터는 주로 영어로 이루어졌기 때문입니다.

이런 이유로 실습 프롬프트도 영어로 작성해 보았습니다. "ChatGPT에 대해 40자 이내로 설명하세요"라는 문장입니다.

이 프롬프트로 GPT API에게 요청을 보내 추론 결과를 받아 봅시다. API는 기본적으로 요청과 응답에 대한 인터페이스가 정해져 있습니다. GPT API 또한 마찬가지입니다. GPT API는 다음과 같은 형태의 요청을 받습니다.

**GPT API 요청 JSON 예시**

```json
{
    "model": "gpt-3.5-turbo",
    "messages": [
      {
        "role": "system",
        "content": "You are a helpful assistant."
      },
      {
        "role": "user",
        "content": "Hello!"
```

```
      }
   ]
}
```

인터페이스가 JSON 형태로 적혀 있어 생소할 수도 있겠습니다. API를 실행할 때 필요한 필수 정보는 다음의 2가지이니, 이 부분을 중점적으로 참고해 보세요. 요소에 대한 설명은 다음과 같습니다.

- **model:** 모델의 이름이 들어갑니다.

- **messages:** 대화 메시지의 리스트입니다. 입력할 프롬프트가 여기에 들어갑니다.

messages에 대해 좀 더 자세히 살펴보겠습니다. messages는 생성하려는 대화의 히스토리를 정의하는 데 사용됩니다. 대화에 참여하는 여러 역할(system(시스템), user(사용자), assistant(도우미))과 메시지 내용을 설정할 수 있습니다. 각 역할은 다음과 같습니다.

- **system(시스템):** 시스템 지침이나 명령을 나타내며, 주로 대화의 맥락이나 모델의 작동 방식을 지정하기 위해 사용됩니다. 시스템을 통해 챗봇에게 일종의 역할을 부여할 수 있습니다.

- **user(사용자):** 사용자의 질문, 요청, 또는 명령을 나타냅니다. 이는 API를 사용하는 사람이나 시스템의 입력을 반영합니다.

- **assistant(도우미):** 모델의 응답을 참조할 때 사용됩니다. 이전에 응답했던 결과를 저장해 대화의 흐름을 유지할 수 있도록 설정할 수 있습니다.

다음은 messages의 3가지 역할을 분류한 표입니다.

| | system | user | assistant |
|---|---|---|---|
| **역할** | 대화의 맥락이나 모델의 작동 방식을 지정 | API를 사용하는 사용자의 질문, 요청, 또는 명령 | 이전에 모델이 응답했던 결과 |
| **예시** | "당신은 숫자가 2개 입력되면 덧셈을 수행하는 도우미입니다." | "3, 5." | "3 + 5 = 8입니다." |

일반적으로 대화는 먼저 system messages로 형식을 정의한 후, user와 assistant의 메시지를 번갈아 가며 정의합니다. 이제 앞에서 언급한 프롬프트로 messages를 만들어 보겠습니다. [프롬프트를 작성하여 GPT API에 요청할 내용 만들기]의 두 번째 코드 셀을 실행합니다.

**[프롬프트를 작성하여 GPT API에 요청할 내용 만들기] 코드 셀 ②**

```
messages = [
    {"role": "system", "content": "You are a helpful assistant."},
    {"role": "user", "content": prompt},
]
```

system messages는 가장 기본적인 메시지인 "You are a helpful assistant(당신은 도움을 주는 assistant입니다)"로 지정했고, user messages로 "Describe ChatGPT in 40 words or less in Korean(ChatGPT를 40글자 이하의 한국어로 표현하세요)"라는 메시지가 담겨 있는 프롬프트 변수를 지정했습니다.

이제 API에게 보낼 입력은 모두 준비가 되었습니다! 이제 openai 패키지의 함수를 이용해 API 요청을 보내고 응답을 받아 봅시다.

## | GPT API 요청하기 |

본격적으로 GPT API를 호출해 보겠습니다. [GPT API 요청하기]의 첫 번째 코드 셀을 실행합니다.

**[GPT API 요청하기] 코드 셀 ①**

```
response = client.chat.completions.create(model=model, messages=messages)
```

앞에서 생성한 OpenAI 객체인 client와 내부 함수를 사용하면 복잡한 통신 요청 없이 GPT API를 사용할 수 있습니다.

해당 코드를 실행하면 GPT API 요청에 필요했던 모델과 메시지를 create( ) 함수에서 JSON 형태로 변형하여 요청을 보내고 응답을 받습니다. 응답 결과 또한 JSON 형태로 확인할 수 있습니다.

응답 결과를 확인하기 위해 [GPT API 요청하기]의 두 번째 코드 셀을 실행해 봅시다.

**[GPT API 요청하기] 코드 셀 ②**

```python
print(response.model_dump_json(indent=2))
```

실행 결과는 다음과 같습니다.

**실행 결과**

```json
{
  "id": "chatcmpl-9Wkmio8z82EpV7spsoIivrMkpryaC",
  "choices": [
    {
      "finish_reason": "stop",
      "index": 0,
      "logprobs": null,
      "message": {
        "content": "ChatGPT is an AI language model created by OpenAI that can engage in natural and engaging conversations with users. It uses the latest advances in machine learning to generate human-like text responses across a wide range of topics.",
        "role": "assistant",
        "function_call": null,
        "tool_calls": null
      }
    }
  ],
  "created": 1717593364,
  "model": "gpt-3.5-turbo-0125",
  "object": "chat.completion",
  "system_fingerprint": null,
  "usage": {
    "completion_tokens": 44,
    "prompt_tokens": 28,
    "total_tokens": 72
  }
}
```

요청 아이디, 사용하는 모델 이름, 입력 토큰 수, 출력 토큰 수 등 다양한 정보들이 함께 응답으로 나옵니다. 그중에서 assistant(도우미)가 보낸 메시지 내용이 결과 메시지에 해당합니다.

이 메시지만 따로 확인해 보겠습니다. [GPT API 요청하기]의 세 번째 코드 셀을 실행합니다.

**[GPT API 요청하기] 코드 셀 ③**

```
response.choices[0].message.content
```

실행 결과는 다음과 같습니다. 요청했던 ChatGPT에 대한 설명을 답변으로 보내 준 것을 확인할 수 있습니다.

**실행 결과**

```
'ChatGPT is an AI-powered language model designed to engage in natural language
conversations. It can understand and generate human-like responses on a wide
range of topics, making it useful for various applications like customer support,
drafting emails, and more.'
```

Note  GPT 모델은 모든 응답을 임의로 생성합니다. 이 책의 응답과 완전히 동일한 문장이 출력되지는 않는다는 점을 기억하세요.

## | 함수 호출 기능 사용하기 |

2023년 6월, GPT API에 **함수 호출**Function calling 기능이 추가되었습니다. GPT에게 함수의 작동 방식과 인자 등을 알려 주면 프롬프트를 받아 요청 사항에 맞게 함수를 실행하는 기능입니다. 특히 프롬프트에 따라 GPT API가 함수 사용 여부를 스스로 결정하고 함수의 인자 요소를 식별한다는 점이 주목할 만한 점입니다.

GPT는 다양한 자연어 데이터를 학습하면서 정보를 학습했습니다. 그래서 예를 들어 "바나나는 무슨 색이야?"라는 간단한 상식 정보를 물어보면 추가적인 정보가 없어도 "노란색"이라고 쉽게 답합니다. 그러나 "오늘 서울의 날씨는 어때?"처럼 실시간 정보를 요구하는 질문에는 정확한 답변을 얻기 어렵습니다. GPT가 학습한 데이터는 과거의 정보만을 담고 있어서 실시간으로 바뀌는 정보에 대해서는 대응할 수 없기 때문입니다. 이런 경우 함수 호출 기능을 사용하여 다른 API를 통해 추가적인 날씨 정보를 입력해 줄 수 있습니다.

GPT API의 함수 호출을 활용한 애플리케이션의 동작은 다음과 같은 순서로 수행됩니다.

**1단계:** 사용자가 "오늘 서울 날씨는 어때?"라는 프롬프트를 챗봇 애플리케이션에 입력합니다.

**2단계:** 애플리케이션은 프롬프트와 사용할 함수의 후보가 기록된 함수 정보 Function signature 를 입력으로 하여 GPT API에게 요청을 보냅니다(GPT API 요청 1).

**3단계:** GPT API는 프롬프트와 함수 정보를 바탕으로 함수 호출이 필요하다고 스스로 판단합니다. 함수 호출이 필요하다고 판단하면 함수 요청 Function_call 정보를 응답합니다. 이때, 함수 요청 정보는 함수 정보 중에서 선택한 함수와 프롬프트 내에서 추출한 함수 인자를 포함합니다.

**4단계:** 애플리케이션은 응답받은 함수 요청 정보를 바탕으로 실제 함수를 실행시켜 결과를 만들어 냅니다.

**5단계:** 애플리케이션은 사용자가 처음 입력한 프롬프트, 함수 요청 정보, 실제 함수 실행 결과를 입력으로 하여 다시 GPT API에 요청을 보냅니다(GPT API 요청 2).

**6단계:** GPT API는 함수 결과의 정보를 적절하게 조합해 사용자가 처음 입력한 프롬프트인 "오늘 서울 날씨는 어때?"라는 질문에 맞는 자연스러운 답변을 응답합니다.

**7단계:** 애플리케이션은 GPT API로부터 응답받은 답변을 사용자에게 보여 줍니다.

이 절차를 그림으로 표현하면 다음과 같습니다.

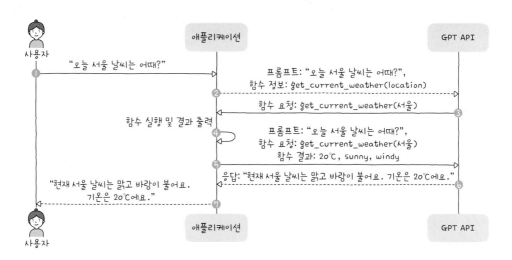

예제를 통해 절차를 더 자세히 살펴봅시다. 특정 도시의 날씨 정보를 알려 주는 get_current_ weather( )라는 함수를 구현했다고 가정해 보겠습니다. 예제 실행 첫 화면의 [함수 호출 기능 사용하기] 부분에서 시작합니다. 첫 번째 코드 셀을 실행합니다.

**[함수 호출 기능 사용하기] 코드 셀 ①**

```python
def get_current_weather(location: str):
    """Get the current weather in a given location"""
    weather_info = {
        "location": location,
        "temperature": "20",
        "unit": "Celsius",
        "forecast": ["sunny", "windy"],
    }
    return json.dumps(weather_info)
```

get_current_weather( ) 함수는 특정 도시의 날씨 정보를 가져오는 함수입니다. 실제로는 날씨 정보를 받아오는 함수를 구현해야 하지만, 이해를 돕기 위해 고정된 정보를 반환하도록 함수를 구현하였습니다. 함수는 위치 정보를 입력받고, 날씨와 기온 정보를 출력합니다.

다음으로 GPT API로 제공해 줄 함수 정보Function signature를 만들어야 합니다. GPT 모델은 함수 정보에 적힌 함수에 대한 설명과 인자에 대한 설명을 통해 프롬프트가 들어왔을 때 함수를 사용해야 할지, 어떤 정보를 인자로 만들어야 할지를 스스로 판단할 수 있습니다.

get_current_weather() 함수 정보는 다음과 같이 구현할 수 있습니다. 두 번째 코드 셀을 실행합니다.

**[함수 호출 기능 사용하기] 코드 셀 ②**

```
function_signature = {
    "name": "get_current_weather",
    "description": "Get the current weather in a given location",
    "parameters": {
        "type": "object",
        "properties": {
            "location": {
                "type": "string",
                "description": "The city and state, e.g. San Francisco, CA",
            },
        },
        "required": ["location"],
    },
}
```

함수 정보에는 다음과 같은 내용들이 필요합니다. 각 요소에 대한 설명은 다음과 같습니다.

- **name:** 함수의 이름을 적습니다.
- **description:** 함수에 대한 설명을 적습니다. 함수의 역할, 기능 등입니다.
- **parameters:** 함수 인자의 타입과 설명을 상세히 적습니다.

함수의 이름과 함수의 설명을 이해하기 쉽게 작성하고, parameters에 함수의 인자 정보를 입력합니다. get_current_weather() 함수의 인자는 날씨를 알고 싶은 도시 이름으로 정했습니다. location 인자는 get_current_weather() 함수를 실행할 때 반드시 필요하므로 required 옵션에 지정해 두었습니다.

이제 프롬프트를 만들어 봅시다. "오늘 서울 날씨 어때?"라는 메시지를 프롬프트로 사용합니다. 세 번째 코드 셀을 실행합니다.

**[함수 호출 기능 사용하기] 코드 셀 ③**

```
prompt = "What's the weather like in Seoul?"
messages = [{"role": "user", "content": prompt}]
```

프롬프트를 GPT API의 요청으로 사용합니다. 이때, 함수 정보를 함께 입력합니다. 함수 정보는 여러 개가 될 수 있으므로 리스트 형태로 입력합니다. 해당 부분까지 포함하여 작성한 예시가 바로 네 번째 코드 셀입니다. 네 번째 코드 셀을 실행합니다.

**[함수 호출 기능 사용하기] 코드 셀 ④**

```
response = client.chat.completions.create(
    model=model,
    messages=messages,
    functions=[function_signature],
)
response_message = response.choices[0].message
```

GPT 모델이 프롬프트와 함수 정보를 분석하여 함수 호출 요청을 해야 한다고 판단하면, 응답으로 프롬프트가 아닌 함수 요청 정보를 보냅니다.

예를 들어, 프롬프트로 단순히 "안녕하세요"를 보내면 GPT 모델이 함수 정보로 들어온 get_current_weather( ) 함수를 호출할 필요가 없다고 판단하는 것입니다. 따라서 GPT는 함수 호출이 아니라 "안녕하세요. 무엇을 도와드릴까요?"처럼 일반적인 답변을 하게 될 것 입니다.

하지만 현재 예시처럼 "What's the weather like in Seoul?"이라는 질문을 하면 GPT 모델은 메시지와 함수 정보를 기반으로 get_current_weather( ) 함수의 요청이 필요하다고 판단합니다. 날씨 정보를 묻는 질문이며, 도시 이름도 포함되어 있기 때문입니다. 그 결과로 다음과 같은 응답 메시지를 출력합니다. 다섯 번째 코드 셀을 실행하여 확인해 보세요.

**[함수 호출 기능 사용하기] 코드 셀 ⑤**

```
print(response_message.model_dump_json(indent=2))
```

실행 결과는 다음과 같습니다.

**실행 결과**

```
{
  "content": null,
  "role": "assistant",
  "function_call": {
```

```
    "arguments": "{\"location\":\"Seoul\"}",
    "name": "get_current_weather"
  },
  "tool_calls": null
}
```

답변을 보면 함수 요청 정보가 결과로 나온 것을 확인할 수 있습니다. 프롬프트로부터 'Seoul'이라는 위치 정보를 인자로 사용하도록 설정되어 있고, 'function_call' 부분에 함수 정보에서 설정한 get_current_weather( )라는 함수 이름이 설정되어 있습니다.

이제 이 정보를 이용해 실제로 get_current_weather( ) 함수를 실행해 봅시다. 여섯 번째 코드 셀을 실행합니다.

**[함수 호출 기능 사용하기] 코드 셀 ⑥**

```
function_name = response_message.function_call.name
function_args = json.loads(response_message.function_call.arguments)  … (1)
function_response = get_current_weather(location=function_args["location"])  … (2)
```

(1) 첫 번째 요청을 통해 얻은 인자 정보를 가져와 (2) get_current_weather( ) 함수의 입력으로 사용합니다. 이때 인자 정보는 JSON 형태로 되어 있으므로 json 패키지의 loads( ) 함수를 이용해야 합니다. 일곱 번째 코드 셀을 실행합니다.

**[함수 호출 기능 사용하기] 코드 셀 ⑦**

```
function_response
```

실행 결과는 다음과 같습니다.

**실행 결과**

```
'{"location": "Seoul", "temperature": "20", "unit": "Celsius", "forecast": ["sunny",
"windy"]}'
```

예상한 결과와 같나요? 절차를 잘 이해했다면 location="Seoul"이 들어간 함수의 결과물이 나오리라는 것을 예상했을 것입니다.

이제 함수의 출력들을 두 번째 GPT API의 요청으로 보냅니다. 이를 위해 messages 안에 함수의 출력들을 넣습니다. 여덟 번째 코드 셀을 실행합니다.

**[함수 호출 기능 사용하기] 코드 셀 ⑧**

```python
messages.append(response_message)
messages.append(
    {
        "role": "function",
        "name": function_name,
        "content": function_response,
    }
)
```

최종 messages는 다음과 같이 구성됩니다. 아홉 번째 셀을 실행해 messages를 확인해 봅시다.

**[함수 호출 기능 사용하기] 코드 셀 ⑨**

```python
messages
```

실행 결과는 다음과 같습니다.

**실행 결과**

```
[{'role': 'user', 'content': "What's the weather like in Seoul?"},  ⋯ (1)
  ChatCompletionMessage(content=None, role='assistant', function_call=FunctionCall(
arguments='{"location":"Seoul"}', name='get_current_weather'), tool_calls=None),
  {'role': 'function',
   'name': 'get_current_weather',
    'content': '{"location": "Seoul", "temperature": "20", "unit": "Celsius",
"forecast": ["sunny", "windy"]}'},
  ChatCompletionMessage(content=None, role='assistant', function_call=FunctionCall(
arguments='{"location":"Seoul"}', name='get_current_weather'), tool_calls=None),  ⋯
(2)
{'role': 'function',
  'name': 'get_current_weather',
    'content': '{"location": "Seoul", "temperature": "20", "unit": "Celsius",
"forecast": ["sunny", "windy"]}'}]  ⋯ (3)
```

messages에는 총 3개의 값이 들어 있습니다. (1) 처음 요청이었던 "What's the weather like in Seoul?" 메시지, (2) 1차 GPT 응답 결과로 받은 함수 요청 정보, (3) 마지막으로 실제 함수 실행 값을 포함한 두 번째 요청 정보가 있습니다. 3가지 메시지 값에 대해서 이해가 잘 가지 않는다면 이전 내용을 다시 한번 확인해 보세요.

이 메시지들을 GPT API에게 두 번째 요청으로 보냅니다. 열 번째 코드 셀을 실행해 봅시다.

**[함수 호출 기능 사용하기] 코드 셀 ⑩**

```
second_response = client.chat.completions.create(model=model, messages=messages)
```

GPT API의 응답은 첫 요청이었던 "What's the weather like in Seoul?"이라는 질문에 대한 대답을 만들고, 이 대답에는 다음과 같이 get_current_weather() 함수의 결과가 정보로 포함됩니다. 열한 번째 코드 셀을 실행하여 최종 결과를 확인해 봅시다.

**[함수 호출 기능 사용하기] 코드 셀 ⑪**

```
second_response.choices[0].message.content
```

실행 결과는 다음과 같습니다.

**실행 결과**

```
'The current weather in Seoul is sunny and windy with a temperature of 20 degrees
Celsius.'
```

지금까지 openai 패키지를 이용한 GPT API의 기본적인 사용법과 외부 함수를 연계해서 사용할 수 있는 함수 호출 기능까지 실습해 보았습니다.

이제 지금까지의 실습 결과를 바탕으로 GPT API의 기능들과 뉴스 API, 스크래핑 기능을 조합해 뉴스 기사 탐색 챗봇을 구현해 볼 차례입니다.

**애플리케이션 구현하기**

지금까지의 실습 결과를 바탕으로 이제 GPT API를 활용해 뉴스 기사 탐색 챗봇을 구현해 보겠습니다. 환경 설정 등의 사항은 앞의 장에서도 다루었던 부분이므로, 간략하게 설명하고 실제 애플리케이션 구현으로 넘어가겠습니다.

## 환경 설정하기

앞의 절과 마찬가지로 GPU 자원을 따로 사용할 필요는 없지만, 이번에도 역시 편의를 위해 코랩 환경에서 예제를 실행하겠습니다. 차이가 있는 부분만 간략하게 설명합니다.

### | 실습 환경 설정하기 |

1.5절 '실습 환경 설정하기' 과정을 참고해서 동일한 설정을 진행하고 파일을 준비합니다. 이번에는 'nlp/news_chatbot_app.ipynb' 파일을 사용해서 실습을 진행합니다. 해당 파일의 예제 실행 첫 화면은 다음과 같습니다.

예제 실행 첫 화면

Note 모든 예제 코드는 앞서 언급한 대로 깃허브 리포지터리(https://github.com/MrSyee/dl_apps)에 있습니다.

## | 기본 환경 설정하기 |

예제를 실습하기 위한 기본 환경 설정 또한 앞서 실습했던 nlp/gpt.ipynb 과정과 거의 동일합니다. 먼저 애플리케이션이 작동하는 데 필요한 파이썬 패키지를 설치해 보겠습니다. 예제 실행 첫 화면에서 [패키지 및 예제 데이터 다운로드하기]의 코드 셀을 실행합니다.

**[패키지 및 예제 데이터 다운로드하기] 코드 셀**

```
!wget https://raw.githubusercontent.com/mrsyee/dl_apps/main/nlp/requirements-colab.
txt
!pip install -r requirements-colab.txt
```

이번 예제에서 사용할 패키지의 버전은 다음과 같습니다.

- openai: 1.31.0
- beautifulsoup4: 4.12.2
- gradio: 3.40.0

다음으로 [패키지 불러오기]의 코드 셀을 실행합니다. 이번 예제에서 사용할 패키지는 다음과 같습니다(3.5절에서 소개한 패키지는 설명을 생략합니다).

**[패키지 불러오기] 코드 셀**

```
import json
from typing import Any, Callable, Dict, List, Tuple
import os

import gradio as gr
from openai import OpenAI
import requests
from bs4 import BeautifulSoup
```

- **typing:** 파이썬에서 함수의 타입을 표시해 주는 데 사용하는 패키지입니다. 일반적으로 코드의 실행에 직접 관여하지는 않지만, 함수의 입출력 타입을 명시적으로 작성할 수 있게 해 주어 디버깅에 도움을 줍니다.

- **os:** 파이썬 표준 라이브러리로, 환경 변수나 디렉터리, 파일 등의 OS 자원을 제어할 수 있게 해 주는 패키지입니다.

- **gradio:** 웹 기반의 GUI를 만들 수 있는 라이브러리입니다. 이 책의 모든 예제는 gradio를 활용해 UI를 구성합니다.

- **requests:** 파이썬에서 HTTP 통신을 할 때 사용하는 패키지입니다. 이 패키지를 이용해 HTTP 통신으로 웹 API를 사용할 수 있습니다.

- **bs4:** 웹페이지를 스크래핑하기 위한 파이썬 패키지인 BeautifulSoup4입니다. URL로부터 HTML 문서를 스크래핑하고, HTML 태그 정보를 사용해 원하는 정보를 가져올 수 있습니다.

## 시나리오 최종 확인하기

환경 설정을 마쳤으니, 서비스를 구현하기에 앞서 유스케이스를 통해 구상했던 시나리오를 바탕으로, 구현해야 할 부분을 한 번 더 정리해 보겠습니다. 130쪽의 '유스케이스 작성하기'에 있는 유스케이스 시나리오와 함께 되새겨 보면 더욱 좋습니다.

① 원하는 정보를 채팅(질문) 형태로 챗봇에 입력합니다. 이를 위해 챗봇 UI를 구현합니다.
② 챗봇 애플리케이션은 사용자의 질문을 이해하고, 질문에 해당하는 여러 기사를 정리해서 제공합니다. 이때 GPT API를 활용합니다.
③ 사용자는 제시된 기사 중에서 필요한 기사를 선택합니다.
④ 챗봇이 해당 URL에 있는 기사 전문을 스크래핑한 후, 기사의 요약 및 번역을 수행합니다. 이때 GPT API를 활용합니다.
⑤ 정리된 요약문을 사용자가 확인합니다. 이를 위해 결과 UI를 구현합니다.

## 챗봇 UI 구현하기

이번 예제에서는 대화가 가능한 챗봇 형태의 UI를 구현할 예정이므로 프롬프트를 입력할 텍스트 컴포넌트와 대화 히스토리를 화면에 보여 주는 컴포넌트가 필요합니다. 먼저, 대화 히스토리를 화면에 보여 주는 컴포넌트는 gradio의 Chatbot 컴포넌트를 통해 구현할 수 있습니다. [챗봇 UI 구현하기]의 첫 번째 코드 셀을 실행합니다.

**[챗봇 UI 구현하기] 코드 셀 ①**

```python
with gr.Blocks() as app:
    gr.Markdown("# 뉴스 기사 탐색 챗봇")
    gr.Markdown(
        """
        ## Chat
        얻고 싶은 정보에 대해 질문해보세요.
        """
    )
    chatbot = gr.Chatbot(label="Chat History")
    prompt = gr.Textbox(label="Input prompt")
    clear = gr.ClearButton([prompt, chatbot])
```

Markdown 컴포넌트로 각 위치의 제목을 적고 Chatbot 컴포넌트와 Textbox 컴포넌트를 이용해 챗봇 UI(혹은 메신저 UI)를 구성했습니다. 마지막으로 ClearButton 컴포넌트를 추가하여 대화 히스토리를 초기화할 수 있도록 했습니다.

구성한 UI를 실행시켜 제대로 작동하는지 확인해 봅시다. 두 번째 코드 셀을 실행합니다.

**[챗봇 UI 구현하기] 코드 셀 ②**

```python
app.launch(inline=False, share=True)
```

실행 결과는 다음과 같습니다.

**실행 결과**

```
Running on public URL: https://****************.gradio.live
```

웹 GUI에 접근할 수 있는 URL을 얻었습니다(URL 주소는 실행 시마다 매번 달라지기에 '*' 기호로 표기했습니다). 해당 URL로 접속해 UI를 확인해 봅시다.

**뉴스 기사 탐색 챗봇**

**Chat**

알고 싶은 정보에 대해 질문해보세요.

⊡ Chat History

Input prompt

클리어

프롬프트 입력란과 대화 히스토리 기록란이 제대로 구현된 것을 확인할 수 있습니다. 다만 아직 아무 기능도 추가하지 않았으므로 작동은 하지 않습니다.

테스트가 끝나면 다음 셀을 실행하기 전에 close ( ) 함수를 실행해야 한다는 것을 잊지 마세요. 세 번째 코드 셀을 실행합니다.

## GPT API로 기본적인 챗봇 구현하기

GPT API를 활용해서 기능을 추가하여 챗봇을 구현해 봅시다. 단계적으로 구현할 예정이므로, 뉴스 기사 탐색 기능을 구현하기 전에 먼저 일반적인 프롬프트에 대해 답변하는 챗봇부터 구현해 보겠습니다.

API 키와 모델명을 설정해야 합니다. 이번 예제에서는 API 키를 환경 변수로 설정하여 관리합니다. 다시 한번 강조하지만, API 키는 외부에 공유하거나 노출되지 않도록 각별히 유의해주세요.

예제 실행 첫 화면에서 [GPT API로 기본적인 챗봇 구현하기]의 첫 번째 코드 셀의 "<OPENAI_API_KEY>"의 따옴표 안에 앞서 발급받은 API 키를 복사해서 넣고 코드 셀을 실행합니다.

**[GPT API로 기본적인 챗봇 구현하기] 코드 셀 ①**

```
os.environ["OPENAI_API_KEY"] = "<OPENAI_API_KEY>"
```

다음으로 앞서 실습했던 예제와 마찬가지로 OpenAI 클래스를 이용해 client 객체를 만듭니다. 모델도 마찬가지로 GPT-3.5를 사용하도록 설정합니다. [GPT API로 기본적인 챗봇 구현하기]의 두 번째 코드 셀을 실행합니다.

**[GPT API로 기본적인 챗봇 구현하기] 코드 셀 ②**

```python
client = OpenAI(api_key=os.environ["OPENAI_API_KEY"])
model = "gpt-3.5-turbo"
```

다음으로 프롬프트를 입력했을 때 해당 프롬프트를 메시지 형태로 GPT API에게 보내고 응답을 요청하는 respond( ) 함수를 작성합니다. respond( ) 함수는 사용자가 보낸 프롬프트와 GPT API가 응답한 결과 텍스트를 대화 히스토리로 저장합니다. 세 번째 코드 셀을 실행합니다.

**[GPT API로 기본적인 챗봇 구현하기] 코드 셀 ③**

```python
def respond(prompt: str, chat_history: List[str]) -> Tuple[str, List[str]]:
    messages = [{"role": "user", "content": prompt}]

    res = client.chat.completions.create(model=model, messages=messages)  ··· (1)
    answer = res.choices[0].message.content  ··· (2)

    chat_history.append((prompt, answer))  ··· (3)

    return "", chat_history
```

앞에서 구현했던 것처럼 **(1)** client를 이용해 GPT API에게 메시지를 보내고 응답을 받습니다. **(2)** JSON 응답으로부터 원하는 메시지만 추출합니다. **(3)** 추가로 Chatbot UI에서 대화 내역을 보여 줄 수 있도록 주고 받은 메시지를 채팅 내역 리스트에 저장합니다.

이제 UI에서 repond( ) 함수를 사용하도록 구현해 봅시다. 앞서 구현했던 방식과 동일합니다. 네 번째 코드 셀을 실행합니다.

**[GPT API로 기본적인 챗봇 구현하기] 코드 셀 ④**

```python
with gr.Blocks() as app:
    gr.Markdown("# 뉴스 기사 탐색 챗봇")
```

```
gr.Markdown(
    """
    ## Chat
    얻고 싶은 정보에 대해 질문해보세요.
    """
)
chatbot = gr.Chatbot(label="Chat History")
prompt = gr.Textbox(label="Input prompt")
clear = gr.ClearButton([prompt, chatbot])

prompt.submit(respond, [prompt, chatbot], [prompt, chatbot])
```

다음으로 Textbox 컴포넌트의 submit() 함수를 사용합니다. submit() 함수는 해당 컴포넌트에서 [Enter] 키를 누를 경우 동작하는 이벤트입니다. 원하는 프롬프트를 적고 [Enter] 키를 누르면 respond() 함수가 실행되어 사용자와 GPT API가 만든 대화 히스토리를 챗봇 컴포넌트에 보여 줍니다.

지금까지 설명한 내용을 구현해 보겠습니다. 다섯 번째 코드 셀을 실행합니다.

**[GPT API로 기본적인 챗봇 구현하기] 코드 셀 ⑤**

```
app.launch(inline=False, share=True)
```

실행 결과는 다음과 같습니다.

**실행 결과**

```
Running on public URL: https://****************.gradio.live
```

해당 URL로 접속해서 기능을 테스트해 봅시다. 예시 화면처럼 [Input prompt] 입력란에 "Hello. How are you(안녕하세요)?"라는 메시지를 입력하면 GPT API의 답변이 대화 히스토리에 함께 올라오는 것을 확인할 수 있습니다.

지금까지 GPT API로 일반적인 프롬프트 입력 시 응답을 수행하는 간단한 챗봇을 만들어 보았습니다. 우리의 최종 목표는 뉴스 기사를 탐색하는 챗봇입니다. 다음 단계로는 뉴스 기사를 탐색하는 기능을 구현해 보겠습니다.

## News API를 활용해 뉴스 기사 정보 가져오기

뉴스 기사를 탐색하기 위해 API를 하나 더 사용해 보겠습니다. News API는 50개 이상 국가와 다수의 기사 사이트에서 제공하는 뉴스 소스를 보유하고 있는 API로, 웹 전체에서 실시간으로 기사를 검색할 수 있는 API입니다.

단순히 기간 단위의 검색도 가능하지만 키워드, 언어, 기사의 출처 등의 검색 조건을 추가해서 원하는 기사를 세부적으로 검색할 수 있습니다. Developer, Business, Enterprise의 3가지 버전이 있으며, 이 중에서 Developer용 버전만 무료로 사용할 수 있습니다.

이번 예제에서는 Developer용 News API를 이용해 입력한 검색 조건을 만족하는 뉴스 기사의 정보를 가져 오는 함수를 구현합니다.

News API를 사용하기 위해서는 GPT API에서와 마찬가지로 API 키를 발급받아야 합니다.

**01** 예제 실행 첫 화면은 따로 열어둔 채로, News API 웹사이트(https://newsapi.org)에 접속한 후 우측 상단의 [Get API Key] 버튼을 클릭합니다.

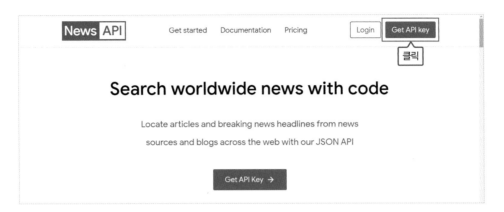

**02** [Register for API key] 창이 나타납니다. [First name], [Email address], [Choose a password] 입력란에 정보를 입력하고, [I am individual/I am business, or am working on behalf of a business], [로봇이 아닙니다], [I agree to the terms]에 체크한 후 [Submit] 버튼을 클릭합니다.

**03** API 키가 발급됩니다. GPT API 키와 마찬가지로 외부에 노출되지 않도록 유의해 주세요.

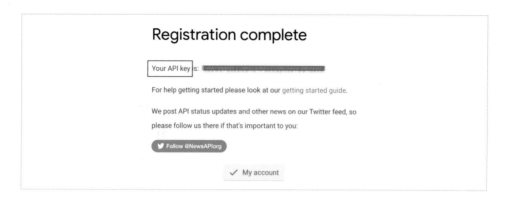

이제 News API를 사용할 수 있습니다. API에 대한 더 자세한 설명은 News API의 문서 (https://newsapi.org/docs)에 상세히 적혀 있으니 참고하기 바랍니다. 우리가 신경 써야 할 부분은 '무료 버전 이용 시 기능에 어떠한 제약 사항이 있는가?'입니다.

News API 무료 버전은 '① 최신 기사는 24시간 후 이용 가능, ② 최대 한 달 전 기사까지만 탐색 가능, ③ 요청 횟수 100번으로 제한'이라는 제약 사항이 있습니다.

예제를 구현하는 데는 문제가 되지 않는 제약 사항이므로 본 예제에서는 무료 버전을 사용하 도록 하겠습니다. 제약 사항이 없는 유료 버전을 사용하고 싶다면 News API의 가격 정책과 안내 웹페이지(https://newsapi.org/pricing)를 참고하기 바랍니다.

News API를 활용해 뉴스 기사 정보를 탐색하는 함수를 구현해 보겠습니다. 다시 예제 실행 첫 화면으로 돌아와 주세요. 먼저, News API 키를 OpenAI API 키와 마찬가지로 환경 변수 에 등록합니다. [News API를 활용해 뉴스 기사 정보 가져오기] 첫 번째 코드 셀의 "<NEWS_ API_KEY>"의 따옴표 안에 앞서 발급받은 News API 키를 복사해서 넣고 코드 셀을 실행합 니다.

**[News API를 활용해 뉴스 기사 정보 가져오기] 코드 셀 ①**

```
os.environ["NEWS_API_KEY"] = "<NEWS_API_KEY>"
```

다음으로, 요청을 보낼 News API의 엔드포인트를 지정합니다. 본 예제에서는 News API의 everything 엔드포인트를 사용합니다. everything 엔드포인트는 News API의 모든 뉴스 기사에서 특정 검색 조건에 맞는 뉴스 기사 정보만 출력합니다. [News API를 활용해 뉴스 기사 정보 가져오기]의 두 번째 코드 셀을 실행합니다.

**[News API를 활용해 뉴스 기사 정보 가져오기] 코드 셀 ②**

```
endpoint = "https://newsapi.org/v2/everything"
```

OpenAI의 GPT API는 openai 패키지를 통해 요청을 보냈지만, 기본적으로 API는 HTTP 통신으로 요청과 응답을 주고받습니다. 파이썬의 requests 패키지를 사용하면 HTTP 통신을 쉽게 구현할 수 있습니다. 세 번째 코드 셀을 실행합니다.

**[News API를 활용해 뉴스 기사 정보 가져오기] 코드 셀 ③**

```
headers = {"x-api-key": os.environ["NEWS_API_KEY"]}
params = {
    "sources": "cnn",
    "language": "en",
    "q": "Tesla",
    "sortBy": "publishedAt"
}

# Fetch from News API.org
response = requests.get(base_url, params=params, headers=headers)
data = response.json()
```

HTTP 통신으로 API 사용 시에는 헤더에 API 키를 입력해야 합니다. 앞에서 발급받은 API 키를 넣어 주세요. 그 후 다음과 같은 파라미터로 검색 조건을 입력합니다.

- **sources:** 뉴스 기사 출처입니다. CNN을 이용할 예정이므로 'cnn'을 입력합니다.

- **language:** 특정 언어로 된 뉴스 기사만 출력합니다. 'en'은 영어를 의미합니다.

- **q:** 검색 키워드입니다. 키워드가 포함된 기사를 출력합니다. 예시로 'Tesla'라는 단어가 포함된 기사를 출력하도록 설정해 보겠습니다.

- **sortBy:** 정렬 방식입니다. 'publishedAt'은 기사 게시 날짜순으로 정렬을 의미합니다.

이 조건들을 requests 패키지의 get( ) 함수에 전달하고 News API의 everything 엔드포인트에 요청을 보냅니다. 요청의 결과로 굉장히 많은 기사들의 정보가 응답으로 옵니다. 그중에서 첫 번째 요소를 확인차 출력해 보겠습니다. 네 번째 코드 셀을 실행합니다.

**[News API를 활용해 뉴스 기사 정보 가져오기] 코드 셀 ④**

```
data["articles"][0]
```

실행 결과는 다음과 같습니다(사용자마다 실행 결과는 다르게 나옵니다).

**실행 결과**

```
{'source': {'id': 'cnn', 'name': 'CNN'},
  'author': 'Brian Fung, CNN',
  'title': 'Washington investigates Tesla's 'Elon Mode' autopilot',
  'description': 'US highway safety regulators are investigating an apparent hidden
feature in Tesla's Autopilot software that can reportedly disable the safety
prompts Tesla ...',
  'url': 'https://www.cnn.com/2023/08/31/cars/tesla-elon-mode-autopilot-
investigation?cid=external-feeds_iluminar_yahoo',
  'urlToImage': 'https://media.zenfs.com/en/cnn_business_articles_218/c2a391551accaf
b053080ea1761fdd8e',
  'publishedAt': '2023-08-31T20:44:17Z',
  'content': 'US highway safety regulators are investigating an apparent hidden
feature in Teslas Autopilot software that can reportedly disable the safety prompts
Tesla gives to drivers to keep their hands on the... [+3461 chars]'}
```

앞의 결과처럼 News API가 가져온 기사 중 하나가 정보로 출력됩니다. 파라미터로 넣어 주었던 정보에 따라 CNN 뉴스 사이트에서 테슬라에 관련된 기사를 가져온 것을 확인할 수 있습니다.

이제 앞에서 구현한 내용을 News API와의 통신 역할을 담당하는 클래스인 NewsAPIClient로 만들어 봅시다. 다섯 번째 코드 셀을 실행합니다.

**[News API를 활용해 뉴스 기사 정보 가져오기] 코드 셀 ⑤**

```
class NewsAPIClient:
    def __init__(self):
        self.news_api_key = os.environ["NEWS_API_KEY"]
```

```python
        self.max_num_articles = 5

    def get_articles(
        self,
        query: str = None,
        from_date: str = None,
        to_date: str = None,
        sort_by: str = None,
    ) -> str:
        """Retrieve articles from News API.org (API key required)"""
        endpoint = "https://newsapi.org/v2/everything"
        headers = {"x-api-key": self.news_api_key}
        params = {
            "sortBy": "publishedAt",
            "sources": "cnn",
            "language": "en",
        }

        if query is not None:
            params["q"] = query
        if from_date is not None:
            params["from"] = from_date
        if to_date is not None:
            params["to"] = to_date
        if sort_by is not None:
            params["sortBy"] = sort_by

        # Fetch from newsapi.org
        response = requests.get(endpoint, params=params, headers=headers)
        data = response.json()

        if data["status"] == "ok":
            print(
                f"Processing {data['totalResults']} articles from newsapi.org. "
                + f"Max number is {self.max_num_articles}."
            )
            return json.dumps(
                data["articles"][: min(self.max_num_articles, len(data["articles"]))]
            )
        else:
```

```
        print("Request failed with message:", data["message"])
        return "No articles found"
```

get_articles( ) 함수의 각 인수에 대한 설명은 다음과 같습니다.

- **__init__( ):** API 키와 보여줄 기사 정보의 수를 내부 변수로 지정합니다. 예제에서는 보여줄 기사의 수를 5개로 지정했습니다.

- **get_articles( ):** News API로부터 검색 조건에 맞는 기사 정보를 가져옵니다. 여러 검색 조건들을 인자로 받습니다.

- **query:** 검색 키워드입니다.

- **from_date:** 기간 검색 시 시작 기간입니다. 예시로 2023년 9월 1일 이후의 기사를 찾는 경우를 들 수 있습니다.

- **to_date:** 기간 검색 시 끝 기간입니다. 예시로 2023년 9월 30일 이전의 기사를 찾는 경우를 들 수 있습니다.

- **sort_by:** 기사의 정렬 기준입니다. publishAt(최신 순으로 정렬), popularity(인기 순으로 정렬), relevancy(검색 키워드 부합도 순으로 정렬)의 3가지 옵션이 있습니다.

세부적인 로직은 앞에서 작성한 예제와 같습니다. NewsAPIClient 객체를 생성한 뒤 검색 키워드를 입력해서 기사를 가져와 봅시다. 여섯 번째 코드 셀을 실행합니다.

**[News API를 활용해 뉴스 기사 정보 가져오기] 코드 셀 ⑥**

```
news_api_client = NewsAPIClient()
news_api_client.get_articles(query="Tesla")
```

실행 결과는 다음과 같습니다.

**실행 결과**

```
[{"source": {"id": "cnn", "name": "CNN"}, "author": "Brian Fung", "title": "Washington
investigates Tesla\'s \'Elon Mode\' autopilot", "description": "US highway safety
regulators are investigating an apparent hidden feature in Tesla\'s Autopilot
```

software that can reportedly disable the safety prompts Tesla gives to drivers to keep their hands on the steering wheel \\u2014 demanding information from the automaker \\u2026", "url": "https://www.cnn.com/2023/08/31/cars/tesla-elon-mode-autopilot-investigation/index.html", "urlToImage": "https://media.cnn.com/api/v1/images/stellar/prod/230703100302-tesla-car-lot-us-0531.jpg?c=16x9&q=w_800,c_fill", "publishedAt": "2023-08-31T20:44:17Z", "content": "US highway safety regulators are investigating an apparent hidden feature in Teslas Autopilot software that can reportedly disable the safety prompts Tesla gives to drivers to keep their hands on the\\u2026 [+3211 chars]"},

... 생략

검색 결과로 'Tesla' 키워드와 관련된 기사 5개를 결과로 보여 주는 것을 확인할 수 있습니다. 이제 뉴스 탐색 기능을 GPT API의 함수 호출 기능을 활용해 챗봇과 연동해 봅시다.

## 함수 호출 기능을 활용한 뉴스 기사 탐색 챗봇 구현하기

3.5절의 '함수 호출 기능 사용하기'에서 GPT API의 함수 호출 기능을 사용해 보았습니다. 이 함수 호출 기능을 활용해 뉴스 탐색 기능을 대화형으로 구현해 봅시다. GPT API의 함수 호출 절차를 뉴스 탐색 기능을 기준으로 다시 한번 복습해 보면 다음 그림과 같습니다.

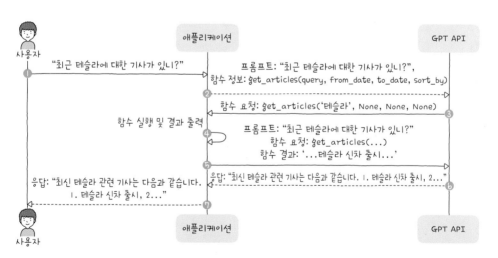

이를 바탕으로 구현해야 할 부분을 시나리오로 한 번 더 정리하면 다음과 같습니다.

❶ 사용자가 작성한 프롬프트와 함수 정보를 GPT API에 전송합니다.

❷ 만약 GPT API가 함수 요청 정보를 함께 보냈다면 함수를 실행시키고 그 결과를 다시 GPT API에 요청합니다. 함수는 NewsAPIClient의 get_articles( ) 함수를 실행시키도록 합니다. 이때 추가 프롬프트도 함께 전달합니다.

❸ GPT API의 결과를 대화 히스토리에 추가합니다.

절차를 따라서 챗봇을 구현해 봅시다. 먼저, 함수의 정보를 GPT API에게 전달해 주어야 합니다. 함수 정보<sup>Function signature</sup>를 signature_get_articles 변수로 만듭니다. 예제 실행 첫 화면에서 [함수 호출 기능을 활용한 뉴스 기사 탐색 챗봇 구현하기]의 첫 번째 코드 셀을 실행합니다.

**[함수 호출 기능을 활용한 뉴스 기사 탐색 챗봇 구현하기] 코드 셀 ①**

```
signature_get_articles = {
    "name": "get_articles",
    "description": "Get news articles",
    "parameters": {
        "type": "object",
        "properties": {
            "query": {
                "type": "string",
                "description": "Freeform keywords or a phrase to search for.",
            },
            "from_date": {
                "type": "string",
                "description": "A date and optional time for the oldest article
allowed. This should be in ISO 8601 format",
            },
            "to_date": {
                "type": "string",
                "description": "A date and optional time for the newest article
allowed. This should be in ISO 8601 format",
            },
            "sort_by": {
                "type": "string",
                "description": "The order to sort the articles in",
                "enum": ["relevancy", "popularity", "publishedAt"],
            },
```

```
        },
        "required": [],
    },
}
```

NewsAPIClient의 get_articles( ) 함수 정보를 표현하는 signature_get_articles를 작성했습니다. 파라미터는 get_articles( ) 함수의 인자와 동일하게 query, from_date, to_date, sort_by로 정하고 그에 대한 설명을 적었습니다.

이제 사용자가 작성하는 프롬프트와 함수 정보를 GPT API에게 전달해야 합니다. 본 예제에서는 GPT API에게 요청을 보내고 응답을 받는 기능들을 GPTClient라는 객체에 작성하겠습니다. 먼저 GPTClient의 __init__( ) 함수를 작성합니다. 다음은 두 번째 코드 셀의 앞부분입니다.

**[함수 호출 기능을 활용한 뉴스 기사 탐색 챗봇 구현하기] 코드 셀 ② 일부**

```
class GPTClient:
    def __init__(self):
        self.client = OpenAI(api_key=os.environ["OPENAI_API_KEY"])
        self.model = "gpt-3.5-turbo"
```

GPTClient는 API 키와 모델을 먼저 설정하도록 합니다. API 키는 미리 발급받은 키를 사용합니다. 다음으로 메시지와 함수 정보를 입력하면 GPT API에게 요청해서 응답 결과를 받는 GPTClient의 내부 함수인 get_args_for_function_call( ) 함수를 작성합니다. 다음은 두 번째 코드 셀의 일부입니다.

**[함수 호출 기능을 활용한 뉴스 기사 탐색 챗봇 구현하기] 코드 셀 ② 일부**

```
    def get_args_for_function_call(
        self, messages: List[Dict[str, str]], function_signatures: List[Dict[str,
Any]]
    ) -> str:
        """
        If there is information for function in messages, get argument from messages.
        Otherwise get simple GPT response.
        """
        response = self.client.chat.completions.create(
```

```
        model=self.model,
        messages=messages,
        functions=function_signatures,
    )
    return response.choices[0].message
```

사용자가 입력한 프롬프트와 함수 정보의 리스트를 GPT API에게 전달하고 응답을 받습니다. GPT 모델이 메시지와 함수 정보를 분석하여 함수 호출 요청을 해야 한다고 판단하면, 응답으로 함수 요청 정보를 보냅니다. 그렇지 않다면 일반적인 메시지에 대한 답변을 응답합니다.

다음으로 GPT API가 함수 호출 요청을 했을 경우, 함수를 실행하고 함수의 결과를 다시 GPT API에게 전달해야 합니다. 이 역할을 하는 request_with_function_call() 함수를 내부 함수로 작성합니다.

**[함수 호출 기능을 활용한 뉴스 기사 탐색 챗봇 구현하기] 코드 셀 ② 일부**

```python
def request_with_function_call(
    self,
    messages: List[Dict[str, str]],
    function: Callable,
    function_call_resp,
    prompt: str = "",
) -> str:
    function_name = function_call_resp.function_call.name

    if prompt:
        messages.append({"role": "system", "content": prompt})

    # Run external function
    kwargs = json.loads(function_call_resp.function_call.arguments)
    function_result = function(**kwargs)

    # Append message
    messages.append(function_call_resp)
    messages.append(
        {"role": "function", "name": function_name, "content": function_result}
```

```
    )

    # GPT inference include function result
    res = self.client.chat.completions.create(
        model=self.model,
        messages=messages,
    )
    return res.choices[0].message.content.strip()
```

request_with_function_call( ) 함수의 각 요소에 대한 설명은 다음과 같습니다.

- **messages:** 첫 요청으로 보낸 메시지입니다. 이 함수를 통해 메시지에 추가로 함수 요청 정보와 함수의 결과를 넣습니다.

- **function:** 실행시킬 함수를 입력합니다.

- **function_call_resp:** 첫 요청에서 받은 함수 요청 정보가 포함된 응답 메시지입니다. 함수의 인자 정보를 포함하고 있습니다.

- **prompt:** 추가적인 프롬프트 정보가 필요할 경우 적습니다.

이 함수는 첫 번째 응답으로 받은 함수 요청 정보로부터 함수의 이름과 함수의 인자 정보를 받습니다. 그 후 실제 함수를 실행시켜 결과를 얻습니다.

마지막으로 이전 메시지에 함수 결과를 포함하여 다시 한번 GPT API에게 응답을 요청합니다. 여기서 추가적인 프롬프트가 필요하다면 메시지에 추가합니다.

GPTClient에 필요한 함수들을 모두 작성했습니다. 마지막으로 GPTClient의 객체를 생성합니다. 두 번째와 세 번째 코드 셀을 모두 실행합니다.

**[함수 호출 기능을 활용한 뉴스 기사 탐색 챗봇 구현하기] 코드 셀 ③**

```
gpt_client = GPTClient()
```

이제 챗봇 UI에서 이 함수들을 사용할 수 있도록 respond( ) 함수를 수정해 봅시다. 네 번째 코드 셀을 실행합니다.

**[함수 호출 기능을 활용한 뉴스 기사 탐색 챗봇 구현하기] 코드 셀 ④**

```python
def respond(prompt: str, chat_history: List[str]) -> Tuple[str, List[str]]:
    # Get args from prompt
    messages = [{"role": "user", "content": prompt}]
    args_resp = gpt_client.get_args_for_function_call(messages, [signature_get_
articles])

    # call functions requested by the model
    answer = args_resp.content
    title_list = []
    if args_resp.function_call:
        # GPT inference again with calling external function
        get_articles_prompt = """
            You are an assistant that provides news and headlines to user requests.
            Always try to get the articles using the available function calls.
            Write the arguments to your function at the top of your answer.
            Please output something like this:
            Number. [Title](Article Link)\n
                - Description: description\n
                - Publish Date: publish date\n
        """
        answer = gpt_client.request_with_function_call(
            messages=messages,
            function=news_api_client.get_articles,
            function_call_resp=args_resp,
            prompt=get_articles_prompt,
        )

    chat_history.append((prompt, answer))
    return "", chat_history
```

기존 respond( ) 함수는 단순히 프롬프트를 전송하고 GPT API의 결과를 대화 히스토리에 추가했습니다. 수정된 respond( ) 함수는 함수 호출 기능이 추가되었으며, 앞서 설명한 함수 호출 절차의 시나리오를 적용했습니다.

추가 프롬프트는 탐색한 뉴스 기사 정보를 원하는 형태로 잘 정리하여 메시지로 반환하도록 하는 프롬프트 엔지니어링이 포함된 프롬프트입니다. 해당 프롬프트는 결과물을 어떤 양식으로 제시해야 하는지 GPT 모델에게 알려 줍니다. 본 예제에서는 제목, 설명, 게시 날짜를 표기하고 제목은 기사 링크를 하이퍼링크 형태로 제시하도록 했습니다.

이제 함수 요청이 가능한 respond() 함수가 완성되었습니다! UI 코드는 이전 코드와 동일합니다(다섯 번째 코드 셀). 여섯 번째 코드 셀을 실행하여 UI를 확인해 봅시다.

**[함수 호출 기능을 활용한 뉴스 기사 탐색 챗봇 구현하기] 코드 셀 ⑥**

```
app.launch(inline=False, share=True)
```

실행 결과는 다음과 같습니다.

**실행 결과**

```
Running on public URL: https://****************.gradio.live
```

웹 GUI에 접근할 수 있는 URL을 얻었습니다(URL 주소는 실행 시마다 매번 달라지기에 '*' 기호로 표기했습니다). 해당 URL로 접속해서 UI를 확인해 봅시다.

이전 예제처럼 챗봇 형태의 UI가 실행됩니다. 'Tesla' 관련 뉴스 기사를 탐색하기 위해 하단 [Input prompt] 입력란에 "What is Tesla up these days?"라는 질문을 입력한 후 Enter 키를 누릅니다.

잠시 후에 챗봇이 'Tesla'에 대한 뉴스 기사 정보를 알려 줍니다. 제목을 누르면 구현 시의 의도대로 해당 기사 원문으로 이동합니다.

## 뉴스 기사 요약 및 번역 UI 구현하기

다음으로 뉴스 기사 리스트 중 하나를 선택하면 선택한 기사의 본문을 요약 및 번역해 주는 기능을 구현해 봅시다. 다음과 같은 순서로 진행합니다.

❶ GPT API를 통해 얻은 뉴스 기사 정보로부터 뉴스 제목 리스트를 가져옵니다.
❷ 뉴스 제목 리스트 중 하나를 선택할 수 있도록 드롭다운 형태로 구현합니다.
❸ 사용자가 뉴스 제목을 선택하면 API가 뉴스 사이트로부터 본문을 스크래핑합니다.
❹ GPT API를 이용해 뉴스 본문 내용을 요약하고 한글로 번역합니다.

뉴스 기사 제목 리스트와 요약, 번역 기능이 추가된 UI는 다음과 같이 구성합니다. 예제 파일 첫 실행 화면에서 [뉴스 기사 요약 및 번역 UI 구현하기]의 첫 번째 코드 셀을 실행합니다.

**[뉴스 기사 요약 및 번역 UI 구현하기] 코드 셀 ①**

```
with gr.Blocks() as app:
    gr.Markdown("# 뉴스 기사 탐색 챗봇")
    with gr.Row():
```

```python
with gr.Column():
    gr.Markdown(
        """
        ## Chat
        얻고 싶은 정보에 대해 질문해보세요.
        """
    )
    chatbot = gr.Chatbot(label="Chat History")
    prompt = gr.Textbox(label="Input prompt")
    clear = gr.ClearButton([prompt, chatbot])

with gr.Column():
    gr.Markdown(
        """
        ## Select News article
        원하는 기사를 선택하세요.
        """
    )
    article_list = gr.Dropdown(label="Article List", choices=None)
    abstract_box = gr.Textbox(
        label="Summarized article", lines=10, interactive=False
    )
    translate_box = gr.Textbox(
        label="Translated article", lines=10, interactive=False
    )
    crawl_btn = gr.Button("Get article!")

prompt.submit(respond, [prompt, chatbot], [prompt, chatbot, article_list])
```

기존 챗봇 UI에 추가로 요약 및 번역 컬럼을 추가했습니다. gradio의 드롭다운 컴포넌트와 텍스트 컴포넌트를 활용했습니다. 챗봇을 통해 뉴스 기사 정보 리스트를 얻으면 뉴스 기사의 제목 리스트를 드롭다운 컴포넌트로 받아옵니다. 드롭다운에서 원하는 제목을 선택하면 본문을 스크래핑하여 요약 및 번역 결과를 각각 UI에서 보여 줄 예정입니다.

해당 UI를 실행해서 확인해 봅시다. 두 번째 코드 셀을 실행합니다.

**[뉴스 기사 요약 및 번역 UI 구현하기] 코드 셀 ②**

```python
app.launch(inline=False, share=True)
```

실행 결과는 다음과 같습니다.

**실행 결과**

```
Running on public URL: https://****************.gradio.live
```

웹 GUI에 접근할 수 있는 URL을 얻었습니다(URL 주소는 실행 시마다 매번 달라지기에 '＊' 기호로 표기했습니다). 해당 URL로 접속해서 UI를 확인해 봅시다.

UI 우측에 기사를 선택하는 드롭다운 UI와 기사 요약 정보를 보여주는 UI가 추가된 것을 확인할 수 있습니다.

## 뉴스 제목 리스트 선택 기능 구현하기

다음으로 드롭다운 UI에서 뉴스 제목 리스트를 선택하는 기능을 구현해 봅시다. 먼저 뉴스 기사 정보에서 뉴스 제목 리스트를 가져온 후, 하나를 선택해서 확인할 수 있는 UI를 구현합니다. 우리는 지금까지의 예제를 통해 GPT API의 응답으로 뉴스 기사 정보를 가지고 있습니다. 여기서 GPT API의 함수 호출 기능을 한 번 더 사용하여 뉴스 제목 리스트를 추가로 가져와 봅시다.

GPT API의 함수 호출은 다음의 2가지 순서로 이루어집니다.

❶ 프롬프트와 함수 정보로 함수 호출 여부 결정하고, 함수 호출 기능을 사용할 경우 함수 요청 정보를 획득합니다.

❷ 함수 수행 결과를 포함하여 GPT 응답을 재요청합니다.

이번 예제에서는 첫 번째 기능만을 이용해서 뉴스 제목 리스트를 가져옵니다. 가상의 함수를 만들어 텍스트 정보로부터 기사의 제목과 URL을 획득해 봅시다. 텍스트로부터 기사의 제목과 URL을 획득하는 함수 정보는 다음과 같습니다. 예제 실행 첫 화면에서 [뉴스 제목 리스트 선택 기능 구현하기]의 첫 번째 코드 셀을 실행합니다.

**[뉴스 제목 리스트 선택 기능 구현하기] 코드 셀 ①**

```
signature_get_title_and_url = {
    "name": "get_title_and_url",
    "description": "Get title of article and url.",
    "parameters": {
        "type": "object",
        "properties": {
            "title": {
                "type": "array",
                "description": "title array of articles",
                "items": {"type": "string", "description": "title of article"},
            },
            "url": {
                "type": "array",
                "description": "url array of articles",
                "items": {"type": "string", "description": "url of article"},
            },
        },
        "required": ["title", "url"],
    },
}
```

get_title_and_url( )이라는 함수 정보를 만들었습니다. 이 함수 정보는 GPT 모델이 텍스트로부터 기사 제목과 기사의 URL을 추출하도록 합니다. 기사 정보가 최대 5개까지 나올 수 있으므로 배열<sup>array</sup> 형태로 제목과 URL을 가져오도록 설정합니다.

이 함수 정보는 respond( ) 함수에서 사용합니다. respond( ) 함수에서 GPT API가 보내

준 뉴스 기사 정보 내용으로부터 기사 제목과 URL을 추출하도록 합니다. 두 번째 코드 셀을
실행합니다.

**[뉴스 제목 리스트 선택 기능 구현하기] 코드 셀 ②**

```python
TITLE_TO_URL = {}

def respond(prompt: str, chat_history: List[str]) -> Tuple[str, List[str]]:
    global TITLE_TO_URL

    # Get args from prompt
    messages = [{"role": "user", "content": prompt}]
    args_resp = gpt_client.get_args_for_function_call(messages, [signature_get_
articles])

    # call functions requested by the model
    answer = args_resp["content"]
    title_list = []
    if args_resp.function_call:

        ... 중략 ...


        answer = gpt_client.response_with_function_call(
            messages = messages,
            function = news_api_client.get_articles,
            function_call_resp = args_resp,
            prompt = get_articles_prompt,
        )

        # Get titles and urls for dropdown from response message
        messages = [{"role": "user", "content": answer}]
        args_resp = gpt_client.get_args_for_function_call(
            messages, [signature_get_title_and_url]
        )
        args = json.loads(args_resp.function_call.arguments)
        title_list, url_list = args.get("title"), args.get("url")
        TITLE_TO_URL = {title: url for title, url in zip(title_list, url_list)}
```

```
chat_history.append((prompt, answer))

# Update dropdown
drop_down = None
if title_list:
    drop_down = gr.update(choices=title_list, interactive=True)

return "", chat_history, drop_down
```

각 요소에 대한 설명은 다음과 같습니다. 앞에서 설명한 요소는 설명을 생략합니다.

- **TITLE_TO_URL:** 기사 제목을 키로, URL을 값으로 하는 딕셔너리 변수입니다. 드롭다운에서 제목을 선택하면 URL을 출력하는 역할입니다. 외부 함수에서 사용해야 하므로 전역 변수로 설정합니다.

뉴스 기사 정보를 프롬프트로 하고 signature_get_title_and_url과 함께 get_args_for_function_call( )을 실행시켜 기사 제목과 URL 정보를 가져옵니다. 가져온 제목과 URL은 전역 변수인 TITLE_TO_URL에 저장합니다.

그리고 gr.update( ) 함수를 이용해 드롭다운 컴포넌트를 업데이트합니다. 업데이트할 내용은 제목 리스트입니다.

이제 챗봇을 통해 뉴스 기사 정보를 받아오면 드롭다운에 기사 제목 리스트가 등록됩니다. 내부적으로는 전역 변수인 TITLE_TO_URL에 기사 제목과 URL 정보가 저장되어 있습니다.

UI를 실행해서 확인해 봅시다. UI 코드는 이전 코드와 동일합니다(세 번째 코드 셀). 세 번째와 네 번째 코드 셀을 모두 실행합니다.

**[뉴스 제목 리스트 선택 기능 구현하기] 코드 셀 ④**

```
app.launch(inline=False, share=True)
```

실행 결과로 얻은 URL에 접속하면 다음과 같은 UI를 확인할 수 있습니다.

이전 예제에서처럼 "What is Tesla up these days?"라는 질문을 입력하면 답변이 생성됩니다.

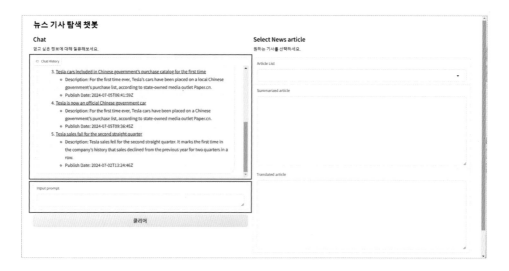

그 후 [Article List]를 확인하면 기사 제목 리스트가 드롭다운에 등록된 것을 확인할 수 있습니다.

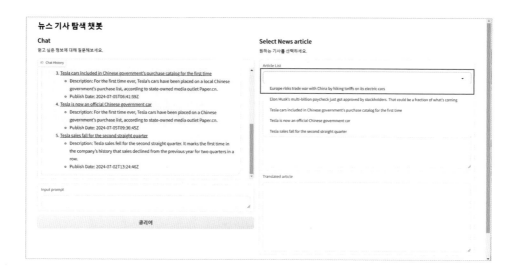

## 뉴스 기사 스크래핑하기

뉴스 기사 정보로부터 뉴스 기사 제목과 URL 리스트를 얻었습니다. 다음으로는 URL 정보와 BeutifulSoup 패키지를 활용해 CNN 홈페이지의 기사 본문을 스크랩해 봅시다.

BeutifulSoup는 웹페이지를 스크래핑하기 위한 파이썬 패키지입니다. URL로부터 HTML 문서를 스크랩하고, HTML 태그 정보를 사용해 원하는 정보를 가져올 수 있습니다.

BeutifulSoup로 웹페이지를 스크랩하려면 웹페이지에 대한 분석이 필요합니다. 모든 웹페이지가 동일한 HTML 태그와 식별자로 구성되어 있지 않기 때문입니다. 여기서 분석이란 웹페이지의 각 요소가 어떤 이름으로 되어 있는지 파악하고, 필요한 정보가 어떤 식별자로 구분되어 있는지 확인하는 것입니다.

본 예제에서는 CNN 뉴스 기사 웹페이지의 본문을 스크랩하는 scrap_cnn_article() 함수를 구현합니다. CNN 뉴스 기사 웹페이지의 본문 내용을 가져오려면 먼저 본문이 어떤 태그로 구성되는지 알아야 합니다.

다음 그림처럼 크롬 브라우저의 개발자 도구를 사용하면 본문 내용이 어떤 태그로 구성되어 있는지 알 수 있습니다. Ctrl+Shift+I 키를 눌러 크롬의 개발자 도구를 사용해 보세요.

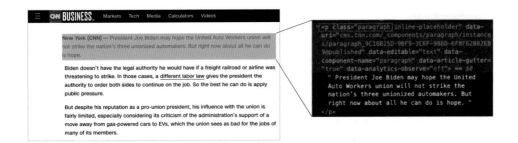

본문은 <p> 태그의 paragraph 식별자로 구분되어 있습니다. 이 외에 앞의 화면에는 나와 있지 않지만, 문단의 제목은 <h2> 태그의 subheader 식별자로 구분되어 있습니다. 해당 정보를 활용해 scrap_cnn_article() 함수를 구현해 봅시다.

예제 실행 첫 화면에서 [뉴스 기사 스크래핑하기]의 첫 번째 코드 셀을 실행합니다.

**[뉴스 기사 스크래핑하기] 코드 셀 ①**

```python
def scrap_cnn_article(url: str) -> Tuple[str, str]:
    """Scrap CNN news article."""
    rep = requests.get(url)

    soup = BeautifulSoup(rep.content, "html.parser")

    # Get main contents
    article = ""
    for paragraph in soup.find_all(["p", "h2"], {"class": ["paragraph", "subheader"]}):
        article += paragraph.text.strip()

    return article
```

해당 URL의 웹페이지 정보를 HTML 문서로 받아 온 후, BeautifulSoup로 정보를 파싱합니다. HTML 문서 중에서 paragraph와 subheader로 구분된 부분의 내용을 가져옵니다.

scrap_cnn_article() 함수로 기사 내용을 스크랩해 봅시다. 이 함수를 사용하면 CNN 기사 웹페이지에서 본문의 내용만 스크래핑할 수 있습니다. 예시 URL을 다음과 같이 입력해 보겠습니다. 두 번째 코드 셀을 실행합니다.

**[뉴스 기사 스크래핑하기] 코드 셀 ②**

```
article = scrap_cnn_article("https://edition.cnn.com/2023/09/07/us/caste-discrimination
-bill-california-passes-cec/index.html")
```

article 변수에 저장된 값을 확인하기 위해 세 번째 코드 셀을 실행합니다.

**[뉴스 기사 스크래핑하기] 코드 셀 ③**

```
article
```

실행 결과는 다음과 같습니다.

**실행 결과**

California lawmakers have cleared a bill that would explicitly ban caste
discrimination in the state, sending it to the governor's desk for signature.State
senators passed a bill on Tuesday that specifies caste as a subset of ancestry ...

기사의 본문 내용이 스크랩된 것을 확인할 수 있습니다.

> **여기서 잠깐**
>
> **HTML 태그란?**
>
> **HTML** Hyper Text Markup Language은 웹페이지를 만들 때 쓰는 표준 마크업 언어로, 웹페이지의 구
> 조와 내용을 정의합니다. HTML은 태그Tag를 사용하여 웹페이지의 각 요소를 표현하는데, 태그는
> '〈' 기호와 '〉' 기호 사이에 위치한 키워드로 구성됩니다.
>
> 대개 시작 태그와 종료 태그의 쌍으로 구성되며, 종료 태그는 시작 태그와 비슷하지만 이름 앞에
> 슬래시(/)가 붙습니다. 예를 들어 단락을 표현하는 키워드는 'p'이며, 이를 사용하여 "〈p〉이것은
> 단락입니다.〈/p〉" 형태로 표현할 수 있습니다. HTML에는 다양한 종류의 태그가 있는데, 〈title〉,
> 〈h〉, 〈a〉, 〈p〉 등이 대표적인 예입니다.

# 뉴스 기사 요약 및 번역 기능 구현하기

마지막으로 본문 내용을 요약 및 번역하는 기능을 구현해 보겠습니다. 요약과 번역 기능 둘 다 GPT API로 구현합니다.

GPT 모델은 프롬프트를 통해 여러 가지 자연어 처리 작업을 수행할 수 있습니다. GPT에게 프롬프트를 전달할 때 특정 작업을 요청하는 내용을 프롬프트에 함께 넣으면 해당 작업이 수행됩니다. 특히 요약과 번역은 GPT가 잘하는 작업 중 하나입니다.

먼저 요약 기능을 위한 함수를 작성해 봅시다. GPTClient 클래스에 내부 함수로 작성합니다. 다음은 [뉴스 기사 요약 및 번역 기능 구현하기]의 첫 번째 코드 셀 일부입니다.

**[뉴스 기사 요약 및 번역 기능 구현하기] 코드 셀 ① 일부**

```python
class GPTClient:
    ... 중략 ...
    def summarize(self, texts: str) -> str:
        prompt = f"""
            Summarize the sentences '---' below.

            ---

            {texts}
            """
        messages = [
            {"role": "system", "content": "You are a helpful assistant."},
            {"role": "user", "content": prompt},
        ]

        # ChatGPT API 호출하기
          response = self.client.chat.completions.create(model=self.model, messages=
messages)

        return response.choices[0].message.content
```

summarize( ) 함수에서는 GPT 모델에게 요약 기능을 요청하기 위해 "Summarize the sentences '---' below('---' 이하의 문장들을 요약해 주세요)"라는 프롬프트를 작성했습니다. 그리고 '---' 기호 밑으로 요약하기를 원하는 텍스트를 입력했습니다.

Note '---'처럼 프롬프트에 기호를 사용해 지시를 명확하게 전달하면 응답의 품질을 높일 수 있습니다.

번역 기능도 GPT 기능으로 작성합니다. 마찬가지로 [뉴스 기사 요약 및 번역 기능 구현하기] 첫 번째 코드 셀에 함수가 구현되어 있습니다.

**[뉴스 기사 요약 및 번역 기능 구현하기] 코드 셀 ① 일부**

```
    ... 중략 ...
    def translate(self, texts: str) -> str:
        prompt = f"""
            Translate the sentences '---' below to Korean.
            ---
            {texts}
            """
        messages = [
            {"role": "system", "content": "You are a helpful assistant."},
            {"role": "user", "content": prompt},
        ]

        # ChatGPT API 호출하기
        response = self.client.chat.completions.create(model=self.model, messages=
messages)

        return response.choices[0].message.content
```

한국어로 번역하기 위해 프롬프트를 "Translate the sentences '---' below to Korean ('---' 이하의 문장들을 한국어로 번역해 주세요)"이라고 작성했습니다.

자연어의 요약과 번역은 사람에게도 상당히 어려운 작업입니다. 그러나 GPT 모델을 활용하면 간단한 프롬프트만으로도 쉽게 자연어를 요약 및 번역할 수 있습니다.

이 함수들을 사용해 요약과 번역을 마친 결과물을 UI에서 확인할 수 있도록 해 보겠습니다. 앞서 [뉴스 제목 리스트 선택 기능 구현하기] 예제에서는 기사 제목들을 드롭다운 메뉴에서 볼 수 있도록 구현했습니다. 이번 예제에서는 드롭다운에서 원하는 기사의 제목을 선택한 뒤 버튼을 클릭하면 해당 기사의 요약문과 한국어 번역문을 출력하도록 구현하겠습니다.

먼저 앞서 구현한 scrap_cnn_article() 함수를 변형하여 요약 및 번역 글이 출력되도록 해 보겠습니다.

**[뉴스 기사 요약 및 번역 기능 구현하기] 코드 셀 ②**

```python
def scrap_cnn_article(title: str) -> Tuple[str, str]:
    url = TITLE_TO_URL[title]
    rep = requests.get(url)

    soup = BeautifulSoup(rep.content, "html.parser")

    # Get main contents
    article = ""
    for paragraph in soup.find_all(["p", "h2"], {"class": ["paragraph", "subheader"]}):
        article += paragraph.text.strip()

    # Summarize and translate to Korean
    summarized_article = gpt_client.summarize(article)
    translated_article = gpt_client.translate(summarized_article)

    return summarized_article, translated_article
```

기사 제목을 입력받으면 전역 변수인 TITLE_TO_URL에서 기사 제목에 맞는 URL을 찾아옵니다. 그리고 해당 URL에서 BeautifulSoup 패키지를 활용해 본문을 스크래핑합니다.

마지막으로 GPTClient에 구현한 summarize( ), translate( ) 함수를 이용해 본문의 내용을 GPT API를 통해 요약하고 요약된 글을 번역합니다.

다음으로 버튼을 누르면 기사를 스크래핑하는 기능을 구현해 봅시다.

**[뉴스 기사 요약 및 번역 기능 구현하기] 코드 셀 ③ 일부**

```python
scrap_btn.click(
    scrap_cnn_article, inputs=[article_list], outputs=[abstract_box, translate_box]
)
```

gradio 컴포넌트의 click( ) 함수를 사용합니다. scrap_btn을 클릭하면 scrap_cnn_article( ) 함수가 실행되도록 합니다. 함수의 입력은 기사 제목이 적혀 있는 드롭다운에서 가져오며, 요약 및 번역 글이 각각의 Textbox 컴포넌트에 출력되도록 합니다.

이제 뉴스 기사 탐색 챗봇에 요약 및 번역 기능 구현이 완료되었습니다! 실행 결과를 확인해 봅시다. 네 번째 코드 셀을 실행합니다.

**[뉴스 기사 요약 및 번역 기능 구현하기] 코드 셀 ④**

```
app.launch(inline=False, share=True)
```

실행 결과는 다음과 같습니다.

**실행 결과**

```
Running on public URL: https://****************.gradio.live
```

웹 GUI에 접근할 수 있는 URL을 얻었습니다(URL 주소는 실행 시마다 매번 달라지기에 '＊' 기호로 표기했습니다). 해당 URL로 접속하면 다음과 같은 UI를 확인할 수 있습니다.

앞에서 테스트했던 예제와 마찬가지로 "What is Tesla up these days?"라는 메시지를 입력한 후 답변을 확인합니다.

메시지 입력 결과로 'Tesla'에 대한 뉴스 기사 정보를 좌측에 보여 줍니다. 우측의 [Article List] 드롭다운을 클릭하면 기사 제목의 리스트를 확인할 수 있습니다.

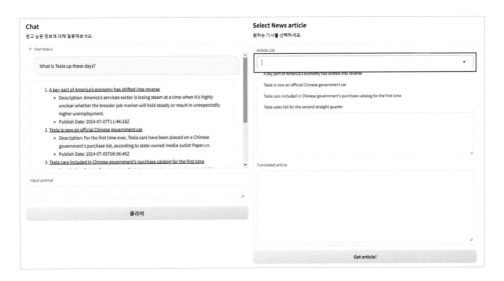

우측의 [Article List] 드롭다운에서 원하는 기사를 선택한 후, 하단의 [Get article!] 버튼을 클릭합니다.

다음과 같이 기사의 영어 요약문과 한글 요약문이 나오는 것을 확인할 수 있습니다.

이번 장 시작 부분에서 의도했던 대로, 자연어 처리 기술을 활용해 CNN 뉴스 웹사이트에서 영어 원문 기사를 추려내어 요약한 후 번역해서 제공하는 애플리케이션을 구현했습니다. 실제로 확인해 보면 사용자가 애플리케이션에서 특정 주제를 검색한 후 리스트업된 기사 중에서 하나를 선택할 시 애플리케이션이 기사의 본문 내용을 가져와 요약 및 번역 결과를 응답하는 것을 확인할 수 있습니다.

여기까지 따라오느라 고생 많으셨습니다. 이제 애플리케이션을 활용해 다양한 기사를 탐색하고 요약해 봅시다.

## 3장에서는

- 자연어 처리의 개념을 이해하고, 활용 사례 및 서비스의 시장성을 살펴보았습니다.
- 뉴스 기사 탐색 챗봇 애플리케이션의 시나리오를 정의하고, 이를 충족시키는 유스케이스를 설계했습니다.
- 애플리케이션의 기능에 맞는 자연어 처리 모델인 GPT에 대해 이해하고, 사전 학습된 GPT 모델을 API로 활용하는 방법을 학습했습니다.
- GPT API의 함수 호출 기능을 이용해 사전 학습 모델의 기능을 보완하는 함수를 활용하는 방법을 익혔습니다.
- GPT API에 더해 뉴스 정보를 가져올 수 있는 API인 News API, 웹페이지를 스크래핑하는 Beutiful Soup4 라이브러리 기능을 조합해 기획한 뉴스 기사 탐색 챗봇 애플리케이션의 기능을 전부 구현했습니다.

chapter

4

영상 속 대화를 글로 변환해 주는
# 음성 인식 서비스

이번 장에서는 네 번째 AI 서비스로 음성 인식 Speech Recognition 기술과 관련된 서비스를 다뤄 보겠습니다. 먼저 음성 인식 기술의 개념을 배우고, 해당 기술의 시장성과 전망, 활용 사례를 차례로 소개합니다. 그리고 음성 인식을 활용한 유튜브 영상 자막 생성 서비스 관련 기술 키워드를 배운 뒤, 유스케이스를 작성하고 유튜브 영상의 자막을 자동으로 생성해 주는 애플리케이션의 구현으로 나아가 보겠습니다.

- 음성 인식의 개념을 이해하고, 활용 사례 및 서비스의 시장성을 살펴봅니다.
- 음성 인식 기술을 활용한 서비스 구현 예제로 유튜브 자막 생성 애플리케이션을 기획합니다.
- 사전 학습 음성 인식 모델을 탐색하고 선정한 뒤, 라이브러리와 API의 2가지 방식으로 사용하는 방법을 알아봅니다.
- 음성 인식 모델과 함께 영상 정보를 처리할 수 있는 라이브러리를 활용해 유튜브 자막 생성 애플리케이션을 구현합니다.

**음성 인식 개념과 사례**

4장에서는 음성 인식 기술을 배우고, 사전 학습 음성 인식 모델과 영상 정보를 처리하는 라이브러리를 활용하여 유튜브 영상 자막 생성 애플리케이션 서비스를 구현합니다. 먼저 음성 인식 기술의 개념을 배워 보고, 기술을 활용한 사례를 살펴보겠습니다.

## 개념 이해

현대 사회에서는 스마트폰과 PC 기반 메신저의 발달로 많은 대화가 글로 이루어지지만, 사람들은 여전히 대화할 때 말로 의사소통하는 것을 더 선호하고 친숙하게 여깁니다. 실시간으로 교통 정보를 제공하는 라디오 방송, 친구와의 통화, 메시지 도착 음성 알림 등 우리 주변에서는 음성으로 전달되는 정보가 많습니다.

말로 의사소통할 때 입에서 나온 음성은 공기의 진동을 통해 우리 귀에 도달합니다. 이러한 의사소통 방식을 컴퓨터도 똑같이 수행할 수 있을까요?

컴퓨터가 음성 정보를 이해하도록 하는 **음성 인식**Speech recognition 기술을 사용하면 가능합니다. 음성 인식은 기본적으로 음성 신호를 텍스트로 변환하는 작업입니다. **스피치 투 텍스트**Speech-To-Text, 줄여서 STT라고도 부릅니다.

예를 들어, 우리가 스마트폰의 음성 인식 기능을 사용해 "음악을 틀어줘"라고 말하면 컴퓨터는 다음의 과정을 거칩니다.

❶ **목소리(음성)가 마이크를 통해 디지털 신호로 변환:** 마이크가 음파를 전기(디지털) 신호로 바꿉니다.
❷ **디지털 신호가 음성 인식 알고리즘을 거침:** 전기 신호는 음성 인식 알고리즘을 거치며 "음악을 틀어줘"라는 텍스트로 변환됩니다.
❸ **변환된 텍스트 기반으로 명령 수행:** 컴퓨터는 이 텍스트를 이해하고, 음악을 재생하는 작업을 수행합니다.

우리는 말로 의사소통하는 것이 너무나 자연스럽지만, 사실 사람 간의 대화는 다양한 억양과 언어, 발음, 주변 소음 등 음성 인식을 어렵게 하는 다양한 요소들 때문에 기술로 구현하기가 굉장히 어렵습니다. 그러나 현재는 AI 기술의 발전 덕분에 음성 인식 기술의 퀄리티가 비약적으로 향상되어 일상생활에서 다양한 음성 인식 기술이 활용되고 있습니다.

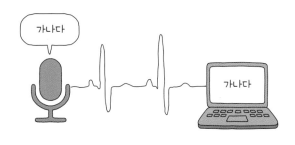

## 활용 사례

음성 인식 기술은 앞에서 소개해 드린 다른 기술들처럼 우리 일상의 다양한 분야에서 활용되고 있습니다. AI 스피커, 스마트폰 개인 비서 시스템, 자동차 내비게이션 등은 여러분도 이미 친숙하게 느끼는 우리 일상의 일부분입니다.

음성 인식 기술에 대한 개념을 알아보았으니 이제는 시장성과 전망을 살펴보고, 현재 상용화된 음성 인식 기술 서비스 활용 사례를 소개하겠습니다.

전 세계 음성 인식 시장 규모는 2024년 기준 약 268억 달러로 평가되었으며, 2030년 기준 약 620억 달러 예상으로 연평균 성장률 약 15%라는 성장세를 보일 것으로 예측됩니다.

게다가 자연어 처리 기술, 머신러닝, 자동 음성 인식 기술의 지속적인 발전과 엄청난 양의 데이터로 인해 음성 인식 기술은 지금도 기하급수적으로 발전하고 있습니다. 여러 음성 인식 기술 서비스 중에서 상용화된 서비스를 선정해 3가지 사례를 소개하겠습니다.

### | 스마트폰 가상 비서 서비스 |

스마트폰의 사용이 보편화되면서, 빅스비 Bixby, 시리 Siri 등 스마트폰의 가상 비서 서비스 또한 일상화되었습니다.

예를 들어, 아침에 스마트폰에서 알람이 울릴 때 "○○(스마트폰 가상 비서명)야. 알람 켜 줘"라고 말하면 스마트폰이 이를 인식해 알람을 켜 줍니다.

날씨나 뉴스를 확인할 때도 스마트 스피커나 스마트 홈 장치를 사용해서 "오늘의 날씨는 어떠니?" 또는 "오늘의 뉴스를 들려 줘"라고 말하기만 하면 음성 인식 기술을 통해 사용자의 음성을 인식하고 해당 서비스를 제공받을 수 있습니다.

AI 가상 비서 시장 규모는 연평균 24.3%의 성장률을 보이며, 2024년 약 14억 7,700만 달러 규모에서 오는 2030년에는 약 53억 6,700만 달러 규모가 될 것으로 전망된다고 하니, 규모 면에서 그 성장성을 가늠해 볼 수 있습니다.

특히 시리 서비스를 제공하는 애플은 ChatGPT를 서비스 중인 OpenAI와 제휴를 맺기까지 한 만큼, 스마트폰 시장에서 자연어 처리 기술과 음성 인식 기술을 결합한 AI 서비스의 전망 은 매우 밝습니다.

## | 자동차 내비게이션 서비스 |

음성 인식 기술은 특히 운전할 때도 많은 도움을 줍니다. 운전 중에는 손을 사용해 스마트폰 이나 다른 기기를 조작하기가 어렵습니다. 이럴 때는 내비게이션의 음성 인식 기능을 활용해 "최근 전화 목록을 보여 줘"라거나 "가까운 주유소를 찾아 줘"라고 말하면 자동차의 시스템이 해당 명령을 알아서 수행해 주어 많은 도움이 됩니다.

자동차의 음성 인식 시스템은 운전자가 음성 명령을 사용해 차량의 다양한 기능과 상호 작용 할 수 있도록 지원하는 기술입니다. 일반적으로 자연어 처리 알고리즘을 사용해 음성 명령을 해석할 뿐만 아니라 전화 걸기, 실내 온도 조절, 음악 선택, 내비게이션 길 안내 등의 작업을 수행합니다.

자동차에 탑재된 내비게이션뿐만 아니라 카카오내비[KakaoNavi], 티맵[T map]과 같은 내비게이션 애플리케이션에서도 음성 인식을 지원하고 있습니다.

전 세계 자동차 음성 인식 시스템 시장 규모는 오는 2033년까지 연평균 22.48%의 성장률을 보이며 약 16억 4,400만 달러에 달할 것으로 예측됩니다.

**| 음성 메모 서비스 |**

스마트폰을 활용한 음성 인식 애플리케이션 서비스도 있습니다. 네이버에서 개발한 음성 메모 애플리케이션인 클로바노트<sup>Clovanote</sup>는 긴 발표나 회의록을 녹음하고, 그 녹음된 음성을 텍스트로 변환해 줍니다. 심지어 녹음된 음성과 텍스트의 싱크를 맞춰 영화 자막을 보듯이 특정 음성이 나올 때 그 음성에 맞는 텍스트를 강조해 주기도 합니다.

클로바노트는 2023년 11월을 기준으로 정식 서비스를 시작했으며, AI 서기를 콘셉트로 하여 회의록 관리 서비스로 큰 인기를 얻고 있습니다.

지금까지의 사례를 바탕으로 음성 인식 관련 서비스의 상용화 가능성을 충분히 파악해 보았습니다. 이제 다음으로는 이 장에서 음성 인식 서비스를 구현하기 위해 알아야 하는 기술 키워드를 짚고 넘어가도록 하겠습니다.

## 4.2 알아야 하는 기술 키워드

음성 인식 기술을 구현하거나 학습하기 위해서 꼭 필요한 필수 키워드를 간략하게 소개합니다.

## 자동 음성 인식

음성 인식 기술은 컴퓨터 기술로 자동으로 음성을 인식한다는 의미에서 다른 표현으로는 자동 음성 인식<sup>ASR; Automatic Speech Recognition</sup>이라고도 합니다.

자동 음성 인식은 컴퓨터가 사용자의 말을 자동으로 인식하고 이해하는 시스템입니다. 음성 데이터를 입력값으로 받아 텍스트로 변환하는 과정을 수행하며, 음성 검색, 음성 명령, 자동 자막 생성 등에 활용됩니다. 음성을 텍스트로 변환한다는 의미에서 'Speech-To-Text (STT)'라고도 부릅니다.

자동 음석 인식 기술이 수행되는 과정은 다음과 같습니다.

❶ **음성 신호 수집:** 마이크를 통해 사용자의 음성 신호를 디지털 데이터로 변환합니다.
❷ **신호 전처리:** 노이즈 제거 등의 전처리 작업을 수행합니다.

**❸ 음향 모델링:** 음성을 작은 단위로 나누어 각각의 발음을 인식합니다.

**❹ 언어 모델링:** 음향 모델링 결과를 바탕으로 문맥에 맞는 텍스트로 변환합니다.

**❺ 텍스트 출력:** 최종적으로 텍스트 형태로 변환된 결과를 사용자에게 제공합니다.

## 스펙트로그램

스펙트로그램Spectrogram은 시간에 따른 소리 주파수의 변화를 2차원 이미지로 표현한 그래프입니다. 음성 인식 기술에서 스펙트로그램은 음성 신호를 분석하고 처리하는 데 중요한 역할을 합니다.

스펙트로그램은 음성 인식 기술에서 음성 신호의 복잡한 시간-주파수 특성을 분석하고, 이를 바탕으로 신뢰성 높은 음성 인식 결과를 도출하는 데 핵심적인 역할을 수행합니다.

다음은 스펙트로그램을 그림으로 표현한 것입니다. 소리 주파수의 변화를 2차원 이미지로 표현한 것을 볼 수 있습니다.

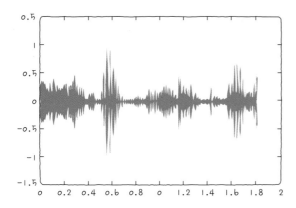

## SRT 포맷

SRT 포맷은 SubRip Subtitle의 약자로, 비디오 파일에 대한 자막을 저장하는 데 사용되는 텍스트 기반의 파일 포맷입니다. 유튜브 등의 비디오 플랫폼에서 자막을 정보를 저장하고 불러오는 데 사용됩니다. SRT 포맷의 구조는 다음과 같습니다.

• **번호:** 각 자막 블록에는 순차적인 번호가 할당되며, 번호는 자막의 시작 부분에 위치합니다.

- **시간:** 자막 시작 시간과 끝나는 시간을 나타냅니다. 일반적으로 시간 형식은 시간:분:초, 밀리초로 표시됩니다. 시작 시간과 끝나는 시간은 '→' 기호로 구분합니다.

- **자막 텍스트:** 시간 코드 다음에는 해당 시간에 표시될 자막 텍스트가 위치합니다. 자막은 하나 이상의 줄로 구성될 수 있습니다.

**SRT 포맷 파일 예시**

```
1 번호
00:05:00,400 --> 00:05:15,300 시간
This is an example of
a subtitle. 자막 텍스트

2
00:05:16,400 --> 00:05:25,300
This is an example of
a subtitle - 2nd subtitle.
```

## 4.3 서비스 기획하기

텔레비전이 세상에 등장한 후로, 수많은 사람의 주요 여가는 영상 시청이 되었습니다. 오늘날에는 유튜브가 텔레비전의 자리를 대신하게 되었지만, 여전히 영상 시청은 우리 일상에서 많은 시간을 차지하고 있습니다.

유튜브는 시청자 입장에서도 편리한 매체이지만, 창작자 입장에서도 진입의 벽을 낮춰 준 플랫폼입니다. 다양한 분야의 수많은 사람이 지금 이 순간에도 자신만의 소재로 영상을 찍고 편집해서 업로드합니다.

유튜브에 영상을 업로드할 때는 영상만 업로드할 수도 있지만, 해설이나 대화가 포함된 영상의 경우 대개 자막이 필요합니다. 그러나 자막을 만드는 작업은 시간과 노력이 굉장히 많이 소요되는 작업입니다. 처음부터 끝까지 사람이 초 단위로 영상을 확인하면서 음성 시퀀스에 맞춰 텍스트를 적어 주어야 합니다. 한마디로 손이 많이 가는 작업이지요.

현재는 AI 기술의 발전으로 인해 이런 작업도 수월하게 해결할 수 있습니다. 바로 음성 인식

기술 덕분입니다.

이번 장에서는 음성 인식 기술을 활용해 유튜브 영상의 음성 정보를 텍스트로 인식하여 자동으로 자막을 생성해 주는 애플리케이션을 구현해 보겠습니다. 이 절에서는 프로젝트의 방향성을 기획하고, 구현 과정에서 도움이 될 중요한 가이드라인을 설정하는 것부터 시작하겠습니다. 서비스 구현을 위한 준비 작업인 유스케이스 작성부터 시작합니다. 유스케이스의 개념과 작성 방식이 기억나지 않는 독자들은 28쪽의 〈여기서 잠깐〉을 한 번 더 참고하기 바랍니다.

## 유스케이스 작성하기

이번 장에서 구현할 예제는 '유튜브 영상 자막 생성 애플리케이션'입니다. 먼저 유튜브 링크를 입력으로 받은 후, [자막 생성!] 버튼을 클릭하면 애플리케이션이 자동으로 자막이 추가된 유튜브 영상을 제공합니다. 이에 더해 생성된 자막 파일을 애플리케이션에서 직접 다운로드할 수 있도록 구현한다면 금상첨화입니다.

이 기능들을 유스케이스로 작성해 보겠습니다. 유튜브 영상 자막 생성 애플리케이션의 유스케이스 다이어그램을 작성해 보면 다음 그림과 같습니다.

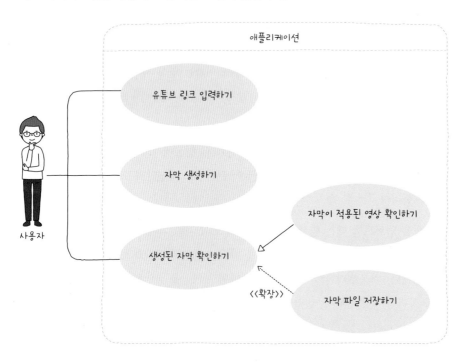

유스케이스 다이어그램을 바탕으로 이번 예제의 시나리오를 요약해 봅시다.

❶ 자막 생성을 원하는 유튜브 영상의 링크를 애플리케이션에 입력합니다.

❷ 사용자가 [자막 생성!] 버튼을 클릭합니다.

❸ 애플리케이션에서 생성된 자막을 확인합니다.

　– 영상 플레이어에서 생성된 자막이 적용된 영상을 확인할 수 있습니다.

❹ [다운로드] 버튼을 클릭하면 자막 파일을 다운로드합니다.

## | 유튜브 링크 입력하기 |

사용자는 애플리케이션에 자막 생성을 원하는 유튜브 동영상 링크를 입력하여 자막 생성 과정을 시작할 수 있습니다. 애플리케이션은 동영상 링크로부터 영상 정보와 음성 정보를 얻습니다.

## | 자막 생성하기 |

애플리케이션은 획득한 음성을 분석하여 자막을 생성합니다. 이 과정에서 사전 학습 음성 인식 모델을 활용합니다. 사전 학습 음성 인식 모델은 입력된 동영상에 있는 음성 데이터를 분석하고 발화 내용을 인식하여 알맞은 텍스트로 변환합니다.

## | 생성된 자막 확인하기 |

생성된 자막을 애플리케이션상에서 확인합니다. 애플리케이션은 자막이 포함된 동영상을 재생할 수 있는 UI를 제공해 사용자가 생성된 자막이 적용된 동영상을 직접 확인할 수 있습니다. 사용자는 자막이 적용된 영상을 확인하며 자막이 음성과 잘 맞는지, 시각적으로도 적절하게 표시되는지 확인할 수 있습니다.

## | 자막 파일 저장하기 |

사용자는 최종적으로 생성된 자막 파일을 저장할 수 있습니다. 여러 자막 파일 중에서 본 애플리케이션은 SRT 포맷의 자막 파일을 지원합니다.

자막 파일 저장 기능은 생성된 자막 확인 기능에서 확장되는 기능으로 볼 수 있으므로 두 유스케이스는 <<확장>> 관계를 갖습니다.

## 애플리케이션 구성 구체화하기

다음으로, 208쪽의 '유스케이스 작성하기'에서 다룬 애플리케이션의 구성을 구체적으로 설명해 보겠습니다. 우선 최종 사용자의 사용 과정과 애플리케이션의 운영 과정을 그림으로 표현하면 다음과 같습니다.

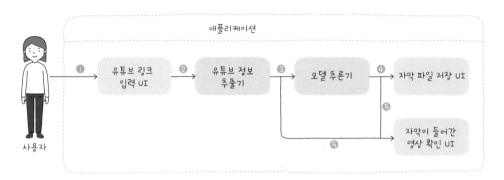

각 과정을 단계별로 구체화해 봅시다.

**1단계:** 사용자가 원하는 유튜브 영상 링크를 입력할 수 있도록 유튜브 링크 입력 UI가 필요합니다.

**2단계:** 애플리케이션은 유튜브 영상 링크를 기반으로 유튜브 영상의 정보를 추출합니다. 이때 영상 정보 및 음성 정보를 추출할 수 있도록 하는 유튜브 정보 추출기를 구현해야 합니다.

**3~4단계:** 추출한 정보 중에서 음성 정보를 음성 인식 모델 추론기에 입력합니다. 모델은 음성 정보를 인식해서 이를 텍스트 정보로 변환합니다. 그 후 후처리 과정을 진행해 변환한 텍스트를 자막 파일로 생성합니다. 생성한 자막 파일은 자막 파일 저장 UI를 통해 다운로드할 수 있습니다.

**5단계:** 2단계에서 추출한 영상 정보와 3~4단계에서 새롭게 생성한 자막 파일을 이용해서 애플리케이션이 자막이 포함된 영상을 생성합니다. 이를 위해 자막 파일이 포함된 영

> 상을 실행할 수 있는 UI가 필요합니다. 그리고 자막 파일을 저장할 수 있는 UI가 필요합니다.

이렇게 유튜브 자막 생성 애플리케이션 구성을 유스케이스 다이어그램을 기반으로 구체화해 보았습니다.

이번 예제에서는 음성 인식 모델과 함께 유튜브 영상의 정보를 추출할 수 있는 유튜브 정보 추출기도 구현할 예정입니다. 또한 모델 추론기의 후처리 과정에서 음성 인식 텍스트를 자막 파일 형식으로 변환하는 기능도 함께 구현하겠습니다.

다음 절에서는 첫 번째 단계를 진행하기 위해 먼저 적절한 음성 인식 모델을 탐색하고 선정하겠습니다.

## 4.4 모델 선정하기

음성 데이터를 다루는 음성 분야 중에서도 특히 음성 인식 분야는 연구가 오랫동안 진행된 분야입니다. 이에 더해 딥러닝 기술이 발전하면서 음성 인식의 성능이 크게 향상되었습니다. 이제는 딥러닝 기술 없이는 음성 인식 기술을 논하기 어려울 정도입니다.

음성 인식 모델은 기본적으로 발화된 음성을 텍스트로 예측하는 음성 인식 기능을 가집니다. 하지만 완전한 음성 인식 모델이 되기 위해서는 여기에 추가로 다음의 기능들이 동반되어야 합니다.

- **발화 감지:** 음성 정보 속에 사람의 말이 포함되었는지 감지합니다.
- **발화 시간 감지:** 어느 시점에 사람의 말이 등장했는지 감지합니다.
- **언어 감지:** 음성 속의 언어가 어떤 언어인지 구분합니다.

대표적인 음성 인식 모델로는 **딥스피치**<sup>DeepSpeech</sup>, **웨이브넷**<sup>WaveNet</sup> 등이 있습니다. 이 모델들의 뒤를 이어서 최근 초거대 언어 모델을 중심으로 파운데이션 모델이 떠오르면서 수많은 양의 음성 데이터를 학습한 음성 인식계의 파운데이션 모델이 등장했습니다. 바로 OpenAI의 위스퍼Whisper 모델입니다. 이번 장에서는 위스퍼 모델을 활용해 애플리케이션을 구현해 보겠습니다.

## 모델 선정하기 - 위스퍼

위스퍼는 2022년 9월에 OpenAI에서 공개한 자동 음성 인식 모델입니다. 이 모델은 음성 인식 작업 및 텍스트 변환 작업을 학습하기 위해 웹에서 수집한 약 680,000시간 분량의 다국어 음성 데이터를 학습했습니다.

이렇게 방대한 양의 다양한 음성 데이터를 학습함으로써 각 나라의 다른 억양, 음성 데이터 내의 잡음, 그리고 일상에서 자주 사용하지 않는 전문 용어에 대해서도 강력한 성능을 보이게 되었습니다.

## 위스퍼 모델의 구조

위스퍼는 트랜스포머로 구현된 인코더-디코더 구조를 갖고 있으며, 모델 구조를 그림으로 표현하면 다음과 같습니다. ❶~❽번의 설명을 바탕으로 진행 흐름과 구조를 이해해 보세요.

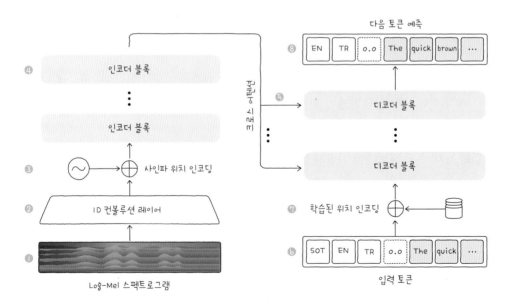

그림을 바탕으로 위스퍼의 모델 구조를 설명해 보겠습니다.

❶ 위스퍼는 30초 단위로 분할된 음성 정보를 입력으로 받습니다. 음성 정보는 소리 정보를 시각화한 그래프인 스펙트로그램으로 표현됩니다. 스펙트로그램에는 소리와 관련된 다양한 정보가 담겨 있습니다. 특히 사람의 말을 스펙트로그램으로 표현하면 특정한 주파수 패턴을 볼 수 있는데, 위스퍼는 이러한 음성 정보들을 학습에 활용합니다.

❷ 1D 컨볼루션 레이어는 음성 정보로부터 1차적인 특징을 추출합니다. 음성 정보를 인코더에 입력하기 위한 전처리 역할을 합니다.

❸ 사인파 위치 인코딩은 음성 정보 특징에 시계열 정보를 추가하여 인코더가 시계열 정보를 인식할 수 있도록 합니다.

❹ 인코더 블록은 음성 정보 특징을 추출합니다. 트랜스포머 구조로 구성되어 있습니다.

❺ 디코더 블록은 인코더로부터 획득한 음성 정보 특징들을 기반으로, 음성 속에서 어떤 단어와 문장이 발화되었는지 예측합니다. 쉽게 이야기하면 음성 데이터 속의 말을 텍스트로 변환하는 것입니다. 인코더와 마찬가지로 트랜스포머 구조로 구성되어 있습니다.

❻ 디코더 블록에 음성 정보로부터 발화 내용을 예측하기 위한 특별한 토큰 구조를 입력합니다. 이 토큰 구조는 뒤에서 좀 더 자세히 설명하겠습니다.

❼ 토큰 입력에도 학습된 위치 인코딩을 통해 시계열 정보를 추가합니다.

❽ 디코더는 입력 토큰을 기반으로 하여 다음 토큰을 예측합니다.

음성 인식 모델은 앞에서 설명했듯이 발화된 음성을 텍스트로 예측하는 음성 인식 기능뿐만 아니라 발화 감지, 발화 시간 감지, 언어 감지 등의 기능들을 모두 수행할 수 있어야 합니다.

이를 위해 위스퍼는 디코더의 입출력 시에 특별한 토큰 구조를 사용하여 이런 다양한 기능들을 모두 수행할 수 있도록 학습합니다.

토큰 구조 중에서 '특수 토큰'은 각 토큰 사이를 구분하고 실제 정보가 들어 있는 토큰의 역할을 명시하는 토큰입니다. 위스퍼의 토큰 구조에는 다음의 특수 토큰들이 포함되어 있습니다.

• **PREV:** 이전 텍스트 정보임을 표시하는 토큰입니다.

• **SOT(Start Of Transcript):** 음성-텍스트 변환 작업의 시작을 표시하는 토큰입니다.

• **NO SPEECH:** 음성 속에 발화 정보가 없는 경우 발생하는 토큰입니다.

• **LANGUAGE TAG:** 음성의 언어를 나타내는 토큰입니다. 99개 언어가 있으며 각 언어를 약어로 표기합니다(예 영어: EN, 한국어: KO).

- **TRANSCRIBE:** 음성-텍스트 변환 작업을 표시하는 토큰입니다. 앞에서 설명한 구조도 그림에서는 'TR'로 표기했습니다.

- **NO TIMESTAMPTS:** 발화 시간 감지를 하지 않도록 설정하는 경우 이를 표시하는 토큰입니다.

- **EOT(End Of Transcript):** 음성-텍스트 변환 작업의 마지막을 표시하는 토큰입니다.

위스퍼의 디코더는 추론 시 이러한 특별한 토큰을 포함하여 변환된 텍스트 토큰을 생성합니다. 그리고 이러한 토큰을 기반으로 음성 정보의 텍스트 정보만 학습하는 것이 아니라, 음성 속 발화 여부, 음성 속 발화 시간, 음성의 언어 등의 다양한 정보를 함께 학습합니다.

그리고 이를 통해 모델의 음성 인식에 대한 성능을 향상시키고, 모델 추론 시 음성 정보로부터 다양한 정보들을 얻어낼 수 있습니다. 위스퍼의 토큰 구조 일부를 그림으로 표현하면 다음과 같습니다.

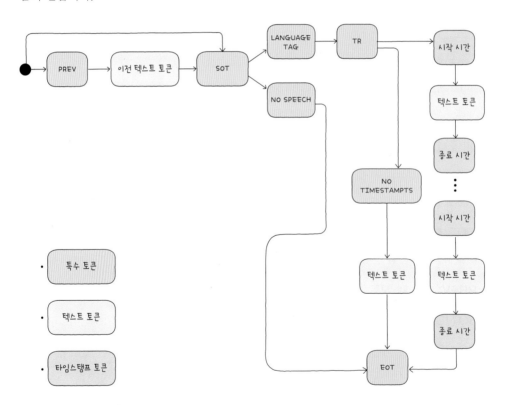

이처럼 위스퍼는 음성 인식에 필요한 다양한 기능을 모두 갖추고 있는 모델입니다.

다음 절에서는 위스퍼를 이용한 모델 실행과 테스트 과정을 구체적으로 설명하겠습니다. 그리고 위스퍼를 활용하여 영상 속 대화를 글로 변환해 주는 유튜브 영상 자막 생성 애플리케이션을 구현해 보겠습니다.

## 4.5 모델 실행하기

먼저 위스퍼 모델을 실행하기 위한 환경 설정부터 시작합니다. 위스퍼 모델은 CPU 자원으로도 실행할 수 있지만, GPU 자원으로 실행하면 훨씬 빠른 속도로 실행됩니다. GPU 자원을 무료로 사용할 수 있는 코랩 환경에서 위스퍼 모델을 실행해 보겠습니다.

### 실습 환경 설정하기

코랩 웹사이트 접속 후 깃허브 리포지터리 URL 입력 과정은 앞의 장과 동일하므로 생략합니다. 환경 설정 방법이 기억나지 않는다면 1.5절의 '실습 환경 설정하기'를 다시 한번 참고하기 바랍니다.

### | 예제 파일 준비하기 |

이번 장에서는 'speech_recognition/whisper.ipynb' 파일을 사용해서 실습을 진행합니다.

해당 파일의 예제 실행 첫 화면은 다음과 같습니다.

다음으로, 코랩에서 GPU 자원을 사용하기 위해 런타임 유형을 변경합니다. 이 부분 역시 앞 장과 동일하므로 설명은 생략합니다. 런타임 설정을 마치면 2가지 방식으로 위스퍼 모델을 실행해 보겠습니다.

## 위스퍼 모델 실행하기 - 라이브러리 활용

먼저 예제를 실행하기 위한 환경 설정부터 시작합니다. 예제 실행 첫 화면을 유지한 채로 이후 과정을 진행합니다.

### | 패키지 및 예제 데이터 다운로드하기 |

먼저 코랩 환경에서 예제를 실행하기 위해 파이썬 패키지와 예제 데이터를 다운로드해야 합니다. [패키지 및 예제 데이터 다운로드하기]의 코드 셀을 실행해서 예제를 실행하기 위한 파이썬 패키지들을 설치합니다.

**[패키지 및 예제 데이터 다운로드하기] 코드 셀**

```
!wget https://raw.githubusercontent.com/mrsyee/dl_apps/main/speech_recognition/
requirements-colab.txt
!pip install -r requirements-colab.txt

# 예제 다운로드
!mkdir examples
!cd examples && wget https://raw.githubusercontent.com/mrsyee/dl_apps/main/speech_
recognition/examples/example.wav
!cd examples && wget https://raw.githubusercontent.com/mrsyee/dl_apps/main/speech_
recognition/examples/example2.wav
!cd examples && wget https://raw.githubusercontent.com/mrsyee/dl_apps/main/speech_
recognition/examples/example3.wav
```

이번 예제에서 사용할 패키지의 버전은 다음과 같습니다.

- openai-whisper: 20231117

- openai: 1.31.0

- pytube: 15.0.0

## | 패키지 불러오기 |

다음으로 [패키지 불러오기]의 코드 셀을 실행해서 패키지들을 불러옵니다.

**[패키지 불러오기] 코드 셀**

```
from IPython.display import Audio

from openai import OpenAI
import whisper
```

각 요소에 대한 설명은 다음과 같습니다

- **IPython.display:** IPython 환경(특히 주피터 노트북)에서 이미지, 오디오, 비디오 등 다양한 포맷의 콘텐츠를 표시하기 위한 기능들을 제공합니다. 본 예제에서는 오디오 콘텐츠를 표시하기 위해 IPython.display의 Audio 클래스를 불러옵니다.

- **openai:** OpenAI에서 제공하는 파이썬 패키지로, OpenAI의 다양한 모델을 API 서비스 형태로 쉽게 사용할 수 있도록 도와주는 도구입니다. 이번 예제에서는 위스퍼 모델을 사용해 보겠습니다.

- **whisper:** OpenAI의 위스퍼 모델과 인터페이스를 제공하는 라이브러리입니다.

## | 사전 학습 모델 불러오기 |

패키지 및 예제 데이터 다운로드와 패키지 불러오기를 마쳤다면, 이제 위스퍼 라이브러리를 이용해 사전 학습 위스퍼 모델을 불러옵니다. 라이브러리의 load_model( ) 함수를 이용하면 쉽게 불러올 수 있습니다. 라이브러리에서는 다양한 크기의 위스퍼 모델을 제공합니다. 다음은 위스퍼 모델의 종류와 특성을 정리한 표입니다.

| 모델 이름 | 파라미터 수 | 필요 VRAM 크기 | 속도 | 한국어 데이터에서의 WER |
|---|---|---|---|---|
| tiny | 39 M | ~1GB | 아주 빠름 | 36.1 |
| base | 74 M | ~1GB | 빠름 | 26.8 |
| small | 244 M | ~2GB | 보통 | 19.6 |
| medium | 769 M | ~5GB | 느림 | 16.4 |
| large | 1550 M | ~10GB | 아주 느림 | 15.2 |

WER은 대부분 음성 인식 AI의 성능을 계산할 때 사용하는 측정 지표이며 WER 값이 작을수록 성능이 높은 모델입니다.

표를 보면 파라미터 수가 높은 모델일수록 성능이 좋지만, 필요 메모리가 늘어나고 속도가 느려지는 것도 확인할 수 있습니다. 본 예제에서는 가장 높은 성능의 large 모델을 사용하고자 합니다.

위스퍼 라이브러리의 load_model( ) 함수를 이용하면 간단하게 large 모델을 불러올 수 있습니다. [사전 학습 모델 불러오기]의 코드 셀을 실행합니다.

**[사전 학습 모델 불러오기] 코드 셀**

```
model = whisper.load_model("large")
```

위스퍼 모델을 이용할 준비를 모두 마쳤습니다. 다음으로는 간단한 예제 음성 데이터를 텍스트로 변환하는 예제를 통해 위스퍼 모델의 성능을 확인해 보겠습니다.

## | 예제 음성 데이터 확인하기 |

216쪽의 [패키지 및 예제 데이터 다운로드하기]에서 예제 음성 데이터를 다운로드했습니다. 그중 하나를 불러와 어떤 데이터인지 직접 확인해 보겠습니다.

다운로드한 예제 데이터는 별도의 경로를 설정하지 않을 경우 기본적으로 examples 디렉터리 안에 'example.wav'라는 파일명으로 저장됩니다. 이 음성 파일을 IPython.display의 Audio 클래스를 이용해 코랩에서 실행해 봅시다.

[예제 음성 데이터 확인하기]의 코드 셀을 실행합니다.

**[예제 음성 데이터 확인하기] 코드 셀**

```
audio_path = "examples/example.wav"
Audio(audio_path)
```

실행 결과로 음성 파일 실행 UI 화면이 나타납니다.

**실행 결과**

3초짜리 음성 예제 파일을 실행해 보면 "그는 괜찮은 척하려고 애쓰는 것 같았다"라는 음성을 들을 수 있습니다. 예제 파일에 이상이 없음을 확인했으니 다음 단계로 넘어가 보겠습니다.

## | 위스퍼 모델 추론하기 |

이제 위스퍼 모델로 음성 정보를 인식한 후, 인식한 결과를 텍스트를 구현해 보겠습니다. 위스퍼 라이브러리에서는 transcribe( )라는 함수를 제공합니다. 이 함수는 음성 데이터의 전처리와 위스퍼 모델의 추론, 그리고 추론 결과를 텍스트 형태로 후처리하는 작업까지 수행합니다.

transcribe( ) 함수를 사용해 음성 데이터를 텍스트로 변환하는 과정부터 시작하겠습니다. [위스퍼 모델 추론하기]의 코드 셀을 실행합니다.

**[위스퍼 모델 추론하기] 코드 셀**

```
result = model.transcribe(audio_path)
result["text"]
```

실행 결과로 문장이 출력됩니다.

**실행 결과**

"그는 괜찮은 척하려고 애쓰는 것 같았다."

음성 예제 파일의 음성을 인식한 후 이를 정확하게 텍스트로 표현한 것을 확인할 수 있습니다.

지금까지 위스퍼 라이브러리를 바탕으로 사전 학습된 위스퍼 모델을 사용하여 음성 데이터를 텍스트로 변환해 보았습니다.

다음으로는 OpenAI에서 제공하는 API를 활용해 위스퍼 모델의 기능을 사용해 보겠습니다.

## 위스퍼 모델 실행하기 - API 활용

3장에서는 OpenAI에서 제공하는 API 중 GPT 모델의 API를 사용해 보았습니다. 이번 장에서는 동일한 방법으로 위스퍼 모델 API를 사용해 보겠습니다.

먼저, OpenAI API 키를 등록해야 합니다. openai 패키지의 OpenAI 클래스를 이용해 API 키를 등록해 봅시다.

[위스퍼 모델 API 실행하기] 첫 번째 코드 셀의 "<OPENAI_API_KEY>"의 따옴표 안에 3장에서 발급받은 API 키를 복사해 넣고 코드 셀을 실행합니다.

코드 셀을 실행하면 OpenAI 객체가 client라는 이름으로 생성됩니다.

**[위스퍼 모델 실행하기 – API 활용] 코드 셀 ①**

```
# openai API 키 인증
client = OpenAI(api_key="<OPENAI_API_KEY>")
```

> **Note** OpenAI API 키를 발급받지 않았다면 3.5절의 'API 키 생성하기'를 참고하기 바랍니다. API 키는 유출되지 않도록 각별히 유의하시기 바랍니다.

본 예제에서 사용할 모델을 정해 보겠습니다. 이번 장에서 사용할 위스퍼 모델은 API에서 whisper-1이라는 이름으로 제공됩니다. [위스퍼 모델 API 실행하기]의 두 번째 코드 셀을 실행합니다.

**[위스퍼 모델 실행하기 – API 활용] 코드 셀 ②**

```
# 모델 - GPT 3.5 Turbo 선택
model = "whisper-1"
```

> **Note** API에서의 whisper-1 모델은 위스퍼 라이브러리로 불러 왔던 large 모델과 동일합니다.

이제 OpenAI 객체를 활용해 위스퍼 모델의 추론 결과를 받는 코드를 작성해 보겠습니다. OpenAI 객체의 audio.transcription.create() 함수를 사용합니다. [위스퍼 모델 API 실행하기]의 세 번째 코드 셀을 실행합니다.

**[위스퍼 모델 실행하기 – API 활용] 코드 셀 ③**

```python
with open(audio_path, "rb") as audio_file:  … (1)
    transcription = client.audio.transcriptions.create(
        model=model,
        file=audio_file,  … (2)
        response_format="text"  … (3)
    )
```

코드에 대한 설명입니다. 위스퍼 모델 API를 사용하기 위해 보내 주어야 하는 입력값은 오디오 파일입니다.

**(1)** 에서 오디오 경로로부터 오디오 파일의 바이트 값을 읽어 옵니다.

**(2)** 읽어 온 오디오 파일을 OpenAI 객체를 통해 API에 보내 줍니다.

**(3)** 이때 response_format이라는 옵션값은 text로 지정해 줍니다.

이 옵션은 음성 인식 결과를 어떤 형태로 제공할지 결정하는 값입니다. 옵션에 들어갈 수 있는 값은 다음과 같습니다.

- **text:** 음성 인식된 텍스트 결과를 반환합니다.
- **verbose_json:** 음성 인식 결과에 대한 상세한 정보를 JSON 형태로 반환합니다. 정보에는 인식된 텍스트, 인식된 언어, 인식된 음성의 길이와 시간 정보까지 제공합니다.

이번 예제에서는 text만을 사용하고 verbose_json은 다음 예제에서 사용해 보겠습니다.

음성 인식된 결과를 확인해 봅시다. [위스퍼 모델 API 실행하기]의 네 번째 코드 셀을 실행합니다.

**[위스퍼 모델 실행하기 – API 활용] 코드 셀 ④**

```python
print(transcription)
```

실행 결과는 다음과 같습니다.

**실행 결과**

그는 괜찮은 척하려고 애쓰는 것 같았다.

음성 예제 파일의 음성을 정확하게 텍스트로 표현한 것을 확인할 수 있습니다.

지금까지의 실습을 통해 같은 위스퍼 모델을 2가지 다른 방법으로 사용한 결과를 모두 확인해 보았습니다. 라이브러리와 API는 각각의 장단점이 있으므로 상황에 맞게 선택해서 사용할 수 있습니다.

다음으로는 링크로 입력한 유튜브 영상에서 음성 정보를 받아와 위스퍼 모델에게 인식시키는 예제를 구현해 보겠습니다. 먼저 유튜브 영상 정보를 가져오는 과정부터 시작합니다.

## 유튜브 영상의 음성을 자막으로 만들기

영상의 음성을 자막으로 만들기 위해서는 먼저 음성 정보부터 획득해야 합니다. 유튜브 영상에서 음성 정보를 가져오기 위해서 pytube라는 파이썬 라이브러리를 사용합니다.

pytube는 유튜브 URL을 이용해 유튜브 영상의 다양한 정보를 가져올 수 있는 라이브러리입니다. 영상 데이터, 음성 데이터를 포함해 영상 제목, 영상 설명, 영상을 올린 사람 등의 메타 데이터까지도 받아올 수 있습니다.

### | 유튜브 영상 정보 가져오기 |

pytube 라이브러리를 사용해 영상의 정보를 받아오는 과정을 구현해 보겠습니다. 우선 py-tube 라이브러리의 Youtube 클래스를 불러옵니다. pytube 라이브러리는 YouTube 클래스를 이용해 유튜브 링크로부터 영상 정보들을 가져옵니다. [유튜브 영상 정보 가져오기]의 첫 번째 코드 셀을 실행합니다.

**[유튜브 영상 정보 가져오기] 코드 셀 ①**

```
from pytube import YouTube
```

이제 음성 정보를 가져올 영상을 선택해야 합니다. 사람의 대화가 들어간 영상이라면 어떤 영상이라도 좋습니다. 본 예제에서는 예제용으로 준비한 30초가량의 음성 정보가 포함된 영상을 사용합니다. 예제 영상의 링크는 [유튜브 영상 정보 가져오기]의 두 번째 코드 셀에 입력해 놓았습니다. 해당 코드 셀을 실행합니다.

**[유튜브 영상 정보 가져오기] 코드 셀 ②**

```
youtube_link = "https://youtu.be/Or6zvOnSDXA"
```

다음으로 pytube의 YouTube 클래스를 사용합니다. pytube의 YouTube 객체를 생성할 때 정보를 가져오고 싶은 영상의 링크를 입력하는 코드입니다. 세 번째 코드 셀을 실행합니다.

**[유튜브 영상 정보 가져오기] 코드 셀 ③**

```
yt = YouTube(youtube_link)
```

## | 유튜브 영상 정보 확인하기 |

원하는 영상의 링크를 입력하여 Youtube 객체를 생성합니다. Youtube 객체에는 유튜브 영상의 메타 데이터가 저장되어 있습니다.

먼저 YouTube 객체가 가지고 있는 메타 데이터 정보를 확인해 봅시다. 영상의 제목, 설명, 작성자를 확인할 수 있습니다.

[유튜브 영상 정보 확인하기]의 코드 셀을 실행합니다.

**[유튜브 영상 정보 확인하기] 코드 셀**

```
print(
    f"""
    Title: {yt.title}
    Description: {yt.description}
    Author: {yt.author}
    """
)
```

실행 결과를 확인해 보면 실제 유튜브 링크의 유튜브 제목, 설명, 작성자와 동일한 정보임을 확인할 수 있습니다.

**실행 결과**

```
Title: 음성인식테스트
Description: None
Author: 김경환
```

이처럼 pytube의 YouTube 클래스는 API를 통해 영상의 정보를 받아옵니다. 이에 더해 YouTube 클래스는 유튜브 영상의 메타 데이터뿐만 아니라 영상과 음성 정보까지도 받아올 수 있습니다.

## | 유튜브 음성 정보 가져오기 |

YouTube 객체의 streams에는 유튜브 영상의 스트리밍 정보들이 담겨 있습니다. 이중에서 음성 정보만을 가져오기 위해서 filter 함수로 audio 타입의 정보만을 필터링하겠습니다.

유튜브 영상에서 가져올 음성 정보를 높은 ABR부터 낮은 순서로 정렬해서 가져옵니다. [유튜브 음성 정보 가져오기]의 첫 번째 코드 셀을 실행합니다.

**여기서 잠깐**

### ABR이란?

유튜브 영상에는 하나의 음성 정보만 들어 있으리라 생각하기 쉽지만, 대부분의 유튜브 영상에는 여러 개의 음성 정보가 들어 있습니다. 데이터 품질에 따라 영상 화질에 차이가 있는 것처럼, 음성 데이터는 **평균 비트 레이트**ABR; Average Bit Rate 에 따라 품질에 차이가 발생합니다. ABR은 디지털 미디어 파일의 인코딩과 관련된 개념입니다. 비디오나 오디오 파일을 압축할 때 자주 사용되는 방식이며, 인코딩된 파일의 전체 비트 레이트를 파일의 재생 시간으로 나눈 값입니다. 이는 파일이 초당 평균적으로 얼마나 많은 데이터를 전송하는지를 나타냅니다. 하나의 유튜브 영상에 여러 개의 음성 정보가 들어 있다면, 다양한 ABR의 음성 정보가 있는 것입니다.

**[유튜브 음성 정보 가져오기] 코드 셀 ①**

```
audio_streams = yt.streams.filter(type="audio").order_by("abr").desc()
for stream in audio_streams:
```

```
print(stream)
```

실행 결과는 다음과 같습니다. 예제 영상에 3개의 음성 정보가 있는 것을 확인할 수 있습니다.

**실행 결과**

```
<Stream: itag="251" mime_type="audio/webm" abr="160kbps" acodec="opus" progressive=
"False" type="audio">
<Stream: itag="140" mime_type="audio/mp4" abr="128kbps" acodec="mp4a.40.2" progressive
="False" type="audio">
<Stream: itag="139" mime_type="audio/mp4" abr="48kbps" acodec="mp4a.40.5" progressive
="False" type="audio">
```

3개의 음성 정보 중에서 가장 높은 ABR은 160kbps입니다. 위스퍼 모델을 이용해 3개의 음성 정보에 대한 음성 인식 작업을 수행하겠습니다.

음성의 품질이 높을수록 음성 인식률도 더 높아집니다. 3개의 음성 정보 중에서 가장 높은 ABR을 가지는 음성 데이터의 파일 타입은 webm입니다. 따라서, 이 음성 데이터를 webm 타입으로 저장합니다. 두 번째 코드 셀을 실행합니다.

**[유튜브 음성 정보 가져오기] 코드 셀 ②**

```
youtube_audio_path = f"{yt.title}.webm"
audio_streams[0].download(filename=youtube_audio_path)
```

[유튜브 음성 정보 가져오기] 코드 셀 ①에서 선언한 audio_streams 변수에는 ABR을 기준으로 내림차순으로 정렬된 음성 정보가 들어 있습니다. 정렬 순서를 확인해 보면 0번째 음성 정보가 가장 높은 ABR을 가지는 음성 정보입니다. 0번째 음성 정보를 download() 함수를 이용해 webm 확장자를 가지는 음성 파일로 저장합니다.

그 후 IPython.display의 Audio 클래스로 저장된 음성 파일을 확인해 봅시다. 세 번째 코드 셀을 실행합니다.

**[유튜브 음성 정보 가져오기] 코드 셀 ③**

```
Audio(youtube_audio_path)
```

실행 결과는 다음과 같이 구현됩니다.

**실행 결과**

음성 파일이 문제없이 작동하는 것을 확인했습니다. 이제 마지막으로 음성 정보를 위스퍼 모델을 활용해 텍스트로 변환해 보겠습니다. 앞의 절에서 사용했던 코드와 동일한 코드입니다. 네 번째 코드 셀을 실행합니다.

**[유튜브 음성 정보 가져오기] 코드 셀 ④**

```
result = model.transcribe(youtube_audio_path)
result["text"]
```

실행 결과는 다음과 같습니다.

**실행 결과**

세상에서 가장 아껴야 할 사람은 너 자신이다. 모든 일을 잘하려고 애쓰지 말 것. 어떤 삶을 살든 사랑만큼은 미루지 말 것. 마음대로 되지 않는 마음은 그냥 쉬게 둘 것. 너무 서두르지 말 것. 그리고 천천히 뜨겁게 살아갈 것. 딸에게 보내는 심리학 편지에서 만날 수 있습니다.

지금까지 위스퍼 모델을 이용해 음성 예제 파일을 인식하고 이를 텍스트로 구현하는 기능까지 실습해 보았습니다.

다음 절에서는 지금까지의 실습 결과를 바탕으로, 영상에서 얻은 음성 정보로부터 텍스트를 추출하고, 이를 기반으로 자막을 생성하는 애플리케이션을 실제로 구현해 보겠습니다.

## 4.6 애플리케이션 구현하기

지금까지의 실습 결과를 바탕으로 이번 절에서는 위스퍼 모델을 활용해 유튜브 영상 자막 생성 애플리케이션을 구현해 보겠습니다. 이 애플리케이션은 유튜브 영상에서 음성을 추출한 후에 이를 텍스트 파일로 변환하고, 변환한 텍스트 파일을 기반으로 자막을 생성합니다. 그 후 유튜브 영상과 자막을 결합한 영상을 사용자에게 출력합니다.

## 환경 설정하기

먼저 코랩 환경 설정부터 진행하겠습니다. 앞에서 다룬 내용과 거의 동일하므로, 차이가 있는 부분만 간략하게 설명하겠습니다.

### | 실습 환경 설정하기 |

1.5절 '실습 환경 설정하기' 과정을 참고해서 동일한 설정을 진행하고 예제 파일을 준비합니다. 이번에는 'speech_recognition/youtube_subtitle_generator_app.ipynb' 파일을 사용해서 실습을 진행합니다. 해당 파일의 예제 실행 첫 화면은 다음과 같습니다.

### | 기본 환경 설정하기 |

예제를 실습하기 위한 기본 환경 설정 또한 앞서 실습했던 내용과 거의 동일합니다.

먼저 애플리케이션이 작동하는 데 필요한 파이썬 패키지를 설치하고, 예제 이미지를 다운로드합니다. 예제 실행 첫 화면에서 [패키지 및 예제 데이터 다운로드하기]의 코드 셀을 실행합니다.

```
!wget https://raw.githubusercontent.com/mrsyee/dl_apps/main/speech_recognition/
requirements-colab.txt
!pip install -r requirements-colab.txt
```

이번 예제에서 사용할 패키지의 버전은 다음과 같습니다.

- openai-whisper: 20231117
- openai: 1.31.0
- pytube: 15.0.0
- gradio: 3.40.0

다음으로 [패키지 불러오기]의 코드 셀을 실행합니다. 이번 예제에서 사용할 패키지는 다음과 같습니다(4.5절에서 소개한 요소는 설명을 생략합니다).

**[패키지 불러오기] 코드 셀**

```
import os

import torch
import gradio as gr
from pytube import YouTube
from openai import OpenAI
import whisper
from whisper.utils import get_writer
```

- **os:** 파이썬 표준 라이브러리로, 환경 변수나 디렉터리, 파일 등의 OS 자원을 제어할 수 있게 해 주는 패키지입니다.
- **gradio:** 웹 기반의 GUI를 만들 수 있는 라이브러리입니다. 이 책의 모든 예제는 gradio를 활용해 UI를 구성합니다.

## 시나리오 최종 확인하기

환경 설정을 마쳤으니, 서비스를 구현하기에 앞서 유스케이스를 통해 구상했던 시나리오를 바탕으로, 구현해야 할 부분을 한 번 더 정리해 보겠습니다. 209쪽의 '유스케이스 작성하기'에 있는 유스케이스 시나리오와 함께 되새겨 보면 더욱 좋습니다.

① 자막 생성을 원하는 유튜브 영상의 링크를 애플리케이션에 입력합니다. 이를 위해 입력 UI를 구현합니다.

② 사용자가 [자막 생성!] 버튼을 클릭합니다. 위스퍼 API를 활용해 유튜브 영상의 음성을 텍스트화한 후, 이를 자막으로 구현합니다.

③ 애플리케이션에서 생성된 자막을 확인합니다.

  − 영상 플레이어에서 생성된 자막이 적용된 영상을 확인할 수 있습니다. 이를 위해 영상 확인 UI를 구현합니다.

④ [다운로드] 버튼을 클릭하면 자막 파일을 다운로드합니다. 이를 위해 자막 파일 다운로드 UI를 구현합니다.

## 애플리케이션 UI 구현하기

이번 예제에서는 유튜브 영상의 링크를 입력한 후 [자막 생성!] 버튼을 클릭하면 영상의 음성에 맞춰 생성한 자막 파일을 적용한 영상을 보여 주는 애플리케이션을 구현합니다. 이 시나리오를 수행하기 위해서는 먼저 유튜브 영상의 링크를 입력할 수 있는 텍스트 입력 UI가 필요합니다. gradio의 Textbox 컴포넌트로 이를 구현해 보겠습니다. 다음은 [애플리케이션 UI 구현하기] 첫 번째 코드 셀의 일부입니다.

**[애플리케이션 UI 구현하기] 코드 셀 ① 일부**

```
link = gr.Textbox(label="Youtube Link")
```

다음으로 자막 생성 작업을 요청할 수 있도록 [자막 생성!] 버튼을 구현합니다. Button 컴포넌트의 value 값에 "자막 생성!"이라는 이름을 넣어 줍니다.

**[애플리케이션 UI 구현하기] 코드 셀 ① 일부**

```
transcribe_btn = gr.Button(value="자막 생성!")
```

이어서 유튜브 영상을 보여 줄 UI가 필요합니다. 영상은 gradio의 Video 컴포넌트로 출력할 수 있습니다. 영상 파일을 Video 컴포넌트의 입력으로 넣으면 UI상에서 영상을 실행할 수 있습니다. Video 컴포넌트의 height 값을 적절히 조절해 영상의 크기를 결정합니다. 본 예제에 서는 height를 500으로 설정했습니다.

**[애플리케이션 UI 구현하기] 코드 셀 ① 일부**

```
output_video = gr.Video(label="Output", height=500)
```

**Note** height 값의 단위는 픽셀입니다.

마지막으로 입력한 유튜브 링크 영상의 음성 정보를 바탕으로 자막 파일을 생성합니다. 생성 된 자막은 영상에 자연스럽게 적용되어야 하지만, 그 이전에 파일 형태로 만들어져야 합니다. 다양한 자막 포맷 중에서 많이 사용되는 SRT 포맷의 파일로 만들어 보겠습니다. SRT 포맷에 대한 내용은 자막 파일을 다룰 때 자세히 설명할 예정입니다.

자막 파일도 결국 파일이므로, 파일을 다룰 수 있는 gradio의 File 컴포넌트를 추가합니다. 영상의 음성 정보를 통해 만든 자막 파일을 File 컴포넌트를 통해 저장할 수 있습니다. SRT 확장자의 파일을 다룰 예정이므로 file_types 옵션에 ".srt"를 넣어 주어야 합니다.

**[애플리케이션 UI 구현하기] 코드 셀 ① 일부**

```
subtile = gr.File(label="Subtitle", file_types=[".srt"])
```

이제 모든 UI 컴포넌트를 준비했습니다. UI상에서 깔끔하게 보일 수 있도록 gradio의 Column과 Row 컴포넌트를 활용해 정리한 코드는 다음과 같습니다. 첫 번째 코드 셀을 실행합 니다.

**[애플리케이션 UI 구현하기] 코드 셀 ①**

```
with gr.Blocks() as app:
    gr.Markdown("# Youtube 자막 생성기")

    with gr.Row():
        with gr.Column(scale=1):
            link = gr.Textbox(label="Youtube Link")
            subtile = gr.File(label="Subtitle", file_types=[".srt"])
            transcribe_btn = gr.Button(value="자막 생성!")
```

```
    with gr.Column(scale=4):
        output_video = gr.Video(label="Output", height=500)
```

launch( ) 함수로 UI를 실행시켜 결과물을 확인해 봅시다. 두 번째 코드 셀을 실행합니다.

**[애플리케이션 UI 구현하기] 코드 셀 ②**

```
app.launch(inline=False, share=True)
```

실행 결과는 다음과 같습니다.

**실행 결과**

```
Running on public URL: https://****************.gradio.live
```

UI에 접근할 수 있는 URL을 얻었습니다. 해당 URL로 접속해 유튜브 자막 생성 애플리케이션의 UI를 확인해 봅시다. 웹브라우저를 실행한 후 해당 URL을 입력해서 이동합니다. 유스케이스 시나리오대로 UI가 제대로 구현된 것을 확인할 수 있습니다.

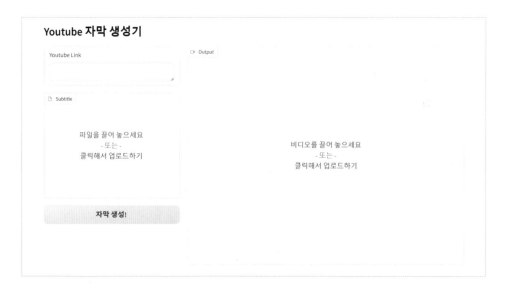

다만 아직 아무 기능도 추가하지 않았으므로 버튼을 눌러도 작동하지 않습니다. 이제 다음 예제를 위해 UI를 종료하고 예제 실행 첫 화면으로 돌아와 주세요. 세 번째 코드 셀을 실행합니다.

```
app.close()
```

실행 결과는 다음과 같습니다.

**실행 결과**

```
Closing server running on port: 7861
```

다음은 유튜브 영상 링크로부터 영상 정보를 가져오는 예제를 실행해 보겠습니다.

## 유튜브 링크에서 영상 가져오기

이번에는 pytube 라이브러리를 활용해 유튜브 링크로부터 영상 파일을 다운로드하고, UI상에서 영상을 실행해 보겠습니다.

4.5절에서 실습했던 것처럼 pytube 라이브러리의 YouTube 클래스를 사용하면 유튜브 링크로부터 유튜브 영상의 정보를 가져올 수 있습니다. 다음 코드를 입력하여 YouTube 클래스를 사용합니다.

[유튜브 링크에서 영상 가져오기]의 첫 번째 코드 셀을 실행합니다.

**[유튜브 링크에서 영상 가져오기] 코드 셀 ①**

```
youtube_link = "https://youtu.be/Or6zvOnSDXA"
yt = YouTube(youtube_link)
```

YouTube 객체는 유튜브 영상에 대한 다양한 정보를 가지고 있습니다. 이번에는 영상 정보를 가져와 보겠습니다. YouTube 객체의 streams 변수에는 영상, 음성 등의 스트리밍 정보가 들어 있습니다. 4.5절에서는 streams 변수에서 음성 정보를 가져오는 실습을 했고, 이번에는 영상 정보를 가져오겠습니다.

음성 정보를 가져올 때와 마찬가지로 filter( ) 함수를 사용해 영상 정보를 가져옵니다. 이를 위해 type을 video로 설정하고, file_extention을 mp4로 설정합니다. streams에는 하나의 영상 정보가 아니라 여러 개의 영상 정보가 들어 있습니다.

음성 정보를 ABR 순서로 정렬한 것처럼 영상 정보도 해상도가 높은 순으로 정렬해 보겠습니다. 두 번째 코드 셀을 실행합니다.

**[유튜브 링크에서 영상 가져오기] 코드 셀 ②**

```
streams = yt.streams.filter(progressive=True, file_extension="mp4", type="video").
order_by("resolution").desc()
for stream in streams:
    print(stream)
```

실행 결과는 다음과 같습니다.

**실행 결과**

```
<Stream: itag="22" mime_type="video/mp4" res="720p" fps="30fps" vcodec="avc1.64001F"
acodec="mp4a.40.2" progressive="True" type="video">
<Stream: itag="18" mime_type="video/mp4" res="360p" fps="30fps" vcodec="avc1.42001E"
acodec="mp4a.40.2" progressive="True" type="video">
```

예제로 사용중인 유튜브 링크에는 해상도 순으로 720p와 360p의 2개의 영상 정보가 있습니다. 이 중에서 720p 해상도의 영상을 영상 파일로 저장해 보겠습니다. 파일 경로를 지정하고 download( ) 함수를 이용해 저장할 수 있습니다. 세 번째 코드 셀을 실행합니다.

**[유튜브 링크에서 영상 가져오기] 코드 셀 ③**

```
youtube_video_path = "video_from_youtube.mp4"
streams[0].download(filename=youtube_video_path)
```

저장된 영상을 코랩에서 확인해 봅시다. 코랩 환경에서 저장된 유튜브 영상을 확인하기 위해 네 번째 코드 셀을 실행합니다.

**[유튜브 링크에서 영상 가져오기] 코드 셀 ④**

```
from IPython.display import HTML
from base64 import b64encode

with open(youtube_video_path,"rb") as f: ··· (1)
    video = f.read()
```

```
    data_url = "data:video/mp4;base64," + b64encode(video).decode()

HTML(f"""  … (2)
<video width=400 controls>
    <source src="{data_url}" type="video/mp4">
</video>
""")
```

코드를 살펴보면, **(1)** 저장된 영상 파일을 읽은 후 **(2)** HTML을 이용해 영상을 코랩 결과 셀에 보여 주는 코드임을 알 수 있습니다. 실행 결과는 다음과 같습니다.

실행 결과의 영상을 실행해 보면 저장된 영상이 잘 실행되는 것을 확인할 수 있습니다.

이제 이전 셀에서 나눠서 실행했던 유튜브 영상을 파일로 저장하는 코드를 get_video( )라는 함수로 새로 구현해 봅시다. 로직은 위에서 실행했던 것과 동일합니다. 다섯 번째 코드 셀을 실행합니다.

**[유튜브 링크에서 영상 가져오기] 코드 셀 ⑤**

```
def get_video(link: str):
    video_file_name = "video_from_youtube.mp4"
    yt = YouTube(link)
```

```
    # Extract video
    streams = yt.streams.filter(progressive=True, file_extension="mp4", type=
"video").order_by("resolution").desc()
    streams[0].download(filename=video_file_name)

    return video_file_name
```

여기에 더해 이전 절에서 만들었던 UI 코드에서 [자막 생성!] 버튼을 누르면 get_video() 함수가 동작하도록 구현합니다. 현재 이 함수는 자막을 생성하기 전에 링크 영상을 가져와 보여주는 역할을 합니다. 여섯 번째 코드 셀을 실행합니다.

**[유튜브 링크에서 영상 가져오기] 코드 셀 ⑥**

```
with gr.Blocks() as app:
    gr.Markdown("# Youtube 자막 생성기")

    with gr.Row():
        with gr.Column(scale=1):
            link = gr.Textbox(label="Youtube Link")
            subtile = gr.File(label="Subtitle", file_types=[".srt"])
            transcribe_btn = gr.Button(value="자막 생성!")

        with gr.Column(scale=4):
            output_video = gr.Video(label="Output", height=500)

    transcribe_btn.click(get_video, [link], [output_video])
```

이제 UI상에서 동작을 확인해 보겠습니다. 일곱 번째 코드 셀을 실행합니다.

**[유튜브 링크에서 영상 가져오기] 코드 셀 ⑦**

```
app.launch(inline=False, share=True)
```

실행 결과는 다음과 같습니다.

**실행 결과**

```
Running on public URL: https://****************.gradio.live
```

UI에 접근할 수 있는 URL을 얻었습니다. 해당 URL에 접속해 UI를 확인하면 다음과 같습니다.

이제 UI상에서 원하는 유튜브 URL을 입력한 후 [자막 생성!] 버튼을 클릭하면 영상이 UI상에 나타나는 모습을 확인할 수 있습니다.

영상을 실행해 보면 유튜브 영상의 정보를 잘 가져온다는 것을 확인할 수 있습니다. 이제 [자막 생성!]이라는 버튼 이름에 걸맞게 음성 정보로부터 자막을 생성하는 기능을 구현할 차례입니다. 음성 정보를 가져와 자막 파일을 생성하는 과정을 먼저 구현해 보겠습니다.

여기서 잠깐
## 영상 스트리밍 방식: 진행형 vs 적응형

영상 스트림 정보를 가져오는 예제의 코드를 살펴보면, progressive=True라는 코드를 사용하고 있는 것을 볼 수 있습니다. progressive는 영상 스트리밍 방식 중 하나입니다.

영상 스트리밍은 인터넷을 통해 실시간으로 영상을 전송하고 재생하는 기술입니다. 영상 스트리밍 방식은 2가지 방식이 있습니다. 바로 **진행형**Progressive 방식과 **적응형**Adaptive 방식의 2가지입니다.

진행형 스트리밍은 영상을 시작부터 끝까지 순차적으로 전송합니다. 이 방식은 사용자가 영상의 일부를 다운로드해야 해당 부분부터 재생할 수 있습니다. 즉, 진행형 스트리밍은 전체 동영상을 순차적으로 전송하기 때문에 동영상의 중간 부분을 보려면 해당 부분의 데이터가 전부 다운로드될 때까지 기다려야 합니다. 이 때문에 네트워크 상황에 따라 버퍼링이 발생하기도 합니다.

반면 적응형 스트리밍은 사용자의 네트워크 상태와 장치의 성능을 실시간으로 감지하여, 가장 최적화된 품질의 영상을 전송하는 방식입니다. 네트워크의 상태가 좋아지면 높은 품질의 영상을, 나빠지면 낮은 품질의 영상을 전송합니다.

예를 들어 스마트폰에서 유튜브로 영화를 감상하는 중인데, 사용자가 외출하면서 LTE 네트워크로 전환되는 상황을 가정해 봅시다. 이때, 적응형 스트리밍 방식이라면 이를 감지하고 영상의 해상도를 낮춰서 버퍼링 없이 계속 재생될 수 있도록 합니다.

다음은 두 방식의 특징을 비교한 표입니다.

| | 진행형(Progressive) | 적응형(Adaptive) |
|---|---|---|
| **특징** | 영상을 순차적으로 전송 | 상황에 맞게 최적화된 품질로 영상 전송 |
| **영상 품질** | 네트워크 상황과 관계없이 보장 | 네트워크 상황에 따라 낮아질 수 있음 |
| **버퍼링** | 네트워크 상황에 따라 자주 발생할 수 있음 | 네트워크 상황에 맞게 품질을 조절하여 최소화 |

# Writer 클래스를 활용해 SRT 자막 파일 만들기 - 라이브러리 활용

음성 정보를 가져와 위스퍼 모델로 음성을 인식한 뒤, 이를 자막 파일로 만들어 보겠습니다. 앞에서 pytube의 YouTube 객체를 이용해 음성 정보를 가져와 텍스트로 인식까지 해 보았습니다. 이 작업을 다시 한번 실습해 봅시다.

먼저 사전 학습 위스퍼 모델을 라이브러리를 활용해 불러옵니다. 예제 실행 첫 화면에서 [Writer 클래스를 활용해 SRT 자막 파일 만들기 – 라이브러리 활용]의 첫 번째 코드 셀을 실행합니다.

**[Writer 클래스를 활용해 SRT 자막 파일 만들기 – 라이브러리 활용] 코드 셀 ①**

```
model = whisper.load_model("large")
```

그리고 유튜브 링크 영상의 음성 정보를 파일로 저장하는 과정을 수행합니다. 두 번째 코드 셀을 실행합니다.

**[Writer 클래스를 활용해 SRT 자막 파일 만들기 – 라이브러리 활용] 코드 셀 ②**

```
audio_file_name = "audio_from_youtube.webm"

audio_streams = yt.streams.filter(type="audio").order_by("abr").desc()
audio_streams[0].download(filename=audio_file_name)
```

다음으로 위스퍼 모델로 추론을 수행합니다. 음성 파일을 위스퍼 모델의 입력값으로 주면 인식한 텍스트 결과를 포함한 다양한 정보를 반환합니다. 세 번째 코드 셀을 실행합니다.

**[Writer 클래스를 활용해 SRT 자막 파일 만들기 – 라이브러리 활용] 코드 셀 ③**

```
transcript = model.transcribe(audio_file_name)
```

위스퍼 모델의 추론 결과를 확인해 봅시다. 네 번째 코드 셀을 실행합니다.

**[Writer 클래스를 활용해 SRT 자막 파일 만들기 – 라이브러리 활용] 코드 셀 ④**

```
transcript
```

실행 결과는 다음과 같습니다.

**실행 결과**

```
    'text': ' 세상에서 가장 아껴야 할 사람은 너 자신이다. ~ 중략 ~',
    'segments': [
        {
            'id': 0,
            'seek': 0,
            'start': 0.0,
            'end': 6.0,
            'text': ' 세상에서 가장 아껴야 할 사람은 너 자신이다.',
                'tokens': [50364, 37990, 4885, 20283, 2216, 11219, 1041, 6612, 8981,
    12211, 2124, 12963, 31505, 22158, 13, 50664],
            'temperature': 0.0,
            'avg_logprob': -0.19239466377858366,
            'compression_ratio': 1.3943661971830985,
            'no_speech_prob': 0.42548009753227234
        },
        ...
    }
```

위스퍼 모델이 음성으로부터 인식한 결과물인 텍스트 정보를 포함하여 다양한 정보를 출력한 것을 확인할 수 있습니다. 이 중에서 자막을 만들기 위해 주목해야 할 정보는 **세그먼트**<sup>Segments</sup> 정보입니다.

세그먼트 정보는 음성을 특정 구간으로 나눈 정보를 담고 있습니다. 이 구간은 기본적으로 발화된 문장의 단위로 구분됩니다. 예를 들어, 앞의 실행 결과를 보면 첫 번째 세그먼트 정보는 start인 0초부터 6초까지 발화된 문장인 "세상에서 가장 아껴야 할 사람은 너 자신이다"라는 문장입니다.

이처럼 세그먼트 정보에는 음성이 발화된 시간의 구간 정보와 함께 이 구간에서 발화된 텍스트 정보가 들어 있습니다. 시간의 구간 정보와 텍스트 정보를 활용하면 이번 예제에서 목표로 하는 싶은 자막 파일을 만들 수 있습니다.

자막 파일 포맷은 여러 가지가 있지만 본 예제에서는 많이 사용되는 SRT 포맷으로 만듭니다. SRT 포맷은 4.2절 '알아야 할 기술 키워드'에서 다룬 이번 장의 주요 개념 중 하나입니다.

위스퍼 모델이 출력한 결과물을 SRT 포맷의 파일로 만들어 보겠습니다. 4.2절 '알아야 할 기술 키워드'에서 설명한 것처럼 SRT 포맷은 자막의 번호, 시간, 자막 텍스트 정보가 필요합니다. 이 정보들은 위스퍼의 결과물인 세그먼트의 번호, 시간, 텍스트 정보를 활용합니다.

SRT 포맷에 매칭되는 정보가 있다면 추론 결과물을 SRT 포맷으로 구현하는 코드를 만들 수 있습니다. 위스퍼 라이브러리는 위스퍼 모델의 추론 결과물을 SRT 포맷으로 변경할 수 있는 Writer 클래스를 제공합니다. 해당 클래스를 사용해 위스퍼 모델의 추론 결과물을 SRT 파일로 구현합니다. 다섯 번째 코드 셀을 실행합니다.

**[Writer 클래스를 활용해 SRT 자막 파일 만들기 – 라이브러리 활용] 코드 셀 ⑤**

```
srt_writer = get_writer(output_format="srt", output_dir=".")
srt_writer(transcript, audio_file_name)
```

위스퍼 라이브러리에서 get_writer( ) 함수를 사용하면 SRT 포맷을 구현하는 Writer 객체를 만들 수 있습니다. Writer 객체는 추론 결과 중 세그먼트의 번호, 시간 텍스트 정보를 SRT 포맷에 맞게 변경해 줍니다. 그 후 원하는 경로에 SRT 포맷의 파일로 저장합니다. 본 예제에서는 'audio_from_youtube.srt'라는 파일명으로 저장됩니다. 여섯 번째 코드 셀을 실행하여 SRT 파일을 확인해 봅시다.

**[Writer 클래스를 활용해 SRT 자막 파일 만들기 - 라이브러리 활용] 코드 셀 ⑥**

```
!cat audio_from_youtube.srt
```

실행 결과는 다음과 같습니다.

**실행 결과**

```
1
00:00:00,000 --> 00:00:06,000
세상에서 가장 아껴야 할 사람은 너 자신이다.

2
00:00:06,000 --> 00:00:10,000
모든 일을 잘하려고 애쓰지 말 것.
```

```
...

7
00:00:28,000 --> 00:00:33,000
딸에게 보내는 심리학 편지에서 만날 수 있습니다.
```

SRT 결과를 SRT 변환 전의 위스퍼 모델의 추론 결과와 비교해 보기 바랍니다.

추가로, 다음 예제를 실행하기 전에 코랩의 GPU 메모리 자원이 모자라는 상황을 방지하기 위해 기존에 생성한 위스퍼 모델을 삭제하겠습니다. 일곱 번째 코드 셀을 실행합니다.

**[Writer 클래스를 활용해 SRT 자막 파일 만들기 - 라이브러리 활용] 코드 셀 ⑦**

```
del model
torch.cuda.empty_cache()
```

이번 예제에서 생성한 위스퍼 모델 객체를 제거하고 torch 라이브러리의 GPU 캐시를 비우는 동작이 실행됩니다.

## Writer 클래스를 활용해 SRT 자막 파일 만들기 - API 활용

이번엔 위스퍼 모델 API를 활용해 SRT 자막 파일을 만들어 봅시다. 전반적인 과정은 라이브러리를 활용하는 방법과 크게 다르지 않습니다.

먼저, API 키를 환경 변수로 설정합니다. [Writer 클래스를 활용해 SRT 자막 파일 만들기 – API 활용]의 첫 번째 코드 셀에 있는 "<OPENAI_API_KEY>"의 따옴표 안에 앞서 발급받은 API 키를 복사해서 넣고 해당 코드 셀을 실행합니다.

**[Writer 클래스를 활용해 SRT 자막 파일 만들기 – API 활용] 코드 셀 ①**

```
os.environ["OPENAI_API_KEY"] = "<OPENAI_API_KEY>"
```

Note 예제 코드에 API 키를 입력한 후 공개된 저장소에 백업하지 않도록 주의합시다. API 키는 유출되지 않도록 각별히 신경 써야 합니다.

다음으로 앞서 실습했던 예제와 마찬가지로 OpenAI 클래스를 이용해 client 객체를 만듭니다. 모델도 마찬가지로 whisper-1을 사용하도록 설정해 줍니다. 두 번째 코드 셀을 실행합니다.

**[Writer 클래스를 활용해 SRT 자막 파일 만들기 – API 활용] 코드 셀 ②**

```
client = OpenAI(api_key=os.environ["OPENAI_API_KEY"])
model_name = "whisper-1"
```

다음으로 오디오 파일을 위스퍼 API에게 보내고 응답을 요청합니다. 이때 response_format을 verbose_json으로 설정해야 합니다. 그 이유는 위스퍼가 만든 정보 중에서 세그먼트 정보를 얻기 위해서입니다.

이전 예제에서 실습했듯이 자막 파일을 만들기 위해서는 음성을 특정 구간으로 나눈 세그먼트 정보가 꼭 필요합니다. API를 사용할 때 response_format을 verbose_json으로 설정하면 세그먼트 정보를 포함한 위스퍼 모델의 추론 결과물을 얻을 수 있습니다. 세 번째 코드 셀을 실행합니다.

**[Writer 클래스를 활용해 SRT 자막 파일 만들기 – API 활용] 코드 셀 ③**

```
with open(audio_file_name, "rb") as audio_file:
    transcription = client.audio.transcriptions.create(
        model=model_name,
        file=audio_file,
        response_format="verbose_json"
    )
```

4.5절의 예제에서와 마찬가지로 OpenAI 객체를 활용해 위스퍼 API에게 오디오 파일 요청을 보낼 수 있습니다. 위스퍼 API의 추론 결과를 확인해 봅시다. 네 번째 코드 셀을 실행합니다.

**[Writer 클래스를 활용해 SRT 자막 파일 만들기 – API 활용] 코드 셀 ④**

```
print(transcription.model_dump_json(indent=2))
```

실행 결과는 다음과 같습니다.

**실행 결과**

```
{
  "text": "세상에서 가장 아껴야 할 사람은 너 자신이다. ~ 중략 ~ ",
  "task": "transcribe",
  "language": "korean",
  "duration": 36.72999954223633,
  "segments": [
    {
      "id": 0,
      "seek": 0,
      "start": 0.0,
      "end": 6.0,
      "text": " 세상에서 가장 아껴야 할 사람은 너 자신이다.",
      "tokens": [
        50364,
        37990,
        4885,
        20283,
        2216,
        11219,
        1041,
        6612,
        8981,
        6606,
        22855,
        2124,
        12963,
        31505,
        22158,
        13,
        50664
      ],
      "temperature": 0.0,
      "avg_logprob": -0.20034721493721008,
      "compression_ratio": 1.3943661451339722,
      "no_speech_prob": 0.42929694056510925
    },
    ... 중략 ...
  ]
}
```

결과를 확인해 보면 음성 인식된 텍스트 정보와 함께 언어, 길이, 세그먼트 정보가 함께 나온 것을 확인할 수 있습니다. 라이브러리를 활용했을 때 추론했던 결과와 비교해 보세요.

이제 segments 정보를 활용해 자막 파일을 만들 수 있습니다. 이전 예제와 마찬가지로 get_writer() 함수를 이용해 SRT 포맷의 자막 파일을 만들어 봅시다. 다섯 번째 코드 셀을 실행합니다.

**[Writer 클래스를 활용해 SRT 자막 파일 만들기 – API 활용] 코드 셀 ⑤**

```
srt_writer = get_writer(output_format="srt", output_dir=".")
srt_writer(dict(transcription), audio_file_name)
```

코드를 실행하면 'audio_from_youtube.srt'라는 파일 이름으로 변환된 자막 파일이 저장되었을 것입니다. 해당 파일을 확인하기 위해 여섯 번째 코드 셀을 실행합니다.

**[Writer 클래스를 활용해 SRT 자막 파일 만들기 – API 활용] 코드 셀 ⑥**

```
!cat audio_from_youtube.srt
```

실행 결과는 다음과 같습니다. 결과를 확인해 보면 라이브러리로 생성했던 결과와 동일한 것을 확인할 수 있습니다.

**실행 결과**

```
1
00:00:00,000 --> 00:00:06,000
세상에서 가장 아껴야 할 사람은 너 자신이다.
2
00:00:06,000 --> 00:00:10,000
모든 일을 잘하려고 애쓰지 말 것.

...

7
00:00:28,000 --> 00:00:33,000
딸에게 보내는 심리학 편지에서 만날 수 있습니다.
```

이번 예제에서는 위스퍼 모델 API를 활용해서 라이브러리를 활용하는 것과 동일하게 음성 인식 작업과 자막 생성 작업을 구현해 보았습니다. 결과는 같지만, 라이브러리와 API는 각각의 장단점이 있으므로 상황에 맞게 선택해서 사용하기를 바랍니다.

다음 실습부터는 라이브러리 방식만 구현하고 API 방식은 생략할 예정입니다. 마지막까지 잘 따라와 주세요.

## 위스퍼 추론기 구현하기

이제 위스퍼 모델과 pytube 라이브러리를 모두 활용해 자동으로 유튜브 영상의 자막을 생성하는 애플리케이션을 구현해 봅시다.

먼저 위스퍼 모델 추론기부터 구현합니다. 위스퍼 모델 추론기는 음성 파일을 인식하여 텍스트로 변환하고, 변환된 텍스트를 SRT 포맷의 자막 파일로 생성합니다. [위스퍼 추론기 구현하기]의 첫 번째 코드 셀을 실행합니다.

**[위스퍼 추론기 구현하기] 코드 셀 ①**

```python
class WhisperInferencer:
    def __init__(self):
        self.model = whisper.load_model("large")
        self.srt_writer = get_writer(output_format="srt", output_dir=".")

    def inference(self, audio_file_path: str) -> str:
        transcript = self.model.transcribe(audio_file_path)
        self.srt_writer(transcript, audio_file_path)

        filename = os.path.basename(audio_file_path)
        filename = filename.split(".")[0]

        return f"{filename}.srt"

whipser_inferencer = WhisperInferencer()
```

코드를 통해 위스퍼 모델의 추론기 클래스인 WhisperInferencer를 구현했습니다. WhisperInferencer 클래스는 객체를 생성할 때 사전 학습 위스퍼 모델과 SRT 자막 파일을 만들기 위한 Writer 객체를 생성합니다. inference( ) 함수는 오디오 파일을 입력으로 받으면 음성 정보를 텍스트로 변경한 후 SRT 자막 파일로 저장하고 경로를 반환합니다.

다음으로 pytube 라이브러리와 위스퍼 모델 추론기를 활용해 유튜브 영상 링크로부터 자막 파일을 만드는 함수인 transcribe( ) 함수를 구현합니다. 두 번째 코드 셀을 실행합니다.

**[위스퍼 추론기 구현하기] 코드 셀 ②**

```python
def transcribe(link: str):
    video_file_name = "video_from_youtube.mp4"
    audio_file_name = "audio_from_youtube.webm"
    yt = YouTube(link)

    # Extract video
    streams = yt.streams.filter(progressive=True, file_extension="mp4", type= "video").
order_by("resolution").desc()
    streams[0].download(filename=video_file_name)

    # Extract audio
    audio_streams = yt.streams.filter(type="audio").order_by("abr").desc()
    audio_streams[0].download(filename=audio_file_name)

    transcript_file = whipser_inferencer.inference(audio_file_name)
    return transcript_file, [video_file_name, transcript_file]
```

transcribe( ) 함수는 입력받은 유튜브 링크로부터 영상과 음성 정보를 얻습니다. 영상과 음성 정보는 가장 높은 품질의 정보를 사용합니다. 그중에서 음성 정보를 기반으로 위스퍼 모델 추론기의 inference( ) 함수를 사용해 자막 파일을 생성하고 자막 파일의 경로를 얻습니다. 그 후 자막 파일의 경로와 영상 파일의 경로를 반환합니다.

마지막으로 UI 코드에 transcribe( ) 함수 기능을 결합하여 [자막 생성!] 버튼을 클릭했을 때 자막 생성 기능이 작동하도록 구현해 봅시다. 세 번째 코드 셀을 실행합니다.

**[위스퍼 추론기 구현하기] 코드 셀 ③**

```python
with gr.Blocks() as app:
    gr.Markdown("# Youtube 자막 생성기")
```

```
with gr.Row():
    with gr.Column(scale=1):
        link = gr.Textbox(label="Youtube Link")
        subtitle = gr.File(label="Subtitle", file_types=[".srt"])
        transcribe_btn = gr.Button(value="자막 생성!")

    with gr.Column(scale=4):
        output_video = gr.Video(label="Output", height=500)

transcribe_btn.click(transcribe, [link], [subtile, output_video])
```

미리 만들어둔 gradio UI 코드에 버튼 기능을 추가합니다. 그리고 [자막 생성!] 버튼의 클릭 이벤트 함수에 transcribe( ) 함수를 설정합니다.

함수의 입력은 유튜브 링크가 들어간 텍스트 박스 컴포넌트의 값이며, 출력은 파일 컴포넌트와 비디오 컴포넌트에 적용되도록 설정합니다. 만들어진 자막 파일은 파일 컴포넌트를 통해 UI에서 보이며, 자막 파일이 적용된 영상은 비디오 컴포넌트에서 보입니다.

이제 완성된 애플리케이션을 실행해 보겠습니다. 네 번째 코드 셀을 실행합니다.

**[위스퍼 추론기 구현하기] 코드 셀 ④**

```
app.launch(inline=False, share=True)
```

실행 결과는 다음과 같습니다.

**실행 결과**

```
Running on public URL: https://****************.gradio.live
```

생성된 URL링크에 접속해서 애플리케이션의 작동을 확인해 봅시다. 링크에 접속한 첫 화면은 다음과 같습니다.

[유튜브 링크(Youtube Link)] 입력란에 예제 유튜브 링크를 입력하고, [자막 생성!] 버튼을 클릭합니다.

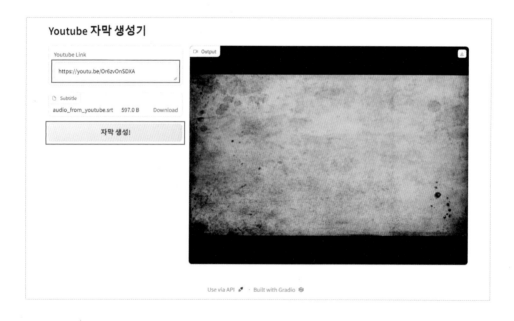

잠깐의 로딩 시간이 지난 후에 자막 파일과 자막이 적용된 영상을 UI에서 확인할 수 있습니다. 영상을 실행해 자막이 잘 적용되었는지 확인해 봅시다. 실행해 보면 음성 속도에 맞춰 자막이 잘 적용되는 것을 확인할 수 있습니다.

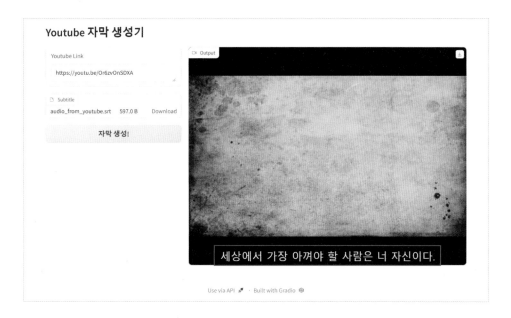

마지막으로 자막 파일을 다운로드해 봅시다. 좌측의 [Subtitle] – [Download]를 클릭합니다.

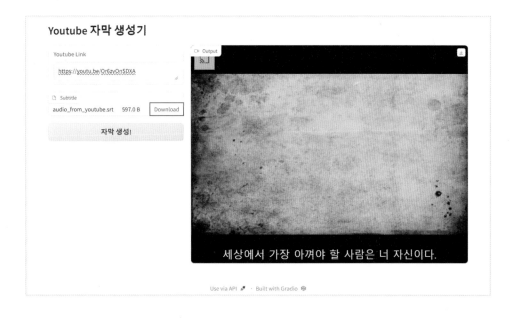

새 창이 열리며, 파일의 내용을 통해 SRT 포맷의 자막 파일이 잘 만들어진 것을 확인할 수 있습니다.

```
1
00:00:00,000 --> 00:00:05,460
세상에서 가장 아껴야 할 사람은 너 자신이다.

2
00:00:06,700 --> 00:00:09,160
모든 일을 잘하려고 애쓰지 말 것.

3
00:00:10,780 --> 00:00:14,720
어떤 삶을 살든 사랑만큼은 미루지 말 것.

4
00:00:16,560 --> 00:00:20,140
마음대로 되지 않는 마음은 그냥 쉬게 둘 것.

5
00:00:21,920 --> 00:00:23,260
너무 서두르지 말 것.

6
00:00:23,260 --> 00:00:27,320
그리고 천천히 뜨겁게 살아갈 것.

7
00:00:27,320 --> 00:00:32,280
딸에게 보내는 심리학 편지에서 만날 수 있습니다.
```

이제 애플리케이션에서 다양한 유튜브 영상 링크들을 입력하여 테스트를 더 진행해 봅시다. 영상의 길이에 따라서 자막이 만들어지는 데 시간이 다소 소요될 수도 있습니다.

## 4장에서는

- 음성 인식의 개념을 이해하고, 활용 사례 및 서비스의 시장성을 살펴보았습니다.
- 유튜브 영상 자막 생성 애플리케이션의 시나리오를 정의하고, 이를 충족시키는 유스케이스를 설계했습니다.
- 애플리케이션의 기능에 맞는 음성 인식 모델인 위스퍼에 대해 이해하고, 라이브러리와 API의 2가지 방법으로 제공된 사전 학습 위스퍼 모델을 사용하는 방법을 학습했습니다.
- 라이브러리를 활용해 유튜브 영상 정보를 가져오고 사전 학습된 위스퍼 모델로 자막을 생성해 주는 유튜브 영상 자막 생성 애플리케이션을 구현했습니다. 이를 통해 AI 모델과 라이브러리의 기능을 조합하여 원하는 기능을 수행하는 애플리케이션 개발 방법을 익혔습니다.

간단한 스케치를 고품질 이미지로 만들어 주는
# 이미지 생성 서비스

이번 장에서는 다섯 번째 AI 서비스로 이미지 생성 Generate Image 기술과 관련된 서비스를 다뤄 보겠습니다. 먼저 다양한 입력값을 바탕으로 새로운 이미지를 구현하는 이미지 생성 기술의 개념을 설명하고, 해당 기술의 시장성과 전망, 활용 사례를 차례로 소개합니다. 그리고 이미지 생성 기술을 활용한 스케치 투 이미지 애플리케이션 서비스 관련 기술 키워드를 배운 뒤, 유스케이스를 작성하고 완성도 높은 이미지를 생성하는 스케치 투 이미지 애플리케이션의 구현으로 나아가 보겠습니다.

- 이미지 생성의 개념을 이해하고, 활용 사례 및 서비스의 시장성을 살펴봅니다.
- 이미지 생성 기술을 활용한 서비스 구현 예제로 스케치 투 이미지 애플리케이션을 기획합니다.
- 최신 이미지 생성 모델의 이론적 배경을 학습하고, 사전 학습 이미지 생성 모델을 활용하는 방법을 알아봅니다.
- 공개된 오픈소스 이미지 생성 모델을 탐색하고, 원하는 그림체의 모델을 선택할 수 있는 스케치 투 이미지 생성 애플리케이션을 구현합니다.

## 5.1 이미지 생성 개념과 사례

5장에서는 이미지 생성 기술을 활용해 사람이 스케치한 그림을 바탕으로 AI가 고품질의 이미지를 생성해 주는 AI 서비스를 구현합니다. 먼저 이미지 생성 기술의 개념을 배워 보고, 기술을 활용한 사례를 살펴보겠습니다.

### 개념 이해

'미술 등의 예술 분야를 AI가 구현할 수 있을 것인가?'에 대한 논의는 이미 오래전부터 여러 사람들 사이에서 이어져 왔습니다. 불과 10년 전만 해도 이것이 어려우리라는 부정적인 의견이 많았지만, 오늘날의 AI는 사람의 그림체를 따라 하는 수준을 넘어서 사진과 같은 실사 이미지를 스스로 구현하는 수준까지 도달했습니다.

이미지 생성 Image generation 기술은 컴퓨터가 스스로 독창적이면서도 현실적인 새로운 이미지를 생성하는 기술입니다. 이 기술의 핵심은 신경망을 활용한 딥러닝 기술인 만큼, 현시점에서 이미지 생성 기술은 곧 '이미지 생성 AI'라고 표현할 수 있습니다.

이미지를 생성할 때는 다양한 입력값을 활용해 원하는 이미지를 생성할 수 있습니다. 입력값으로는 생성할 이미지를 대표하는 키워드나 이미지를 설명하는 문장처럼 텍스트가 가장 많이 쓰이며, 스케치 형태로 밑그림을 그려 주거나 유사한 다른 이미지를 입력하는 것처럼 이미지 정보를 입력값으로 활용하기도 합니다.

예를 들어, 이미지 생성 AI에 '고양이'라는 특정 키워드를 입력하면 AI가 고양이와 관련된 이미지를 생성해 줍니다. 나아가서는 현실에 존재하지 않는 이미지 키워드를 입력해도 사람이 이해할 수 있는 수준의 이미지를 만들어 줍니다. '말을 타고 있는 우주비행사'라는 프롬프트를 입력해도 사람이 이를 상상해서 그림으로 그리는 것처럼 AI가 이미지를 생성해 주는 것입니다.

즉, 단순히 학습된 이미지 데이터 중 하나를 재생성하는 것이 아니라 인지적인 부분을 고려하여 이미지를 생성한다는 점이 이미지 생성 AI의 놀라운 점입니다.

또한, 이미지 생성 기술은 단순히 새로운 이미지를 만드는 것뿐만 아니라 기존 이미지의 스타일과 분위기를 바꾸어 재생산할 수도 있습니다. 예를 들어, 일반 사진을 명화 스타일로 변환하거나, 낮을 배경으로 한 사진을 밤의 풍경으로 변환하는 등의 작업이 가능합니다.

이러한 이미지 생성과 변환 기술은 이미지 편집에서도 유용하게 사용됩니다. 이미지 내에서 특정한 물체를 지정해 기존 이미지의 분위기를 해치지 않는 선에서 다른 물체로 변경할 수 있으며, 인물 사진에서 사람의 얼굴만 다른 사람의 얼굴로 변경하거나 반대로 사람은 그대로 둔 채로 입고 있는 옷을 다른 옷으로 변경할 수도 있습니다.

이렇듯 이미지 생성 기술은 여러 목적으로 다양하게 활용될 수 있습니다. 다음 절에서 구체적인 사례를 더 알아보겠습니다.


## 활용 사례

이미지 생성 기술은 단순히 기존 이미지를 바탕으로 새로운 이미지를 생성하는 수준을 넘어서 사용자가 원하는 바를 텍스트 등으로 입력하면 AI가 해당 내용을 분석해 기존에 없던 이미지를 새롭게 구현해 주는 수준에까지 이르렀습니다.

이미지 생성 기술에 대한 개념을 알아보았으니 이제는 시장성과 전망을 살펴보고, 현재 상용화된 이미지 생성 서비스 활용 사례를 소개하겠습니다.

전 세계 이미지 생성 기술 시장 규모는 2024년 기준 약 67억 달러로 평가되었으며, 2030년 기준 약 216억 달러에 이를 것으로 예상됩니다. 이는 연평균 성장률 약 21.54%로 매우 높은 수준입니다.

이미지 생성 기술은 미디어와 엔터테인먼트, 전자상거래, 패션, 소셜 미디어 등 여러 산업에서 시각 효과, 제품 시각화, 가상 시뮬레이션 등 다양한 용도로 사용되고 있습니다. 다양한 이미지 생성 기술 서비스 중에서 상용화된 서비스를 선정해 3가지 사례를 소개하겠습니다.

## | 이미지 생성 서비스 |

이미지 생성 서비스 중 하나인 레오나르도 AI Leonardo AI는 이미지 생성 모델을 기반으로 다양한 스타일의 이미지 생성 기능을 제공하는 AI 서비스입니다. 자체적으로 학습한 애니메이션, 컨셉 아트, 실사 이미지 등 여러 스타일의 모델을 통해 사용자가 원하는 이미지를 구현해 낼 수 있다는 점이 레오나르도 AI의 큰 특징입니다.

레오나르도 AI는 기본적으로 텍스트 설명을 기반으로 이미지를 생성할 수 있는 텍스트 투 이미지 기능을 제공합니다. 예를 들어, 앞에서 예로 들었던 것처럼 '말을 타고 있는 우주비행사'라는 텍스트를 입력하면 이를 기반으로 이미지를 생성해 낼 수 있습니다.

특히 레오나르도 AI는 텍스트 투 이미지뿐만 아니라 가이드 이미지를 입력하면 이미지를 생성해 주는 이미지 투 이미지 서비스나 이미지의 특정 부분만 새로 생성하는 인페인트 Inpaint 기능 또한 제공합니다. 단순한 이미지 생성뿐만 아니라 캐릭터 생성, 게임 개발용 이미지 생성, 그래픽 디자인 등 목적에 맞는 이미지 생성 기능도 함께 서비스하고 있습니다.

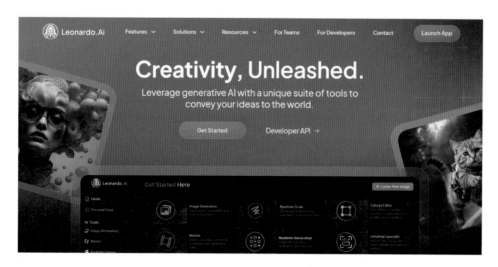

## | 기존 이미지 기반 새 이미지 생성 서비스 |

물론 기존 이미지를 바탕으로 새로운 이미지를 구현하는 것도 가능합니다. 예를 들어, 사진 보정 애플리케이션 중에서 AI 프로필 사진 생성 서비스를 제공하는 경우가 있습니다.

사용자가 인물 사진(기존 이미지)을 업로드한 후 AI 프로필 기능을 이용하면, 애플리케이션이 해당 사진을 분석해서 원하는 콘셉트와 보정 등을 자동으로 진행해 수정한 프로필 사진(새 이미지)을 제공합니다. 사용자는 이렇게 생성된 사진을 프로필 사진으로 활용할 수 있습니다.

## | 예술 작품 생성 서비스 |

이 외에 이미지 생성 기술은 기존 이미지에 추상적인 예술 스타일을 적용하여 이미지를 변형하는 데도 사용됩니다. 사용자는 기하학적인 모양, 화려한 색채 효과, 혹은 추상적인 패턴을 선택해 기존의 이미지를 예술 작품 스타일로 변환할 수 있습니다. 이를 통해 예술적인 창의성을 자유롭게 발휘하고, 독특한 작품을 생성할 수 있습니다.

웹 애플리케이션인 딥아트<sup>DeepArt</sup>는 사진을 예술 작품으로 변환하는 서비스로, 사용자는 자신의 사진을 업로드하고 다양한 예술가의 스타일을 선택하여 작품을 생성할 수 있습니다.

이미지 생성 기술을 구현하거나 학습하기 위해서 꼭 필요한 필수 키워드를 간략하게 소개합니다.

## 오토인코더

오토인코더Autoencoder란 입력 데이터를 저차원 표현으로 인코딩한 후, 이를 다시 원래의 고차원 데이터로 복원하는 과정을 학습하는 비지도 학습Unsupervised learning 모델입니다.

오토인코더는 '인코더'와 '디코더'로 구성되며, 다수의 데이터를 학습하면서 데이터의 잠재 공간 내에서의 표현을 어떻게 표현해야 적절한 것인지를 학습합니다. 그리고 이러한 특성을 이용해 정보의 압축이나 특징 추출에 활용할 수 있습니다.

이미지 생성 분야에서 오토인코더는 저차원의 잡음 정보를 입력했을 때 고차원의 이미지를 생성하는 모델로 활용됩니다. 많은 양의 이미지 데이터를 학습한 오토인코더는 이미지 정보와 특징을 잘 표현할 수 있는 모델이 될 수 있고, 이 모델의 디코더를 활용하면 이미지를 생성할 수 있게 됩니다.

오토인코더는 많은 변형 모델이 등장했는데, 특히 변분 오토인코더VAE; Variational AutoEncoder는 가장 유명한 오토인코더의 변형 모델 중 하나입니다.

## 잠재 공간

잠재 공간Latent Space은 원본 데이터의 복잡한 특성을 보다 간결하고 관리하기 쉬운 형태로 변환한 공간을 의미합니다. 잠재 공간은 고차원의 원본 데이터에서 주요한 핵심 정보를 최대한 보존하면서 차원을 줄여서 다룰 수 있게 해 줍니다.

이미지 생성 분야에서 잠재 공간은 아주 중요한 개념입니다. 이미지는 기본적으로 '높이×너비×색상 차원의 벡터'로 표현됩니다.

예를 들어, 높이가 512, 너비가 512 사이즈인 RGB 이미지는 512×512×3=786,432차원의 벡터가 됩니다. 이렇게 크고 복잡한 데이터를 원본 그대로 다루려면 굉장한 자원이 소모되며 난이도 또한 높아집니다.

잠재 공간은 이런 크고 복잡한 데이터를 낮은 차원의 잠재 공간으로 압축시켜 표현할 수 있습니다. 786,432차원의 이미지 데이터를 100차원이나 200차원처럼 낮은 차원의 벡터로 압축할 수 있는 것이지요.

이렇게 압축된 벡터를 **잠재 벡터**Latent vector라고 부르며, 압축된 200차원의 벡터 공간을 잠재 공간이라고 부릅니다. 잠재 벡터는 원본 이미지의 핵심 특징을 담고 있기에 이를 활용해 효율적으로 이미지를 생성하거나 변형할 수 있습니다.

잠재 공간의 또 다른 특징은 유사한 특성을 가지는 데이터들끼리는 잠재 공간 내에서 서로 가까운 위치에 존재하게 된다는 점입니다.

예를 들어, 고양이 이미지와 개 이미지를 잠재 공간으로 표현한다면 고양이 이미지끼리는 비슷한 특성을 가지므로 잠재 공간 내에서도 서로 가까운 위치에 있을 확률이 높습니다. 반대로, 고양이 이미지와 개 이미지는 서로 멀리 떨어진 공간에 위치할 확률이 높습니다.

이러한 잠재 공간의 특징을 잘 이용하면 이미지의 분류나 이미지 생성 과정을 제어할 수 있습니다.

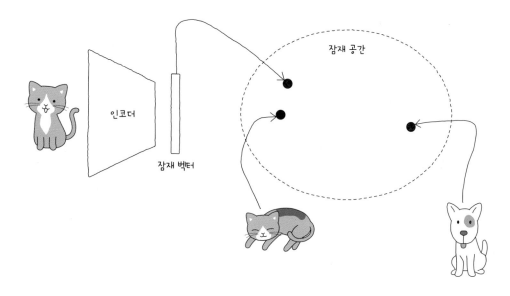

## 5.3 서비스 기획하기

최근 AI 기술이 발전하면서 점차 다양한 전문 분야에서 AI가 활약하고 있습니다. 그중 한 분야가 바로 이미지 생성 분야입니다. 실제로 그림을 전문적으로 배운 적이 없는 일반인이라거나 그림 작업에 필요한 다양한 기술들을 모르더라도, AI 기술을 활용하면 본인이 원하는 그림을 쉽게 만들어낼 수 있습니다.

이번 장에서는 이미지 생성 기술을 활용해 간단한 스케치를 고품질의 이미지로 만들어 주는 스케치 투 이미지 애플리케이션을 구현해 보겠습니다. 애플리케이션 구현을 시작하기에 앞서 이 절에서는 프로젝트의 방향성을 기획하고, 구현 과정에서 도움이 될 중요한 가이드라인을 설정하는 것부터 시작하겠습니다.

서비스 구현을 위한 준비 작업인 유스케이스 작성부터 시작합니다. 유스케이스의 개념과 작성 방식이 기억나지 않는 독자들은 28쪽의 〈여기서 잠깐〉을 한 번 더 참고하기 바랍니다.

### 유스케이스 작성하기

이번 장에서 구현할 예제는 **스케치 투 이미지**Sketch to Image 생성 애플리케이션입니다.

사용자는 미리 그린 그림을 애플리케이션에 파일로 입력하거나 캔버스에 직접 그리는 방식으로 입력합니다. 이렇게 그림을 입력하고 [Generate] 버튼을 클릭하면 AI가 입력된 그림을 기반으로 새로운 그림을 생성해 줍니다.

새로운 그림 결과물은 한 장 또는 여러 장이 될 수 있으며, 사용자는 이 중에서 원하는 그림을 골라서 사용할 수 있습니다. 또한, 이렇게 생성된 그림들은 UI에서 바로 확인하거나 파일로 다운로드할 수 있습니다.

이번 장에서 만들 스케치 투 이미지 생성 애플리케이션의 유스케이스 다이어그램을 작성해 보면 다음 그림과 같습니다.

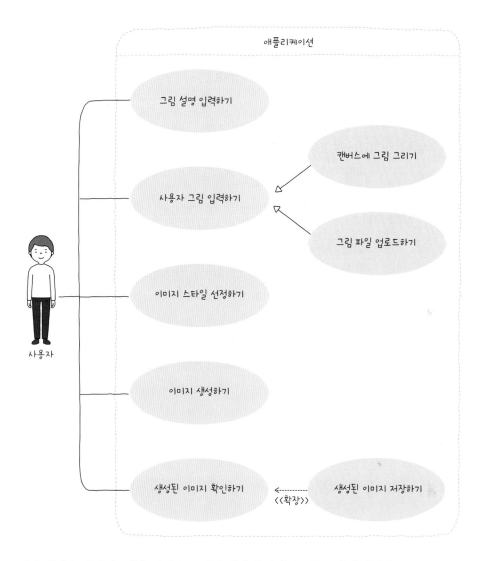

유스케이스 다이어그램을 바탕으로 이번 예제의 시나리오를 요약해 봅시다.

❶ 사용자는 원하는 그림의 설명을 텍스트 형태로 입력합니다.

❷ 사용자는 원하는 그림을 애플리케이션에 입력합니다.

   – 캔버스에 입력: 캔버스에 직접 그림을 그려 입력할 수 있습니다.

   – 파일로 입력: 미리 그려 놓은 이미지를 업로드할 수 있습니다.

❸ 사용자는 생성하고 싶은 이미지의 그림체(스타일)를 정할 수 있습니다.

❹ [Generate] 버튼을 클릭해서 이미지 생성을 요청합니다.

⑤ 애플리케이션은 요청과 입력값을 토대로 여러 장의 그림을 생성합니다.

⑥ 애플리케이션이 UI에 생성된 그림을 보여 줍니다.

⑦ 사용자는 이 중에서 원하는 그림을 선택해서 다운로드합니다.

## | 그림 설명 입력하기 |

사용자는 생성하려는 그림의 설명을 텍스트 형태로 입력할 수 있습니다. 예를 들어, 공놀이를 하는 고양이를 그리고 싶다면 '공놀이를 하고 있는 고양이'라고 입력합니다.

## | 사용자 그림 입력하기 |

애플리케이션은 사용자가 원하는 그림을 입력할 수 있는 다양한 방법을 제공합니다. 사용자는 캔버스에 직접 그림을 그릴 수 있고, 미리 그린 그림 파일을 업로드할 수도 있습니다.

## | 이미지 스타일 선정하기 |

사용자는 생성하고 싶은 이미지의 그림체(스타일)를 선정할 수 있습니다. 예를 들어, 만화 그림체, 반실사 그림체, 수채화 그림체 등 원하는 그림체를 정할 수 있습니다.

## | 이미지 생성하기 |

사용자가 그리거나 업로드한 그림을 기반으로 애플리케이션이 새로운 이미지를 생성합니다. 이 과정에서 사전 학습 이미지 생성 모델을 활용합니다.

사전 학습 모델은 입력된 이미지를 분석하여 유사하면서도 고품질의 이미지를 생성합니다.

## | 생성된 이미지 확인하기 |

생성된 여러 이미지를 한눈에 볼 수 있도록 갤러리 UI를 구현하여, 사용자가 결과물로 나타난 여러 이미지 중에서 원하는 이미지를 선택할 수 있도록 합니다.

## | 생성된 이미지 저장하기 |

사용자가 선택한 이미지를 다운로드할 수 있는 기능을 제공합니다. 또한, 다운로드할 수 있는 이미지 형식을 다양화하여 사용자가 원하는 이미지 형식을 선택할 수 있도록 합니다.

생성된 이미지를 저장하는 기능은 생성된 이미지를 확인하는 기능에서 확장된 기능으로 볼 수 있으므로 두 유스케이스는 《확장》 관계입니다.

스케치 투 이미지 생성 애플리케이션의 유스케이스를 모두 정의했습니다. 이제 유스케이스를 바탕으로 UI와 기능들을 구체화해 봅시다.

## 애플리케이션 구성 구체화하기

다음으로, 259쪽의 '유스케이스 작성하기'에서 다룬 애플리케이션의 구성을 구체화해 보겠습니다. 우선 최종 사용자의 사용 과정과 애플리케이션의 운영 과정을 그림으로 표현하면 다음과 같습니다.

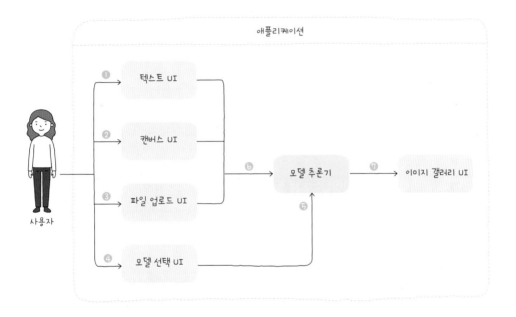

각 과정을 단계별로 구체화해 봅시다.

**1단계:** 사용자가 원하는 그림을 텍스트 형태로 입력할 수 있는 텍스트 UI가 필요합니다. 텍스트 UI는 사용자가 그리고자 하는 그림의 설명을 프롬프트 형태로 입력할 수 있습니다.

**2~3단계:** 사용자가 원하는 그림을 그릴 수 있는 캔버스 UI가 필요합니다. 브러시의 색상과 크기 변경 등 여러 도구를 활용해 그림을 그릴 수 있는 캔버스 UI를 제공하면 사용

자가 원하는 그림을 충분히 직접 그릴 수 있습니다.

또한, 그림을 직접 그리지 않는 사용자를 위해 미리 그린 그림을 파일로 업로드할 수도 있어야 합니다. 이미지 파일의 업로드가 가능하도록 파일 업로드 UI를 구현합니다.

**4단계:** 이미지의 그림체는 모델이 결정합니다. 원하는 그림체를 생성할 수 있는 사전 학습 모델을 선택해서 생성할 이미지의 그림체를 결정할 수 있습니다. 이를 위해 모델 선택 UI가 필요합니다.

**5~6단계:** 원하는 그림체를 구현하기 위해 선택한 이미지 생성 모델을 모델 추론기로 초기화합니다.

그 후 애플리케이션은 사용자가 입력한 이미지와 텍스트를 이미지 생성 모델에 입력하여 고품질의 이미지를 생성합니다. 새로운 이미지는 여러 장이 생성됩니다.

**7단계:** 생성된 여러 장의 이미지를 사용자에게 보여 줄 수 있도록 이미지 갤러리 UI가 필요합니다. 사용자는 여러 결과물 이미지 중에서 원하는 이미지를 선택해서 다운로드할 수 있습니다.

이렇게 스케치 투 이미지 생성 애플리케이션의 구성 디자인을 마쳤습니다. 이제 이미지 생성 서비스 구현 준비를 마쳤으니, '① 사전 학습 모델 탐색 및 선정하기, ② 모델 테스트 및 실행하기, ③ AI 서비스 구현 및 결과 확인하기' 순서로 진행하며 실제 AI 서비스를 구현해 보겠습니다. 먼저 적합한 모델을 선정하는 과정부터 진행합니다.

모델 선정하기

이미지 생성 분야는 머신러닝 및 딥러닝 분야에서 오랜 시간 동안 연구되어 온 주요 주제 중 하나입니다. 지금까지 다양한 이미지 생성 모델이 개발되었는데, 인코더−디코더 구조를 바탕으로 노이즈(잡음)로부터 새로운 이미지를 생성하는 모델인 **오토인코더**Autoencoder, 위조 그림을 만들어내는 생성기 모델과 위조를 판별하는 판별기 모델을 경쟁적인 구조로 학습하여 최종적으로 원본과 구분할 수 없는 위조 그림을 만들어내는 **생성적 대립 신경망**GAN; Generative Adversarial Network 모델 등이 있습니다.

하지만 이러한 기존 모델들은 학습이 불안정하거나, 생성된 이미지의 품질이 낮거나, 생성된 이미지의 다양성이 부족하다는 단점들이 있었습니다.

최근 이러한 단점들을 보완한 모델인 **디퓨전**Diffusion 모델이 등장하면서 이미지 생성 분야에서 큰 혁신이 이루어졌습니다. 디퓨전 모델은 데이터(입력값)에 잡음을 조금씩 더해 가면서 완전한 잡음 이미지를 만드는 순방향 확산 프로세스와 반대의 과정을 수행하는 역방향 확산 프로세스를 활용하는 AI 모델로, 이를 통해 고품질의 이미지 결과물을 구현합니다.

이번 장에서는 디퓨전 모델의 한 종류인 **스테이블 디퓨전**Stable Diffusion을 활용해 스케치 투 이미지 생성 애플리케이션을 구현해 보겠습니다. 구현에 들어가기에 앞서 디퓨전 모델과 스테이블 디퓨전에 대해 알아봅시다.

## 디퓨전 모델의 기본 개념

디퓨전 모델은 'diffusion'이라는 단어의 뜻처럼 물리학의 '확산' 개념에서 영감을 받은 모델입니다. '확산'은 물질이 높은 농도에서 낮은 농도로 이동하는 것을 의미하며, 확산 과정이 진행되면 시간이 지날수록 물질이 특정 공간 안에 고르게 퍼집니다.

확산 현상은 일상생활에서도 쉽게 경험할 수 있습니다. 깨끗한 물이 들어 있는 물통에 파란색 물감을 한 방을 떨어뜨렸다고 가정해 보겠습니다. 처음에는 물감을 떨어뜨린 위치를 바로 알 수 있을 정도로 물감의 위치가 선명하게 보이지만, 시간이 지날수록 물 전체의 색이 파란색으로 변하면서 물감을 떨어뜨린 위치를 알 수 없게 됩니다. 물감이 확산되어 물 전체에 색이 퍼진 것입니다.

디퓨전 모델은 이러한 확산 현상을 기본 개념으로 삼습니다. 이미지에서는 과연 무엇이 확산될까요? 바로 **잡음**Noise이 확산됩니다.

이미지 생성 모델에서 잡음은 이미지에 무작위성을 부여하기 위해 사용되는 개념입니다. 주로 랜덤 값으로 이루어진 벡터로 표현됩니다. 이미지 생성 모델은 이 잡음 벡터를 입력값으로 받아들여 새로운 이미지를 생성합니다.

잡음은 이미지 생성 모델 예측을 일부러 어렵게 만들어서 더 다양하고 흥미로운 이미지를 생성하도록 유도합니다. 따라서 잡음은 이미지 생성 모델에서 무작위성과 다양성을 촉진하고, 더 흥미로운 결과물을 만들어내는 데 사용되는 개념입니다.

이미지에 잡음을 조금씩, 점진적으로 추가하면 선명한 물체를 표현하고 있던 기존 이미지가 점점 아무런 특징이 없는 잡음 이미지로 바뀌게 됩니다. 완전한 잡음 이미지가 되고 나면 처음 이미지가 개 그림인지, 고양이 그림인지도 알 수 없을 정도가 됩니다. 마치 물통에 물감을 한 방울 떨어뜨린 후 물속에 완전히 퍼지면 처음에 잉크가 떨어진 위치를 알 수 없는 상황과 같습니다.

이미지에 점차적으로 잡음을 추가하는 이러한 과정을 **순방향 확산 프로세스**Forward diffusion process 라고 합니다. 다음은 이미지의 순방향 확산 프로세스를 그림으로 표현한 것입니다.

만약 이 확산 과정을 반대로 수행하면 어떻게 될까요? 현실 세계라면 물에 완전히 녹아든 물감을 다시 추출하기란 어렵겠지만, 컴퓨터에서는 잡음 이미지를 원래의 이미지로 되돌리는 것이 가능합니다.

무작위 잡음 이미지에서 다시 원본 이미지로 되돌리는 과정을 역방향 확산 프로세스 Reverse diffusion process 라고 합니다. 다음은 역방향 확산 프로세스를 그림으로 표현한 것입니다.

디퓨전 모델은 이러한 2가지 확산 프로세스의 개념을 이용한 이미지 생성 모델입니다.

## | 순방향 확산 프로세스 |

순방향 확산 프로세스는 앞서 설명한 것처럼 원본 이미지에서 잡음 이미지를 만드는 과정입니다. 더 구체적으로 표현하면 단계마다 원본 이미지에 점차적으로 잡음 이미지를 조금씩 추가하는 것입니다. 잡음 이미지를 계속 추가하면 최종적으로는 완전한 잡음 이미지가 됩니다.

다음은 순방향 프로세스를 좀 더 자세하게 표현한 그림입니다.

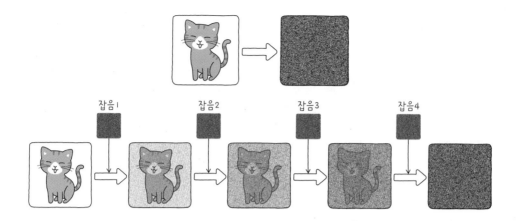

## | 역방향 확산 프로세스 |

반면 역방향 확산 프로세스는 완전한 잡음 이미지에서 특정한 원본 이미지를 만드는 과정입니다. 순방향 확산 프로세스와 비교해 보면 단계별로 잡음을 조금씩 제거해 나가는 과정으로 파악할 수 있습니다. 다음은 역방향 프로세스를 좀 더 자세하게 표현한 그림입니다.

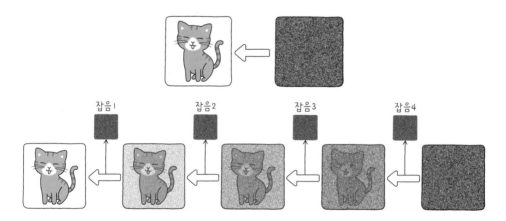

그런데 여기서 한 가지 문제가 발생합니다. AI가 순방향 확산 프로세스를 진행하면서 원본 이미지에 단계별로 들어간 잡음의 양을 알고 있다면 역방향 확산 프로세스에서 단계별로 잡음을 얼마나 제거해야 하는지 알 수 있겠지만, 단계별 잡음량을 모른다면 역방향 확산 프로세스 진행 시 완전한 잡음 이미지에서 어떤 잡음을 빼야 원하는 이미지에 가까워지는지 알 수 없습니다.

디퓨전 모델은 역방향 확산 프로세스에서 단계별로 얼마만큼의 잡음을 제거해야 하는지 알기 위해 딥러닝 모델을 활용합니다. 이 모델을 잡음 예측기Noise predictor라고 합니다. 잡음 예측기는 특정 단계의 잡음이 섞인 이미지와 단계의 값이 입력되었을 때 어떤 잡음이 추가되었는지를 예측하는 모델입니다.

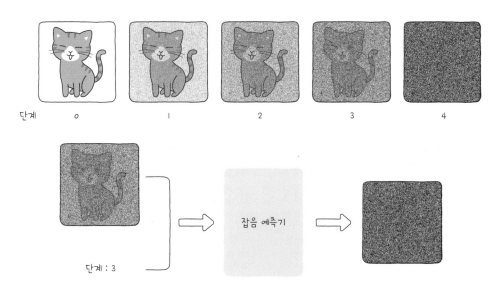

역방향 확산 프로세스 진행 시 잡음 예측기를 활용해 예측한 잡음량을 단계별로 제거하면 생성하고자 하는 이미지에 점차 가까워지게 됩니다.

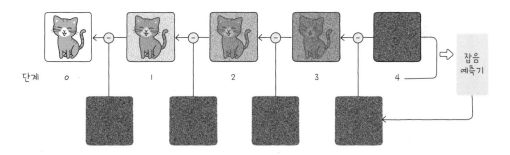

이처럼 디퓨전 모델은 잡음 예측과 잡음 제거를 반복하면서 완전한 잡음 이미지로부터 특정 이미지를 생성할 수 있습니다. 이 과정을 하나의 그림으로 표현하면 다음과 같습니다. 이것이 바로 디퓨전 모델의 대략적인 구조입니다.

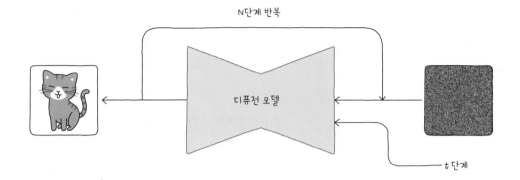

## 디퓨전 모델의 발전

디퓨전 모델은 이처럼 잡음 제거를 바탕으로 고품질의 이미지를 생성할 수 있습니다. 그러나 초기 디퓨전 모델은 연산 비용이 과다하거나 무작위 생성 결과로 인해 사용자가 원하는 이미지로 조절할 수 없다는 등의 문제점이 있었습니다. 이를 해결하기 위해 추가 기술들이 더 연구되었습니다.

### | 잠재 공간 활용 |

잠재 공간은 5.2절 '알아야 하는 기술 키워드'에서도 설명한 것처럼 머신러닝 및 딥러닝 분야에서 원본 데이터의 복잡한 특성을 보다 간결하고 관리하기 쉬운 형태로 변환한 공간을 의미합니다. 잠재 공간은 고차원의 원본 데이터로부터 주요한 핵심 정보를 최대한 보존하면서 차원을 줄여서 다룰 수 있게 해 줍니다.

또한, 잠재 공간은 원본 데이터의 정보가 압축된 형태이므로 고차원인 이미지를 다루는 것보다 훨씬 더 적은 연산 비용을 소모합니다.

잠재 공간을 활용하기 위해서는 이미지를 잠재 공간으로 변환하는 작업이 필요합니다. 디퓨전 모델에서는 이를 위해 **변분 오토인코더** VAE; Variational AutoEncoder 라는 것을 활용합니다.

변분 오토인코더는 오토인코더와 유사한 구조로 만들어진 인공신경망의 일종으로, 인코더와 디코더로 이루어져 있습니다. 인코더는 원본 이미지를 잠재 공간의 표현으로 압축하는 역할을 하고, 디코더는 잠재 공간의 표현을 다시 원본 이미지로 복원하는 역할을 합니다.

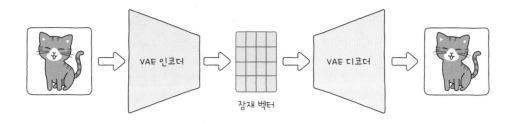

잠재 벡터

변분 오토인코더가 추가된 잠재 공간에서의 디퓨전 모델의 동작은 다음 과정으로 이루어집니다. 이미지에서 잡음을 추가하거나 제거하는 과정이 모두 잠재 벡터에서 이루어진다고 이해하면 쉽습니다.

❶ 원본 이미지를 변분 오토인코더를 통해 저차원 벡터로 압축합니다.
❷ 잡음을 추가하여 잡음이 추가된 저차원 벡터를 생성합니다.
❸ 잡음이 추가된 저차원 벡터에서 추가된 잡음을 예측할 수 있는 잡음 예측기를 학습합니다.
❹ 잡음 이미지를 변분 오토인코더를 통해 저차원 벡터로 압축합니다.
❺ 기존 디퓨전 모델의 방식대로 저차원 벡터의 잡음을 제거합니다.
❻ 잡음 제거 과정을 N단계만큼 반복합니다.
❼ 최종적으로 잡음을 모두 제거한 저차원 벡터를 변분 오토디코더를 통해 원본 이미지로 복원합니다.

이를 그림으로 표현하면 다음과 같습니다. 앞쪽에서 설명한 디퓨전 모델 그림과 비교해서 살펴보세요.

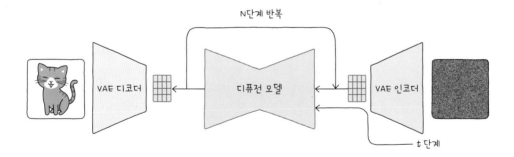

### | 조건을 입력하여 원하는 이미지 생성하기 |

이 외에도, 초기 디퓨전 모델은 사용자가 원하는 이미지로 조절할 수 없다는 한계점이 있습니다. 단순히 '몇 번째 단계의 잡음인지'에 대한 정보만으로 이 잡음을 제거하여 이미지를 생성하기 때문입니다.

즉, 이미지를 생성할 수는 있지만, 무작위 이미지를 생성하는 것과 다름이 없습니다.

사용자가 원하는 이미지를 만들기 위해서는 사용자가 원하는 조건Condition을 입력할 수 있도록 구현할 필요가 있습니다. 그리고 이 조건이 디퓨전 모델에 반영되어 잡음을 제거한 이미지의 결과가 사용자가 원하는 조건에 맞는 이미지가 되도록 해야 합니다.

사용자가 원하는 조건을 입력하는 방법은 다양합니다. 디자이너에게 어떤 그림을 의뢰할 때 원하는 그림을 설명하는 상황을 가정해 봅시다. 여러분은 원하는 그림을 글(텍스트)이나 말로 상세하게 설명할 수도 있고, 간단한 밑그림을 그려서 전달할 수도 있습니다.

디퓨전 모델도 이와 마찬가지로 다양한 방식의 입력을 받을 수 있는 구조로 구성되어 있습니다. 기본적으로는 텍스트 입력을 사용합니다.

이렇듯 디퓨전 모델은 텍스트, 이미지 등 다양한 형태의 조건을 인코더를 이용해 압축시켜 모델의 입력으로 사용합니다. 이미지 생성 시 이렇게 압축한 정보와 조건 값을 활용하면 사용자가 원하는 조건을 만족하는 이미지를 생성할 수 있습니다. 268쪽에서 설명한 디퓨전 모델 그림과 비교해서 살펴보세요.

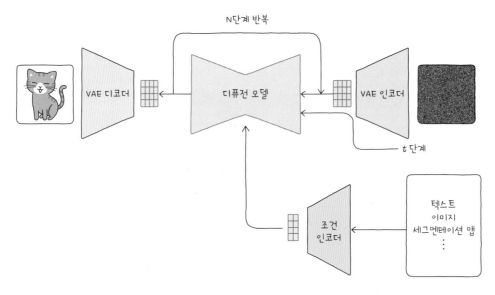

지금까지 확산이라는 개념으로부터 시작된 강력한 이미지 생성 모델인 디퓨전 모델에 대해 알아보았습니다. 디퓨전 모델은 디퓨전 시스템이라고도 부를 만큼 상당히 복잡한 구조를 가지고

있어 모든 개념을 완벽하게 이해하려면 다소 시간이 걸릴 수 있습니다. 그러나 모델을 활용하는 데는 지금까지의 설명만으로도 충분합니다.

## 모델 선정하기 - 스테이블 디퓨전

이미지 생성 분야에서 디퓨전 모델이 부상하게 된 계기는 스테이블 디퓨전Stable Diffusion이라는 이름의 디퓨전 모델이 오픈소스로 공개되면서부터입니다.

스테이블 디퓨전 모델은 독일 뮌헨의 루트비히 막시밀리안대학교의 콤프비스CompVis 그룹과 런웨이, 그리고 스타트업인 스태빌리티 AIStability AI라는 회사가 합작해서 만든 이미지 AI 모델로, 앞에서 설명한 디퓨전 모델의 방식과 잠재 공간 활용, 조건 입력 방식을 모두 채용한 디퓨전 모델입니다.

스테이블 디퓨전 모델이 등장하기 이전에도 OpenAI사의 DALL·E, 미드저니Midjourney사의 미드저니Midjourney처럼 여러 디퓨전 기반의 이미지 생성 모델이 연구되었지만, 학습 코드나 모델을 공개하지 않고 API 형태로 사용하도록 제공한다는 점에서 사용자 입장에서 아쉬운 부분이 있었습니다.

하지만 스테이블 디퓨전 모델은 사전 학습 모델과 코드를 모두 오픈소스로 공개하여 모든 사람이 사전 학습 모델을 활용할 수 있을 뿐 아니라 직접 학습까지 시켜 볼 수 있도록 했습니다.

이후 많은 사람이 스테이블 디퓨전 모델 기반의 사전 학습 모델들을 학습해서 공개하기 시작했습니다.

스테이블 디퓨전 모델은 기본적으로 대량의 이미지를 학습해서 만든 파운데이션 모델이므로 실사 이미지, 만화 스타일 그림 이미지, 3D 이미지 등 다양한 스타일의 이미지를 학습하여 생성하도록 구현할 수 있습니다.

이렇게 공개된 학습 모델이 많아지면서 이 모델들을 한 곳에 모아서 볼 수 있는 이미지 생성 모델 공유 사이트도 속속 등장했습니다. 다음은 그중 하나인 Civitai(https://civitai.com)의 웹사이트 첫 화면입니다.

Civitai 웹사이트에는 다양한 콘셉트를 기반으로 학습한 모델들이 공유되며, 이 모델들을 다운로드해서 활용할 수도 있습니다. 심지어 Civitai에서 자체적으로 모델을 다운로드할 수 있는 API도 제공하고 있습니다.

<br>

## 5.5 모델 실행하기

이제부터 스테이블 디퓨전 모델의 추론 코드를 차근차근 구현해 보겠습니다. 스테이블 디퓨전 모델을 더 효율적으로 실행하기 위해서는 다른 AI 모델들과 마찬가지로 GPU 자원을 활용하는 것이 좋습니다. GPU 자원을 무료로 사용할 수 있는 코랩 환경에서 스테이블 디퓨전 모델을 실행해 봅시다. 본격적인 실습에 앞서 코랩 환경 설정부터 진행합니다.

## 실습 환경 설정하기

코랩 웹사이트 접속 후 깃허브 리포지터리 URL 입력 과정은 1장과 동일하므로 생략합니다. 환경 설정 방법이 기억나지 않는다면 1.5절 '실습 환경 설정하기'를 다시 한번 참고하기 바랍니다.

### | 예제 파일 준비하기 |

이번 장에서는 'image_generation/stable_diffusion.ipynb' 파일을 사용해서 실습을 진행합니다. 해당 파일의 예제 실행 첫 화면은 다음과 같습니다.

> **Note** 모든 예제 코드는 앞서 언급한 대로 깃허브 리포지터리(https://github.com/MrSyee/dl_apps)에 있습니다.

다음으로, 코랩에서 GPU 자원을 사용하기 위해 런타임 유형을 변경합니다. 이 부분 역시 앞 장과 동일하므로 설명은 생략합니다. 혹시 과정이 기억나지 않는다면 1.5절 '런타임 설정하기' 부분을 한 번 더 참고하기 바랍니다.

이제 몇 가지 설정을 더 진행한 후 코랩 환경에서 GPU 자원으로 스테이블 디퓨전 모델을 테스트해 보겠습니다. 런타임 설정 후에는 예제 실행 첫 화면으로 되돌아가서 이후 과정을 진행합니다.

# 스테이블 디퓨전 모델 실행하기

이미지 생성 모델인 스테이블 디퓨전 모델은 단순히 하나의 모델이 아니라 여러 모델을 연계한 파이프라인 형태로 구성되어 있습니다. 이런 스테이블 디퓨전 모델의 모든 구성 요소를 직접 구성해서 하나씩 실행하기란 굉장히 어렵습니다.

그러나 1장에서 소개한 허깅페이스에서 만든 라이브러리인 diffusers 라이브러리를 활용하면 사전 학습 모델을 쉽게 활용할 수 있습니다.

이번 절에서는 diffusers 라이브러리를 활용해 스테이블 디퓨전 모델의 이미지 생성 기능을 실습해 보겠습니다. 예제 실행 첫 화면에서 시작합니다.

## | 패키지 및 예제 데이터 다운로드하기 |

먼저 코랩 환경에서 예제를 실행하기 위해 파이썬 패키지와 예제 데이터를 다운로드해야 합니다. [패키지 및 예제 데이터 다운로드하기]의 코드 셀을 실행해서 예제를 실행하기 위한 파이썬 패키지들을 설치하고, 테스트할 예제 데이터를 다운로드합니다.

**[패키지 및 예제 데이터 다운로드하기] 코드 셀**

```
!wget https://raw.githubusercontent.com/mrsyee/dl_apps/main/image_generation/
requirements-colab.txt
!pip install -r requirements-colab.txt

# Download examples
!mkdir examples
!cd examples && wget https://raw.githubusercontent.com/mrsyee/dl_apps/main/image_
generation/examples/kitty.png
```

Note 셀을 클릭한 뒤 Shift + Enter 키를 입력해도 실행됩니다.

이번 예제에서 사용할 패키지의 버전은 다음과 같습니다.

- torch: 2.3.0

- diffusers: 0.26.2

## | 패키지 불러오기 |

[패키지 불러오기]의 코드 셀을 실행해서 import문으로 파이썬 패키지들을 불러옵니다. 해당 코드의 내용과 각 요소는 다음과 같습니다.

**[패키지 불러오기] 코드 셀**

```
import torch
from diffusers import EulerAncestralDiscreteScheduler, StableDiffusionImg2ImgPipeline
from diffusers.utils import make_image_grid
from PIL import Image
```

- **torch:** 딥러닝 작동에 필요한 필수 라이브러리를 제공하는 파이썬 패키지입니다.

- **diffusers:** 사전 학습 스테이블 디퓨전 모델을 쉽게 사용할 수 있도록 파이프라인을 제공하는 파이썬 패키지입니다. 허깅페이스에서 만든 라이브러리이며, 허깅페이스에서 만든 자연어를 위한 라이브러리인 트랜스포머와 상당히 유사한 구조를 갖고 있습니다.

- **pillow:** 이미지 처리 기능을 가지고 있는 라이브러리입니다. 비슷한 역할을 하는 라이브러리인 OpenCV와는 달리, 이미지를 복잡한 배열 형태로 처리하지 않고 이미지 객체로 만든 후 처리하여 보다 직관적으로 이미지를 다룰 수 있습니다. OpenCV만큼 다양하고 복잡한 이미지 처리 알고리즘을 제공하지는 않지만, 기본적인 이미지 처리 기능을 제공하는 라이브러리입니다. pillow는 PIL이라는 이름으로 불러와 사용합니다.

## | 사전 학습 모델 불러오기 |

diffusers는 디퓨전 모델을 구성하는 텍스트 인코더, 변분 오토인코더, 잡음 예측기 등의 모델들을 쉽게 불러올 수 있도록 파이프라인을 제공합니다. 각 모델은 모두 사전 학습 모델이며, 별도의 설정을 추가하지 않아도 기본값으로 제공되는 모델들을 사용할 수 있습니다. 각 모델의 기본값은 다음과 같습니다.

- **텍스트 인코더:** CLIPTextModel

- **토크나이저:** CLIPTokenizer

- **VAE:** AutoencoderKL

- **잡음 예측기:** UNet2DConditionModel

본 예제에서는 기존 가이드 이미지로부터 새로운 이미지를 생성하는 **이미지 투 이미지 생성** 기능을 구현해 보겠습니다. 스테이블 디퓨전 모델의 이미지 투 이미지 생성은 가이드 이미지와 텍스트 프롬프트를 입력했을 때, 입력 이미지의 정보를 일부 반영해서 프롬프트에 맞는 이미지를 생성하는 작업을 수행합니다.

이미지 투 이미지 생성은 화풍이나 색감처럼 이미지의 스타일을 변경하거나, 이미지의 품질을 변경할 때, 혹은 유사한 구도의 다른 이미지를 생성할 때 사용할 수 있습니다. 가이드 이미지를 입력값으로 사용하므로 텍스트만 사용해 이미지를 만들 때보다 원하는 구도의 이미지를 구현하기 용이하다는 장점이 있습니다.

이제 diffusers 라이브러리를 이용해 사전 학습 스테이블 디퓨전 모델을 불러오겠습니다. 스테이블 디퓨전 모델은 작업에 맞는 다양한 파이프라인 객체를 제공합니다. 이미지 투 이미지 생성의 경우 StableDiffusionImg2ImgPipeline이라는 이름의 파이프라인 클래스를 제공합니다.

먼저 이미지 투 이미지 생성 파이프라인 객체를 생성해 보겠습니다. [사전 학습 모델 불러오기]의 코드 셀을 실행합니다.

**[사전 학습 모델 불러오기] 코드 셀**

```
pipeline = StableDiffusionImg2ImgPipeline.from_pretrained(
    "runwayml/stable-diffusion-v1-5",
    torch_dtype=torch.float16,
).to("cuda")
```

Pipeline 클래스의 from_pretrained() 함수를 사용하면 원하는 사전 학습 스테이블 디퓨전 모델을 불러올 수 있습니다. 본 예제에서는 runwayml/stable-diffusion-v1-5라는 모델을 불러옵니다.

해당 코드를 실행하면 다음 화면처럼 많은 로딩 바를 볼 수 있습니다. 앞서 언급한 것처럼 스테이블 디퓨전 모델은 여러 모델들의 조합으로 이루어져 있으므로 사전 학습 모델을 불러올 때 이를 구성하는 모든 모델을 불러오는 것입니다.

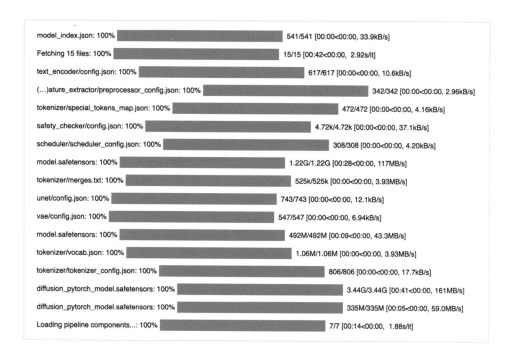

## | 예제 이미지 불러오기 |

다음으로는 이미지 투 이미지 생성 기능에서 입력 이미지로 사용할 예제 이미지를 불러옵니다. 앞서 [패키지 및 예제 데이터 다운로드하기] 단계에서 예제로 사용할 이미지를 다운로드했습니다. [예제 이미지 불러오기]의 코드 셀을 실행한 후 다운로드한 이미지가 어떤 예제 이미지인지 확인해 보겠습니다. 코드 셀을 실행합니다.

**[예제 이미지 불러오기] 코드 셀**

```
input_image = Image.open("examples/kitty.png")
make_image_grid([input_image], rows=1, cols=1)
```

실행 결과로 귀여운 고양이 이미지를 확인할 수 있습니다. 코드의 make_image_grid( ) 함수는 diffusers에서 제공하는 유틸 함수로, 이미지를 그리드 형태로 구성해서 화면에 출력하는 함수입니다.

## | 스테이블 디퓨전 모델 추론하기 |

이제 스테이블 디퓨전 모델 파이프라인을 실행해 이미지 투 이미지 생성 기능의 구현 작업을 수행해 보겠습니다. 파이프라인을 실행하기 위해서는 수많은 설정값이 필요합니다. 그러나 diffusers의 파이프라인은 이러한 많은 설정의 기본값을 미리 지정해 주므로, 필요한 값들만 변경해서 간편하게 사용하면 됩니다.

다음으로, 스테이블 디퓨전 모델을 실행하기 위해서 가장 중요한 '프롬프트'를 작성해야 합니다. 이미지 생성 모델에서의 '프롬프트'는 구현하고 싶은 이미지를 설명하는 텍스트입니다. 프롬프트를 통해 원하는 구도나 화풍처럼 생성할 이미지의 구체적인 형태를 지정할 수 있습니다.

프롬프트는 크게 **포지티브 프롬프트** Positive prompt 와 **네거티브 프롬프트** Negative prompt 로 나뉩니다. 포지티브 프롬프트는 그림에 '반영될' 사항들을 적는 프롬프트입니다.

예를 들어, 갈색 고양이 이미지를 구현하고 싶다면 포지티브 프롬프트에 'brown cat(갈색 고양이)'이라는 키워드를 입력하면 됩니다.

반면에 네거티브 프롬프트는 그림에서 '반영되지 않았으면' 하는 사항들을 입력하는 프롬프트입니다.

예를 들어, 'gentleman(신사)'이라는 프롬프트를 입력했을 때 그 결과로 콧수염을 가진 신사 이미지가 생성될 수 있습니다. 이때, 콧수염이 없는 신사 이미지를 구현하고 싶다면 네거티브 프롬프트에 'mustache(콧수염)'를 입력하면 됩니다. 그러면 콧수염이 없는 신사 이미지가 생성됩니다.

또한, 네거티브 프롬프트에는 인물의 손가락이 6개로 구현되거나, 다리가 휘어져 있는 등 사람이 보기에 어색하게 느껴지는 이미지를 보정하는 프롬프트를 입력할 수도 있습니다.

예를 들어, 인체 해부학에 맞지 않는 그림을 방지하는 키워드인 'bad anatomy(잘못된 구조학)', 이상한 손가락 모양을 방지하는 키워드인 'strange fingers(이상한 손가락)' 등의 프롬프트가 있습니다. 이처럼 포지티브 프롬프트와 네거티브 프롬프트를 적절히 활용하면 원하는 이미지를 좀 더 구체적으로 생성할 수 있습니다.

다만 한 가지 명심해야 할 점은 기본적으로 AI 모델은 확률에 기반한 모델이므로 프롬프트를 자세하게 입력하더라도 알고리즘처럼 반드시 원하는 이미지가 완벽하게 나오는 것은 아니라는 점입니다. 네거티브 프롬프트에 'strange fingers'라는 키워드를 넣더라도 잘못된 손가락이 포함된 이미지가 나올 수 있다는 것이죠.

즉, AI 모델은 확률에 기반하므로 사람처럼 다양한 상황에 대처할 수는 있지만, 반대로 알고리즘처럼 반드시 원하는 결과물을 만들 수 없다는 점이 약점으로 작용하기도 합니다.

먼저 이번 예제에서는 포지티브 프롬프트를 'kitty in the city, cartoon style, drawing, detailed'로 입력해 도심 속의 고양이 이미지를 만화 그림체 스타일로 만들어 보려 합니다. 또한, 결과물의 품질을 높일 수 있도록 네거티브 프롬프트에 'ugly, blurry, bad anatomy, bad art, wierd colors'를 입력해 보겠습니다.

[스테이블 디퓨전 모델 추론하기]의 첫 번째 코드 셀을 실행합니다.

**[스테이블 디퓨전 모델 추론하기] 코드 셀 ①**

```
prompt = "kitty in the city, cartoon style, drawing, detailed"
negative_prompt = "ugly, blurry, bad anatomy, bad art, wierd colors"
```

해당 프롬프트와 예제 이미지를 입력값으로 활용해 스테이블 디퓨전 파이프라인을 실행시켜 보겠습니다. 두 번째 코드 셀을 실행합니다.

**[스테이블 디퓨전 모델 추론하기] 코드 셀 ②**

```
output_images = pipeline(
    image=input_image,
    prompt=prompt,
```

```
    negative_prompt=negative_prompt,
    num_images_per_prompt=4,
    num_inference_steps=30,
    strength=0.7,
).images
```

파이프라인을 실행할 때, 기본값에서 몇 가지 설정값을 변경할 수 있습니다. 본 예제에서는 설정값을 다음과 같이 변경했습니다.

- **num_images_per_prompt:** 파이프라인이 한 번에 생성할 수 있는 이미지의 개수를 결정합니다. 본 예제에서는 이미지 4장을 생성하도록 설정했습니다.

- **num_inference_steps:** 디퓨전 모델의 잡음 제거 로직을 몇 번 수행할지 결정합니다. 기본적으로 잡음 제거 로직의 횟수가 늘어날수록 이미지의 품질은 높아지지만, 그만큼 생성 시간이 오래 걸립니다.

- **strength:** 이미지 투 이미지 생성 방식에서 입력 이미지의 정보를 어느 정도로 반영할 것인지 정하는 값입니다. strength 값이 낮을수록 입력 이미지의 영향을 많이 받습니다. 만약 strength가 1.0이라면 입력 이미지를 거의 반영하지 않습니다. 본 예제에서는 0.7로 설정했습니다.

이제 해당 설정값을 바탕으로 생성된 결과물을 확인해 봅시다. 세 번째 코드 셀을 실행합니다.

**[스테이블 디퓨전 모델 추론하기] 코드 셀 ③**

```
make_image_grid(output_images, rows=1, cols=4)
```

실행 결과로 이미지 4장이 출력됩니다.

결과를 확인해 보면 입력 이미지의 배경과 구도를 적절하게 반영하면서 고양이 이미지를 만화 그림체로 새롭게 구현한 것을 확인할 수 있습니다. 원하는 결과물이 나오지 않았다면 파이프라인을 여러 번 실행시켜 원하는 결과물이 나올 때까지 반복해 봅시다.

## 다양한 스테이블 디퓨전 모델 다운로드하기

앞의 예제에서는 스테이블 디퓨전 모델을 활용해 기존 이미지를 원하는 형태의 이미지로 재생성하는 작업을 실습해 보았습니다.

파이프라인을 만들 때는 runwayml/stable-diffusion-v1-5라는 모델을 사용했는데, 이는 런웨이<sup>Runway</sup>에서 공개한 stable diffusion v1.5 버전 모델입니다. 이 모델은 스테이블 디퓨전의 가장 기본이 되는 모델 중 하나입니다. 앞서 언급한 것처럼 스테이블 디퓨전은 기본 모델을 바탕으로 데이터를 추가 학습한 사전 학습 모델들이 Civitai 등의 공유 사이트를 통해 공개되어 있습니다. 추가 사전 학습 모델은 원하는 스타일의 이미지를 생성하는 모델을 만들기 위해 데이터를 추가 학습한 스테이블 디퓨전 모델입니다.

### | 모델 탐색하기 |

먼저 회원 가입 및 로그인을 진행한 후 Civitai 웹사이트에서 원하는 모델을 탐색해 봅니다. Civitai는 회원 가입이 필요한 사이트입니다. 회원 가입과 로그인 과정은 간단하므로 생략합니다.

본 예제에서는 여러분에게도 친숙한 유명 만화 그림체를 학습한 모델을 활용해 보겠습니다. Civitai 웹사이트(https://civitai.com) 화면 상단에 있는 검색창에 'Disney Pixar'라는 키워드를 입력한 후 검색(🔍) 아이콘을 클릭합니다.

해당 그림체를 학습한 많은 모델들이 검색 결과로 나옵니다. 각 모델에는 이 모델로 생성할 수 있는 이미지도 함께 표시되므로 참고해서 모델을 선택하면 됩니다.

본 예제에서는 검색 결과 중에서 Disney Pixar Cartoon Type A 모델을 사용해 보겠습니다. Disney Pixar Cartoon Type A 모델을 클릭합니다.

모델을 클릭하면 해당 모델의 이름과 설명, 버전 등의 다양한 정보와 함께 더 많은 이미지 생성 예시를 볼 수 있습니다. 화면 우측 상단의 [Download] 버튼을 클릭하면 모델을 다운로드할 수 있습니다.

다만 본 예제에서는 Civitai의 API를 활용해 이 모델을 다운로드해서 사용하는 예제를 구현해 볼 예정이므로 해당 버튼으로 모델을 다운로드하지 않겠습니다. 이후 과정을 잘 따라와 주세요.

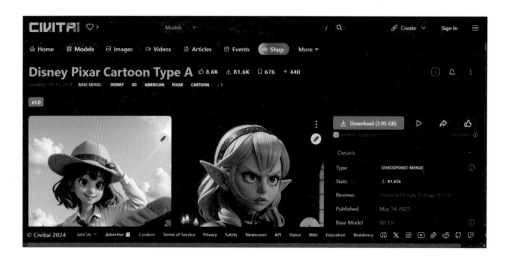

모델의 Type은 다음과 같습니다.

**CHECKPOINT**는 일반적인 사전 학습 혹은 파인튜닝된 스테이블 디퓨전 모델을 말합니다. 만들어진 방법에 따라 'CHECKPOINT TRAINED' 혹은 'CHECKPOINT MERGE'로 표시됩니다.

**LORA**는 LoRA Low-Rank Adaptation 방법론으로 학습된 파인튜닝 모델을 말합니다. LoRA 방법론은 파인튜닝 기법 중 하나로, 기반이 되는 모델의 파라미터를 변경하는 방식으로 파인튜닝 하는 것이 아니라 기반 모델은 그대로 두고 기반 모델의 파라미터와 연산할 수 있는 추가적인 파라미터를 파인튜닝하는 방식입니다. 기반 모델을 파인튜닝하는 방식보다 더 적은 자원으로 학습할 수 있어 다양한 분야에서 각광받는 방법입니다.

Base Model은 다음과 같습니다.
- SD15는 스테이블 디퓨전 1.5 모델을 기반으로 학습된 모델입니다.
- SDXL은 스테이블 디퓨전 XL 모델을 기반으로 학습된 모델입니다.

## | Civitai에서 모델 다운로드하기 |

이제 Civitai API를 이용해 원하는 모델을 다운로드해 보겠습니다. Civitai는 웹사이트의 URL로부터 모델의 정보를 확인할 수 있는 API를 제공합니다. 모델의 정보에는 모델의 이름, 버전, 태그 등과 더불어 다운로드할 수 있는 주소도 포함되어 있습니다. 더 상세한 API 정보는 API 정보 제공 사이트(https://github.com/civitai/civitai/wiki/REST-API-Reference)에 정리되어 있습니다.

API를 통해 얻은 다운로드 주소로 모델을 다운로드하는 코드를 작성해 보겠습니다. import 문으로 파이썬 패키지를 불러옵니다. 예제 실행 첫 화면에서 [Civitai에서 모델 다운로드하기]의 첫 번째 코드 셀을 실행합니다.

**[Civitai에서 모델 다운로드하기] 코드 셀 ①**

```
import os

import requests
from tqdm import tqdm
```

다음으로 Civitai 웹사이트에서 원하는 모델 페이지의 URL을 복사해서 변수에 입력합니다. 입력 후 두 번째 코드 셀을 실행합니다.

**[Civitai에서 모델 다운로드하기] 코드 셀 ②**

```
url = "https://civitai.com/models/65203/disney-pixar-cartoon-type-a"
```

URL을 자세히 보면 숫자가 하나 있습니다. 이 숫자가 Civitai에서 관리하는 모델의 고유번호입니다. URL에서 이 번호를 추출해 봅시다. string 타입의 내부 함수인 replace() 함수를 이용해 고유번호 앞부분의 URL을 제거하고 split() 함수로 고유번호 부분만 가져옵니다. 세 번째 코드 셀을 실행합니다.

**[Civitai에서 모델 다운로드하기] 코드 셀 ③**

```
model_id = url.replace("https://civitai.com/models/", "").split("/")[0]
print(model_id)
```

실행 결과로 다음과 같이 고유번호를 추출할 수 있습니다.

**실행 결과**

```
65203
```

다음으로, 모델의 고유번호를 Civitai API에게 입력해 모델의 메타 데이터를 받아옵니다. 먼저 requests() 함수로 Civitai API에게 정보를 요청합니다. 네 번째 코드 셀을 실행합니다.

**[Civitai에서 모델 다운로드하기] 코드 셀 ④**

```
response = requests.get(f"https://civitai.com/api/v1/models/{model_id}")
response.json()
```

실행 결과는 다음과 같습니다.

**실행 결과**

```
{'id': 65203,
 'name': 'Disney Pixar Cartoon Type A',
```

```
  'description':

  ... 중략 ...
}
```

API를 통해 받은 모델의 메타 데이터를 보면 앞서 설명한 것처럼 모델 이름, 모델 설명, 모델 타입 등 다양한 정보가 들어 있습니다. 이 중에서 모델을 다운로드하기 위해서 필요한 정보는 모델의 다운로드 URL과 모델 파일명입니다. 메타 데이터에서 이 두 정보를 추출해 봅시다. 다섯 번째 코드 셀을 실행합니다.

**[Civitai에서 모델 다운로드하기] 코드 셀 ⑤**

```
download_url = response.json()["modelVersions"][0]["downloadUrl"]
filename = response.json()["modelVersions"][0]["files"][0]["name"]
print("download_url:", download_url)
print("filename:", filename)
```

코드를 실행하면 URL과 파일명 정보를 확인할 수 있습니다.

**실행 결과**

```
download_url: https://civitai.com/api/download/models/69832
filename: disneyPixarCartoon_v10.safetensors
```

지금까지의 과정을 통해 모델을 다운로드하기 위한 정보를 모두 얻었습니다. 이제 모델 다운로드 URL을 이용해 모델을 다운로드해 봅시다. URL로부터 파일을 다운로드하기 위한 함수는 다음과 같습니다. 여섯 번째 코드 셀을 실행합니다.

**[Civitai에서 모델 다운로드하기] 코드 셀 ⑥**

```
def download_from_url(url: str, file_path: str, chunk_size=1024):
    resp = requests.get(url, stream=True)
    total = int(resp.headers.get('content-length', 0))
    with open(file_path, 'wb') as file, tqdm(
        desc=file_path,
```

```
        total=total,
        unit='iB',
        unit_scale=True,
        unit_divisor=1024,
    ) as bar:
        for data in resp.iter_content(chunk_size=chunk_size):
            size = file.write(data)
            bar.update(size)
```

해당 함수는 지정한 URL로부터 파일을 다운로드하는 동시에, 다운로드가 얼마나 진행되고 있는지를 나타내는 로딩 바를 보여 주는 함수입니다. 앞에서 얻은 모델 정보와 다운로드 함수를 이용해 모델을 원하는 위치에 다운로드해 봅시다. 본 예제에서는 모델이 [models] 폴더에 저장되도록 해 보겠습니다. 일곱 번째 코드 셀을 실행합니다.

**[Civitai에서 모델 다운로드하기] 코드 셀 ⑦**

```
file_path = f"models/{filename}"
os.makedirs("models", exist_ok=True)
print(f"[INFO] Download start!")
download_from_url(download_url, file_path)
print(f"\n[INFO] File downloaded: {file_path}")
```

실행 결과는 다음과 같습니다.

**실행 결과**

```
[INFO] Download start!
models/disneyPixarCartoon_v10.safetensors: 100%|████████| 3.95G/3.95G [01:59<00:00,
35.4MiB/s]
[INFO] File downloaded: models/disneyPixarCartoon_v10.safetensors
```

이렇게 Civitai의 API를 활용해 Disney Pixar Cartoon Type A 모델을 다운로드했습니다. 예제 실행 첫 화면 좌측의 [파일(🗀)]–[models]를 클릭해 보면 [models] 폴더 안에 'disneyPixarCartoon_v10.safetensors'라는 이름의 모델 파일이 저장되어 있는 것을 확인할 수 있습니다.

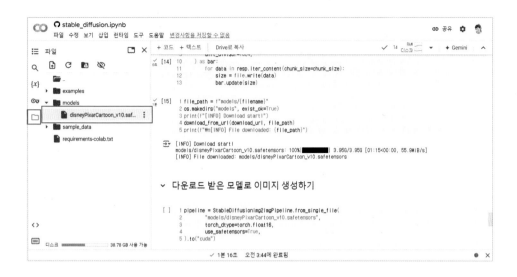

## | 다운로드한 모델로 이미지 생성하기 |

이제 Civitai의 API를 활용해 다운로드한 모델을 diffusers 파이프라인을 통해 활용해 보겠습니다. 앞에서 이미 diffusers 파이프라인으로 이미지 투 이미지 생성 작업을 실습했습니다. 그와 유사한 방식으로 파이프라인을 만들어 봅시다.

다만 이전과 다른 점은 Civitai에서 다운로드한 safetensors 확장자의 모델을 파이프라인으로 불러오기 위해서는 from_pretrained() 함수가 아니라 from_single_file() 함수를 사용해야 한다는 점입니다. [다운로드한 모델로 이미지 생성하기]의 첫 번째 코드 셀을 실행합니다.

**[다운로드한 모델로 이미지 생성하기] 코드 셀 ①**

```python
pipeline = StableDiffusionImg2ImgPipeline.from_single_file(
        "models/disneyPixarCartoon_v10.safetensors",
        torch_dtype=torch.float16,
        use_safetensors=True,
).to("cuda")
```

StableDiffusionImg2ImgPipeline의 from_single_file() 함수를 사용하여 파이프라인을 생성합니다. API를 통해 받은 모델의 경로를 입력하고 use_safetensors를 True로 입력하면 모델을 불러올 수 있습니다.

파이프라인이 생성되면 이후의 모델 추론 과정은 이전과 동일합니다. 이전 절의 예제와 마찬가지로 고양이 이미지를 다른 그림체로 변경해 봅시다. 앞서 다운로드한 특정 만화 그림체의 모델로 추론하여, 작업이 문제없이 수행된다면 가이드 이미지가 해당 그림체의 고양이 이미지로 변경될 것입니다. 두 번째, 세 번째 셀을 모두 실행합니다.

[다운로드한 모델로 이미지 생성하기] 코드 셀 ②

```python
input_image = Image.open("examples/kitty.png")

prompt = (
    "kitty in the city, cartoon style, drawing, detailed"
)
negative_prompt = "ugly, blurry, bad anatomy, bad art, wierd colors"

output_images = pipeline(
    image=input_image,
    prompt=prompt,
    negative_prompt=negative_prompt,
    num_images_per_prompt=4,
    num_inference_steps=30,
    strength=0.7,
).images
```

[다운로드한 모델로 이미지 생성하기] ③

```python
make_image_grid(output_images, rows=1, cols=4)
```

실행 결과로 해당 그림체가 적용된 고양이 이미지 4장이 생성됩니다.

어떤가요? 특정 만화 그림체의 고양이 이미지들이 잘 출력된 것이 보이시나요? 이처럼 Civitai 사이트에 공개된 모델들을 다운로드해 diffusers 라이브러리로 쉽게 활용할 수 있습니다.

이제 스테이블 디퓨전 모델을 활용해 유스케이스 다이어그램으로 디자인했던 '간단한 스케치를 고품질 이미지로 만들어 주는 이미지 생성 애플리케이션'을 구현해 볼 차례입니다.

## 5.6 애플리케이션 구현하기

지금까지의 실습 결과를 바탕으로, 이번 절에서는 스테이블 디퓨전 모델을 활용해 스케치 투 이미지 생성 애플리케이션을 구현해 보겠습니다.

이 애플리케이션은 사용자가 입력한 스케치를 바탕으로 사전 학습 스테이블 디퓨전 모델을 활용해 여러 장의 새로운 이미지를 생성하고, 이를 UI에 출력합니다. 사용자는 이 중에서 원하는 그림을 선택해서 다운로드하고 활용할 수 있습니다. 먼저 이전 절에서 실습한 diffusers 라이브러리를 활용해 UI부터 구현해 보겠습니다.

### 환경 설정하기

먼저 코랩 환경 설정부터 진행하겠습니다. 앞에서 다룬 내용과 거의 동일하므로, 차이가 있는 부분만 간단하게 설명하겠습니다.

#### | 실습 환경 설정하기 |

1.5절 '실습 환경 설정하기' 과정을 참고해서 동일한 설정을 진행하고 예제 파일을 준비합니다. 이번에는 'image_generation/sketch_to_image.ipynb' 파일을 사용해서 실습을 진행합니다. 해당 파일의 예제 실행 첫 화면은 다음과 같습니다.

**Note** 모든 예제 코드는 앞서 언급한 대로 깃허브 리포지터리(https://github.com/MrSyee/dl_apps)에 있습니다.

## | 기본 환경 설정하기 |

예제를 실습하기 위한 기본 환경 설정 또한 앞서 실습했던 내용과 거의 동일합니다. 먼저 애플리케이션이 작동하는 데 필요한 환경을 설정합니다. [패키지 및 예제 데이터 다운로드하기]의 코드 셀을 실행해서 작동에 필요한 파이썬 패키지들을 설치합니다.

**[패키지 및 예제 데이터 다운로드하기] 코드 셀**

```
!wget https://raw.githubusercontent.com/mrsyee/dl_apps/main/image_generation/
requirements-colab.txt
!pip install -r requirements-colab.txt
```

이번 예제에서 사용할 패키지의 버전은 다음과 같습니다.

- torch: 2.3.0
- diffusers: 0.26.2
- gradio: 3.40.0

다음으로 [패키지 불러오기]의 코드 셀도 실행합니다. 이번 예제에서 사용할 패키지는 다음과 같습니다(4.5절에서 소개한 요소는 설명을 생략합니다).

**[패키지 불러오기] 코드 셀**

```
import os
from typing import IO

import gradio as gr
import requests
import torch
from diffusers import StableDiffusionImg2ImgPipeline
from PIL import Image
```

- **typing:** 파이썬에서 함수의 타입을 표시해 주는 데 사용하는 패키지입니다. 일반적으로 코드의 실행에 직접 관여하지는 않지만, 함수의 입출력 타입을 명시적으로 작성할 수 있게 해주어 디버깅에 도움을 줍니다.

- **os:** 파이썬 표준 라이브러리이며 환경 변수나 디렉터리, 파일 등의 OS 자원을 제어할 수 있게 해 주는 패키지입니다.

- **gradio:** 웹 기반의 GUI를 만들 수 있는 라이브러리입니다. 이 책의 모든 예제는 gradio를 활용해 UI를 구성합니다.

## 시나리오 최종 확인하기

환경 설정을 마쳤으니, 서비스를 구현하기에 앞서 유스케이스를 통해 구상했던 시나리오를 바탕으로, 구현해야 할 부분을 한 번 더 정리해 보겠습니다. 259쪽의 '유스케이스 작성하기'에 있는 유스케이스 시나리오와 함께 되새겨 보면 더욱 좋습니다.

❶ 사용자는 원하는 그림의 설명을 텍스트 형태로 입력합니다. 이를 위해 텍스트 UI를 구현합니다.

❷ 사용자는 원하는 그림을 애플리케이션에 입력합니다.

    – 캔버스에 입력: 캔버스에 그림을 직접 그려 입력할 수 있습니다. 이를 위해 캔버스 UI를 구현합니다.

    – 파일로 입력: 미리 그려 놓은 이미지를 업로드할 수 있습니다. 이를 위해 이미지 업로드 UI를 구현합니다.

❸ 사용자는 생성하고 싶은 이미지의 그림체(스타일)를 정할 수 있습니다. 그림체는 사전 학습 모델이 결정하므로 사전 학습 모델을 선정할 수 있어야 합니다. 이를 위해 Civitai URL을 입력하는 텍스트 UI가 필요합니다.

④ [Generate] 버튼을 클릭해서 이미지 생성을 요청합니다. 이를 위해 생성 버튼 UI를 구현합니다.

⑤ 애플리케이션은 요청과 입력값을 토대로 여러 장의 그림을 생성합니다.

⑥ 애플리케이션이 UI에 생성된 그림을 보여 줍니다. 여러 장의 그림을 보여 줄 수 있는 갤러리 UI가 필요합니다.

⑦ 사용자는 이 중에서 원하는 그림을 선택해서 다운로드합니다. 갤러리 UI에서 이미지를 다운로드할 수 있도록 구현합니다.

## 스케치 투 이미지 생성 UI 구현하기

이번 장에서는 이미지 생성을 위한 프롬프트를 입력한 후 [Generate] 버튼을 클릭하면 새로운 이미지를 생성하는 애플리케이션을 구현할 예정입니다.

이 시나리오를 수행하기 위해서는 먼저 프롬프트 입력 UI를 텍스트 박스로 구현해야 합니다. 최종 목적인 새로운 이미지를 생성하기 위해서는 앞서 말했던 대로 포지티브 프롬프트와 네거티브 프롬프트의 2가지 프롬프트를 모두 입력으로 받을 수 있어야 합니다. [스케치 투 이미지 생성 UI 구현하기]의 첫 번째 코드 셀 일부입니다.

**[스케치 투 이미지 생성 UI 구현하기] 코드 셀 ① 일부**

```
with gr.Blocks() as app:
    gr.Markdown("## 프롬프트 입력")
    with gr.Row():
        prompt = gr.Textbox(label="Prompt")
    with gr.Row():
        n_prompt = gr.Textbox(label="Negative Prompt")
```

다음으로는 스케치한 이미지를 입력값으로 받을 수 있는 UI를 구현합니다. 먼저 직접 그림을 그릴 수 있는 캔버스 UI를 만들어 봅시다. 해당 내용은 모두 예제 실행 화면에서 [스케치 투 이미지 생성 UI 구현하기]의 첫 번째 코드 셀에 구현해 놓았습니다. 다음 코드와 함께 참조해 보세요.

**[스케치 투 이미지 생성 UI 구현하기] 코드 셀 ① 일부**

```python
with gr.Row():
    canvas = gr.Image(
        label="Draw",
        source="canvas",
        image_mode="RGB",
        tool="color-sketch",
        interactive=True,
        width=WIDTH,
        height=HEIGHT,
        shape=(WIDTH, HEIGHT),
        brush_radius=20,
        type="pil",
    )
```

캔버스 UI는 이전 장들과 마찬가지로 gradio의 Image 컴포넌트를 활용해서 만듭니다. 이전 장들에서도 Image 컴포넌트를 활용하여 캔버스 UI를 구현하는 과정을 많이 수행했으므로 별도의 설명을 더 하지는 않겠습니다.

이번 예제에서 주목해야 할 옵션은 image_mode와 tool입니다. 사용자가 이미지 입력값을 생성할 수 있도록 색이 들어간 스케치를 그릴 수 있는 캔버스를 만듭니다. Image 컴포넌트의 image_mode를 'RGB'로 설정하면 이미지 컴포넌트의 결과로 RGB 채널이 포함된 이미지 행렬을 만들 수 있습니다.

Image 컴포넌트의 tool은 이미지와 상호작용할 수 있는 다양한 도구를 제공합니다. 브러시나 줌인, 줌아웃 등의 도구가 대표적인 예시입니다. 또한, color-sketch를 설정하면 색깔 팔레트에서 색을 고를 수 있는 브러시 기능이 구현됩니다.

기본적으로 이 2가지 기능의 설정을 마치면 사용자가 직접 다양한 색으로 스케치할 수 있는 캔버스 UI를 구현할 수 있습니다.

직접 그림을 그릴 수 있는 캔버스 UI를 구현했다면, 다음으로는 이미지 파일을 업로드 할 수 있는 파일 업로드 UI를 만들어 봅시다. 캔버스 UI와 마찬가지로 이미지 파일을 업로드하는 UI도 Image 컴포넌트의 옵션을 바꾸는 것으로 구현할 수 있습니다. 해당 내용도 첫 번째 코드 셀에 구현해 놓았습니다.

**[스케치 투 이미지 생성 UI 구현하기] 코드 셀 ① 일부**

```python
with gr.Row():
    file = gr.Image(
        label="Upload",
        source="upload",
        image_mode="RGB",
        tool="color-sketch",
        interactive=True,
        width=WIDTH,
        height=HEIGHT,
        shape=(WIDTH, HEIGHT),
        type="pil",
    )
```

캔버스 UI와 거의 유사한 코드지만, 약간의 차이점이 있습니다. 파일 업로드가 가능한 Image 컴포넌트를 구현할 수 있도록 gradio의 Image 컴포넌트에 source 인자를 upload로 설정해 주어야 합니다.

해당 설정을 마치면 이미지를 입력할 UI를 완성한 것입니다. 이제 생성된 이미지 결과를 보여 줄 UI가 필요합니다. 스테이블 디퓨전 모델은 여러 장의 이미지를 생성할 수 있으므로, 한 장이 아니라 여러 장의 이미지를 한 번에 보여 줄 수 있는 UI를 구현해야 합니다.

gradio의 Gallery 컴포넌트를 사용하면 여러 장의 이미지를 함께 보여 줄 수 있습니다. Gallery 컴포넌트는 설정값을 크게 수정할 필요 없이 다음의 코드를 통해 쉽게 구현할 수 있습니다. 다음 코드를 참조해 보세요.

**[스케치 투 이미지 생성 UI 구현하기] 코드 셀 ① 일부**

```python
result_gallery = gr.Gallery(label="Output", height=512)
```

자, 여러 장의 이미지를 한 번에 보여 줄 수 있는 UI를 구현했습니다. 지금까지 과정을 제대로 수행했다면 그 결과로 여러 장의 이미지가 한 페이지에 나타날 것입니다. 다음 그림은 갤러리 UI의 예시입니다.

마지막으로, 이미지를 생성할 수 있도록 [Generate] 버튼을 구현합니다. [Generate] 버튼을 클릭하면 디퓨전 모델이 작동하여 입력값으로 받은 스케치 정보로부터 이미지를 생성할 수 있도록 할 예정입니다. 다음의 코드를 활용합니다.

**[스케치 투 이미지 생성 UI 구현하기] 코드 셀 ① 일부**

```
canvas_run_btn = gr.Button(value="Generate")
...중략...
file_run_btn = gr.Button(value="Generate")
```

지금까지 UI의 개별적인 구성 요소 작업을 완료했습니다. 이제 앞에서 구현한 각 UI를 조합해 보겠습니다. 입력 방식이 사용자가 캔버스 UI에 직접 그리는 방식과 미리 그려 놓은 이미지를 파일로 입력하는 방식의 2가지 방식이므로, 두 방식을 구분할 수 있도록 탭을 사용했습니다. 첫 번째 코드 셀에 지금까지 설명했던 모든 내용이 구현되어 있습니다.

**[스케치 투 이미지 생성 UI 구현하기] 코드 셀 ①**

```
WIDTH = 512
HEIGHT = 512

with gr.Blocks() as app:
```

```python
gr.Markdown("## 프롬프트 입력")
with gr.Row():
    prompt = gr.Textbox(label="Prompt")
with gr.Row():
    n_prompt = gr.Textbox(label="Negative Prompt")

gr.Markdown("## 스케치 to 이미지 생성")
with gr.Row():
    with gr.Column():
        with gr.Tab("Canvas"):
            with gr.Row():
                canvas = gr.Image(
                    label="Draw",
                    source="canvas",
                    image_mode="RGB",
                    tool="color-sketch",
                    interactive=True,
                    width=WIDTH,
                    height=HEIGHT,
                    shape=(WIDTH, HEIGHT),
                    brush_radius=20,
                    type="pil",
                )
            with gr.Row():
                canvas_run_btn = gr.Button(value="Generate")

        with gr.Tab("File"):
            with gr.Row():
                file = gr.Image(
                    label="Upload",
                    source="upload",
                    image_mode="RGB",
                    tool="color-sketch",
                    interactive=True,
                    width=WIDTH,
                    height=HEIGHT,
                    shape=(WIDTH, HEIGHT),
                    type="pil",
                )
            with gr.Row():
```

```
                    file_run_btn = gr.Button(value="Generate")

        with gr.Column():
            result_gallery = gr.Gallery(label="Output", height=512)
```

UI를 실행해서 제대로 구현되었는지 확인해 보겠습니다. 두 번째 코드 셀을 실행해서 결과를 확인해 봅시다.

**[스케치 투 이미지 생성 UI 구현하기] 코드 셀 ②**

```
app.launch(inline=False, share=True)
```

실행 결과는 다음과 같습니다.

**[실행 결과]**

```
Running on public URL: https://***************.gradio.live
```

자, 웹 GUI에 접근할 수 있는 URL을 얻었습니다. URL로 들어가면 다음의 화면이 나옵니다.

첫 번째로 구현했던 프롬프트 입력 UI(포지티브 프롬프트 및 네거티브 프롬프트)와 다음으로 구현한 스케치한 이미지를 입력값으로 받을 수 있는 캔버스 UI 및 이미지 파일을 업로드할 수

있는 이미지 업로드 UI (탭으로 구분했습니다), 그리고 여러 장의 결과물을 보여 주는 갤러리 UI가 모두 하나의 화면에 구현되었습니다. 캔버스에 그림을 그려 캔버스 UI가 잘 작동하는지 확인해 봅시다.

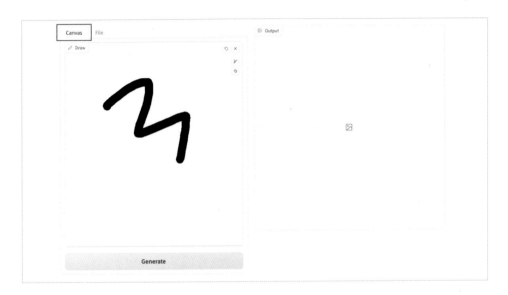

[File] 탭을 클릭하면 이미지 파일을 업로드할 수 있는 이미지 업로드 UI를 확인할 수 있습니다.

이제 캔버스에 직접 그림을 그리거나 미리 그려 놓은 이미지를 업로드할 수 있습니다. 다만 아

직 [Generate] 버튼은 기능을 구현하지 않았으므로 클릭해도 작동하지 않습니다.

프롬프트와 이미지를 입력하고 생성 이미지 결과를 보여 줄 수 있는 UI를 완성했습니다.

## 모델 다운로드 UI 구현하기

생성할 이미지의 그림체를 정하기 위해서는 원하는 그림체의 이미지를 만들어 줄 수 있는 사전 학습 모델을 선택해야합니다.

앞서 말했던 것처럼 스테이블 디퓨전 모델은 다양한 그림체의 오픈소스 모델이 공개되어 있기에 누구나 활용할 수 있습니다.

기본적으로는 다양한 모델 중에서 하나의 모델만 선택해서 애플리케이션에서 사용할 수 있습니다만, 계속해서 만들어지는 오픈소스 모델들을 모두 사용할 수 있도록 애플리케이션을 구성할 수도 있습니다.

이는 Civitai 웹사이트에 공개된 오픈소스 모델을 다운로드할 수 있는 UI를 추가하는 것으로 가능합니다. 앞에서 실습한 것처럼 Civitai에 공개된 모델은 Civitai의 URL과 Civitai API를 통해 다운로드할 수 있습니다.

Civitai의 모델 URL을 입력값으로 받고 모델을 다운로드할 수 있는 UI를 만들어 봅시다. [모델 다운로드 UI 구현하기]의 첫 번째 코드 셀을 실행합니다.

**[모델 다운로드 UI 구현하기] 코드 셀 ①**

```
with gr.Blocks() as app:
    gr.Markdown("## 모델 다운로드")
    with gr.Row():
        model_url = gr.Textbox(label="모델 URL", placeholder="https://civitai.com/")
        download_model_btn = gr.Button(value="모델 다운로드")
    with gr.Row():
        model_file = gr.File(label="모델 파일")
```

먼저 URL을 입력으로 받는 UI는 gradio의 Textbox 컴포넌트로 쉽게 만들 수 있습니다. 다음의 과정을 따릅니다.

사용자에게 모델 URL은 Civitai의 주소라는 것을 직관적으로 알려 줄 수 있도록 예제 place-holder에 Civitai URL을 넣어 두었습니다. placeholder를 사용하면 Textbox가 비어 있을 때 가이드 텍스트를 넣어 줄 수 있습니다. 다음은 Textbox의 placeholder 예시 화면입니다.

다음으로 [모델 다운로드] 버튼을 클릭하면 모델을 다운로드하고 파일 컴포넌트에 다운로드된 모델 파일을 보여 주도록 UI를 구현해야 합니다. 모델은 실제 파일 시스템에 저장되고, 파일 컴포넌트는 저장된 경로에 있는 파일을 보여 주는 역할을 합니다. 모델을 다운로드하는 UI는 다음과 같이 구현됩니다. 참고할 수 있도록 앞쪽에서 실행한 [모델 다운로드 UI 구현하기] 코드 셀 ① 중에서 해당 부분을 한 번 더 제시합니다.

**[모델 다운로드 UI 구현하기] 코드 셀 ① 일부**

```
with gr.Row():
    ... 중략 ...
    download_model_btn = gr.Button(value="모델 다운로드")
with gr.Row():
    model_file = gr.File(label="모델 파일")
```

gradio의 버튼 컴포넌트와 파일 컴포넌트를 이용해 [모델 다운로드] 버튼과 다운로드된 모델을 확인시켜 줄 파일 UI를 구현했습니다. 이제 모델 다운로드 UI를 실행시켜 확인해 봅시다. 두 번째 코드 셀을 실행합니다.

**[모델 다운로드 UI 구현하기] 코드 셀 ②**

```
app.launch(inline=False, share=True)
```

**[실행 결과]**

```
Running on public URL: https://****************.gradio.live
```

웹 GUI에 들어갈 수 있는 URL을 얻었습니다. 해당 URL로 들어가면 다음과 같은 화면이 나옵니다.

## 모델 다운로드 기능 구현하기

구성된 UI에 맞게 모델을 다운로드할 수 있는 로직을 구현해 보겠습니다. 앞에서 Civitai 웹사이트에서 모델을 검색해 원하는 모델을 찾는 방법과, URL을 이용해 모델을 다운로드하는 로직을 구현하였습니다. 이 로직을 UI와 연동시켜 봅시다. 모델 URL 란에 URL을 입력하고 [모델 다운로드] 버튼을 클릭하면 모델이 다운로드되도록 구성합니다.

먼저 모델 다운로드 함수를 구현합니다. [모델 다운로드 기능 구현하기]의 첫 번째 코드 셀을 실행합니다.

**[모델 다운로드 기능 구현하기] 코드 셀 ①**

```python
def download_model(url: str) -> str:
    model_id = url.replace("https://civitai.com/models/", "").split("/")[0]  … (1)

    try:
        response = requests.get(f"https://civitai.com/api/v1/models/{model_id}",
timeout=600)  … (2)
    except Exception as err:
        print(f"[ERROR] {err}")
        raise err
```

```python
        download_url = response.json()["modelVersions"][0]["downloadUrl"]
        filename = response.json()["modelVersions"][0]["files"][0]["name"]

        file_path = f"models/{filename}"
        if os.path.exists(file_path):
            print(f"[INFO] File already exists: {file_path}")
            return file_path

        os.makedirs("models", exist_ok=True)
        download_from_url(download_url, file_path)  … (3)
        print(f"[INFO] File downloaded: {file_path}")
        return file_path


def download_from_url(url: str, file_path: str, chunk_size: int=1024):  … (4)
    resp = requests.get(url, stream=True)
    total = int(resp.headers.get('content-length', 0))
    with open(file_path, 'wb') as file, tqdm(
        desc=file_path,
        total=total,
        unit='iB',
        unit_scale=True,
        unit_divisor=1024,
    ) as bar:
        for data in resp.iter_content(chunk_size=chunk_size):
            size = file.write(data)
            bar.update(size)
```

코드의 내용은 다음과 같습니다. download_model( ) 함수는 다음과 같이 동작합니다.

**(1)** Civitai의 URL로부터 모델의 고유번호를 추출합니다.

**(2)** Civitai의 API를 통해 모델 다운로드 URL과 파일 이름을 획득합니다.

**(3)** download_from_url( ) 함수로 다운로드 URL로부터 모델을 다운로드합니다.

**(4)** download_from_url( ) 함수는 이전 절에서 실습한 함수이니 기억이 나지 않는다면 이전 절을 다시 한번 실습해 보기 바랍니다.

이제 UI의 [모델 다운로드] 버튼을 클릭하면 모델이 다운로드되도록 구성해 봅시다. 다음의 코드를 참고해 주세요. 두 번째 코드 셀을 실행합니다.

**[모델 다운로드 기능 구현하기] 코드 셀 ②**

```
with gr.Blocks() as app:
    ...
    UI 부분 생략
    ...

    download_model_btn.click(
        download_model,
        [model_url],
        [model_file],
    )
```

[모델 다운로드] 버튼을 클릭하면 download_from_url() 함수가 동작하도록 구성했습니다. 입력은 Civitai URL이 입력되는 텍스트 박스 컴포넌트이고, 출력될 모델 파일의 경로는 파일 컴포넌트에 입력됩니다.

이제 UI상에서 실제로 기능을 테스트해 봅시다. 다만 한 가지 유의해야 할 점이 있습니다. 모델 다운로드 과정은 모델의 크기에 따라 1분 이상 소요될 수 있습니다. 그런데 지금까지 gradio로 구성한 UI에서 하나의 이벤트는 1분이라는 시간이 넘지 않도록 설정되어 있습니다. 1분이 넘을 경우, UI에서 에러가 발생합니다.

이를 방지하기 위해서는 gradio의 queue() 함수를 사용해 주어야 합니다. queue() 함수를 사용하면 긴 이벤트를 처리할 수 있습니다. 세 번째 코드 셀을 실행합니다.

**[모델 다운로드 기능 구현하기] 코드 셀 ③**

```
app.queue().launch(inline=False, share=True)
```

실행 결과는 다음과 같습니다.

**실행 결과**

```
Running on public URL: https://***************.gradio.live
```

웹 GUI에 들어갈 수 있는 URL을 얻었습니다. 이제 해당 UI를 실행해서 확인해 봅시다.

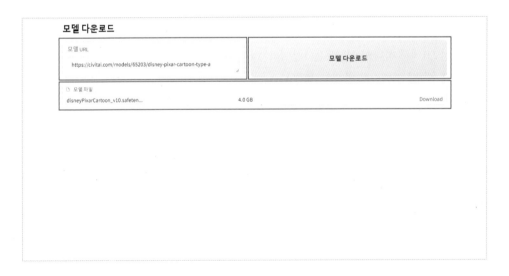

UI에서 Disney Pixar Cartoon Type A 모델을 직접 다운로드해 봅시다. Civitai의 URL을 입력하고 [모델 다운로드] 버튼을 클릭하면 다운로드가 시작됩니다. 일정 시간이 지나면 해당 모델의 다운로드가 완료됩니다. 다운로드한 모델은 UI에서 확인할 수 있습니다.

**모델 다운로드**

| 모델 URL | |
|---|---|
| https://civitai.com/models/65203/disney-pixar-cartoon-type-a | 모델 다운로드 |

| 모델 파일 | | |
|---|---|---|
| disneyPixarCartoon_v10.safeten... | 4.0 GB | Download |

Note Civitai의 서버 상황이나 모델 크기에 따라 모델 다운로드 속도에 차이가 있을 수 있습니다.

# 모델 불러오기 UI 및 기능 구현하기

다운로드한 모델을 이미지 생성 작업에 사용하려면 diffusers 파이프라인을 통해 모델을 불러오는 작업이 필요합니다. 이번 절에서는 모델을 불러오는 버튼을 구현하고 파이프라인이 초기화되었는지 확인할 수 있는 UI를 구현해 보겠습니다.

[모델 불러오기 UI 및 기능 구현하기]의 첫 번째 코드 셀을 실행합니다.

**[모델 불러오기 UI 및 기능 구현하기] 코드 셀 ①**

```python
with gr.Blocks() as app:
    gr.Markdown("## 모델 불러오기")
    with gr.Row():
        load_model_btn = gr.Button(value="모델 불러오기")
    with gr.Row():
        is_model_check = gr.Textbox(label="Model Load Check", value="Model Not Loaded")
```

[모델 불러오기] 버튼을 구현하고, 모델 불러오기가 완료되었는지에 대한 정보까지 표시해 주는 텍스트 박스 컴포넌트를 만들었습니다.

다음으로 [모델 불러오기] 버튼을 클릭하면 실행되는 init_pipeline() 함수를 구현합니다. init_pipeline() 함수는 diffusers 파이프라인을 초기화하는 함수입니다. 두 번째 코드 셀을 실행합니다.

**[모델 불러오기 UI 구현하기] 코드 셀 ②**

```python
def init_pipeline(model_file: IO) -> str:
    print("[INFO] Initializing pipeline")
    global PIPELINE
    PIPELINE = StableDiffusionImg2ImgPipeline.from_single_file(
        model_file.name,
        torch_dtype=torch.float16,
        variant="fp16",
        use_safetensors=True,
    ).to("cuda")

    print("[INFO] Initialized pipeline")
    return "Model loaded!"
```

이전 절에서 만든 파일 UI에 Civitai URL로부터 다운로드한 'safetensors' 파일이 있습니다. diffusers의 StableDiffusionImg2ImgPipeline을 생성하여 모델을 초기화합니다. 그리고 'safetensors' 파일을 불러올 수 있도록 from_single_file() 함수를 사용합니다.

이렇게 생성된 파이프라인은 전역 변수인 PIPELINE에 저장되도록 합니다. 전역 변수로 저장하는 이유는 생성된 파이프라인을 추후 이미지 생성을 위한 이벤트에 사용하기 위해서입니다. gradio의 이벤트 함수들은 gradio의 컴포넌트만을 입출력으로 받으므로 컴포넌트가 아닌 파이프라인은 전역 변수로 선언하여 이벤트 함수들에서도 접근이 가능하도록 설정합니다.

다음으로 init_pipeline() 함수를 UI와 연동해 봅시다. [모델 불러오기] 버튼을 클릭하면 작동하도록 이벤트를 구현합니다. 세 번째 코드 셀을 실행합니다.

**[모델 불러오기 UI 및 기능 구현하기] 코드 셀 ③**

```
with gr.Blocks() as app:
    ...
    UI 부분 생략
    ...

    download_model_btn.click(
        download_model,
        [model_url],
        [model_file],
    )
    load_model_btn.click(
        init_pipeline,
        [model_file],
        [is_model_check],
    )
```

이제 [모델 불러오기] 버튼을 클릭하면 init_pipeline() 함수가 실행됩니다. 입력은 모델 파일을 가지고 있는 파일 컴포넌트이고, 출력은 모델 초기화의 성공 여부를 표시하는 텍스트 정보입니다. 이 텍스트 정보는 텍스트 박스 컴포넌트에 저장됩니다.

지금까지 구현한 UI가 제대로 작동하는지 테스트해 보겠습니다. 네 번째 코드 셀을 실행합니다.

**[모델 불러오기 UI 및 기능 구현하기] 코드 셀 ④**

```
app.queue().launch(inline=False, share=True)
```

실행 결과는 다음과 같습니다.

**실행 결과**

```
Running on public URL: https://****************.gradio.live
```

UI에 접근할 수 있는 URL을 얻었습니다. URL로 접속해 실제 UI 구현 상황을 확인해 봅시다.

모델 파일을 가져오기 위해서는 모델 다운로드 UI도 함께 실행해야 합니다. 이전과 마찬가지로 Disney Pixar Cartoon Type A 모델 다운로드를 먼저 실행해 봅시다. Disney Pixar Cartoon Type A의 URL을 입력하고 [모델 다운로드] 버튼을 클릭합니다. 이전 예제에서 모델 다운로드를 실행했다면 이미 다운로드한 모델이 있으므로 금방 실행될 것입니다.

다음으로 [모델 불러오기] 버튼을 클릭해 봅시다. [모델 불러오기] 버튼을 실행하기 전에는 Model Load Check가 'Model Not Loaded'로 되어 있습니다. 모델을 불러오는 데 성공하면 'Model Loaded'로 변경됩니다. 내부적으로는 diffusers의 StableDiffusionImg2ImgPipeline이 준비되었다는 사실을 잊지 마세요.

## 스케치 투 이미지 생성 기능 구현하기

지금까지 모델을 불러와 파이프라인을 생성하는 작업까지 마쳤습니다. 이제 이 파이프라인을 이용해 스케치 투 이미지 생성 UI에서 사용자가 그린 스케치로부터 이미지를 생성하는 과정을 구현해 보겠습니다.

먼저 이전에 구성한 스케치 투 이미지 생성 UI의 요소들을 다시 한번 복습해 봅시다.

- **prompt:** 생성할 이미지의 특징을 설명하는 포지티브 프롬프트입니다.

- **negative prompt:** 생성할 이미지에서 적용되지 않아야 할 요소들을 설명하는 프롬프트입니다.

- **canvas:** 스케치를 그릴 수 있는 캔버스입니다.

- **file:** 스케치 이미지를 업로드할 수 있는 이미지 컴포넌트입니다.

- **run_button:** 이미지 생성을 실행하는 버튼입니다.

- **result_gallery:** 여러 장의 결과 이미지들을 화면상에 보여 주는 갤러리 컴포넌트입니다.

이제 이 요소들을 이용해 스케치 투 이미지 생성 작업을 수행하기 위한 sketch_to_image() 함수를 구현합니다. UI에서 프롬프트, 네거티브 프롬프트, 스케치 이미지를 입력으로 받아 디퓨전 파이프라인을 실행시켜 이미지를 생성하는 함수입니다. 파이프라인을 실행시켜 이미지를 만드는 방법은 앞절에서 실습한 방법과 동일합니다.

sketch_to_image() 함수 구현 코드는 다음과 같습니다. 예제 실행 첫 화면으로 돌아와 [스케치 투 이미지 생성 기능 구현하기]의 첫 번째 코드 셀을 실행합니다.

**[스케치 투 이미지 생성 기능 구현하기] 코드 셀 ①**

```
def sketch_to_image(sketch: Image.Image, prompt: str, negative_prompt: str):
    width, height = sketch.size
    return PIPELINE(   --- (1)
        image=sketch,
        prompt=prompt,
        negative_prompt=negative_prompt,
        height=height,
        width=width,
        num_images_per_prompt=4,
        num_inference_steps=20,
        strength=0.7,
    ).images

    with torch.cuda.device("cuda"):   --- (2)
        torch.cuda.empty_cache()

    return images
```

함수의 입력으로 들어오는 스케치 이미지의 사이즈 정보는 출력할 이미지의 사이즈로 사용합니다.

**(1)** 앞절의 파이프라인 실행 설정값을 참고해 파이프라인을 실행하는 설정값들을 동일하게 입력합니다.

추가로 고려해야 할 사항도 있습니다. 애플리케이션 실행 중에 스케치 투 이미지 생성 작업을 여러 번 수행할 경우 코랩의 GPU 메모리가 한정되어 있기에 이미지 생성 시 생기는 정보들이 GPU 메모리에 계속해서 쌓이게 되면 문제가 발생할 수 있습니다. 이를 방지할 수 있도록 **(2)** 딥러닝 라이브러리인 pytorch에서 제공하는 torch.cuda.empty_cache() 함수를 이용해 GPU 메모리에 쌓이는 불필요한 정보들을 지워 주도록 합시다.

이제 사용자가 [Generate] 버튼을 클릭하면 애플리케이션이 이미지 생성 작업을 수행하도록 버튼을 설정합니다. 버튼의 클릭 이벤트에 sketch_to_image() 함수를 설정합니다. 다음은 두 번째 코드 셀의 일부입니다.

**[스케치 투 이미지 생성 기능 구현하기] 코드 셀 ② 일부**

```
with gr.Blocks() as app:
    ...
    UI 부분 생략
    ...

canvas_run_btn.click(  ··· (1)
    sketch_to_image,
    [canvas, prompt, n_prompt],
    [result_gallery],
)
file_run_btn.click(  ··· (2)
    sketch_to_image,
    [file, prompt, n_prompt],
    [result_gallery],
)
```

이미지 생성을 위한 버튼은 **(1)** 캔버스 입력을 처리해 주는 버튼과, **(2)** 파일 입력을 처리해 주는 버튼의 두 종류가 필요합니다. 두 버튼 모두 sketch_to_image() 함수를 사용하도록 설정해 줍니다.

이제 애플리케이션의 모든 동작을 구현했습니다! 최종 애플리케이션의 코드는 다음과 같습니다. [스케치 투 이미지 생성 기능 구현하기]의 두 번째 코드 셀을 실행합니다.

**[스케치 투 이미지 생성 기능 구현하기] 코드 셀 ②**

```
print("[INFO] Gradio app ready")
with gr.Blocks() as app:
    gr.Markdown("# 스케치 to 이미지 애플리케이션")

    gr.Markdown("## 모델 다운로드")
    with gr.Row():
        model_url = gr.Textbox(label="Model Link", placeholder="https://civitai.com/")
```

```python
            download_model_btn = gr.Button(value="Download model")
        with gr.Row():
            model_file = gr.File(label="Model File")

        gr.Markdown("## 모델 불러오기")
        with gr.Row():
            load_model_btn = gr.Button(value="Load model")
        with gr.Row():
            is_model_check = gr.Textbox(label="Model Load Check", value="Model Not loaded")

        gr.Markdown("## 프롬프트 입력")
        with gr.Row():
            prompt = gr.Textbox(label="Prompt")
        with gr.Row():
            n_prompt = gr.Textbox(label="Negative Prompt")

        gr.Markdown("## 스케치 to 이미지 생성")
        with gr.Row():
            with gr.Column():
                with gr.Tab("Canvas"):
                    with gr.Row():
                        canvas = gr.Image(
                            label="Draw",
                            source="canvas",
                            image_mode="RGB",
                            tool="color-sketch",
                            interactive=True,
                            width=WIDTH,
                            height=HEIGHT,
                            shape=(WIDTH, HEIGHT),
                            brush_radius=20,
                            type="pil",
                        )
                    with gr.Row():
                        canvas_run_btn = gr.Button(value="Generate")

                with gr.Tab("File"):
                    with gr.Row():
                        file = gr.Image(
```

```
                    label="Upload",
                    source="upload",
                    image_mode="RGB",
                    tool="color-sketch",
                    interactive=True,
                    width=WIDTH,
                    height=HEIGHT,
                    shape=(WIDTH, HEIGHT),
                    type="pil",
                )
            with gr.Row():
                file_run_btn = gr.Button(value="Generate")

    with gr.Column():
        result_gallery = gr.Gallery(label="Output", height=512)

# Event
download_model_btn.click(
    download_model,
    [model_url],
    [model_file],
)
load_model_btn.click(
    init_pipeline,
    [model_file],
    [is_model_check],
)
canvas_run_btn.click(
    sketch_to_image,
    [canvas, prompt, n_prompt],
    [result_gallery],
)
file_run_btn.click(
    sketch_to_image,
    [file, prompt, n_prompt],
    [result_gallery],
)
```

이제 실제 애플리케이션을 실행해서 시나리오에서 계획했던 기능들이 모두 구현되는지 확인해 보겠습니다. 세 번째 코드 셀을 실행합니다.

**[스케치 투 이미지 생성 기능 구현하기] 코드 셀 ③**

```
app.queue().launch(inline=False, share=True)
```

URL로 접속해 실제 UI 구현 상황을 확인해 봅시다. 실행 결과는 다음과 같습니다.

**실행 결과**

```
Running on public URL: https://****************.gradio.live
```

드디어 최종 애플리케이션이 구현되었습니다. 이제 앞의 예제들처럼 실제로 잘 작동하는지 확인해 보겠습니다. URL에 접속하면 다음 화면이 보입니다.

이전 예제에서 실행했던 것처럼 모델을 다운로드하고 모델을 불러옵니다. Civitai에서 Disney Pixar Cartoon Type A 모델을 다운로드해서 파이프라인을 생성합니다.

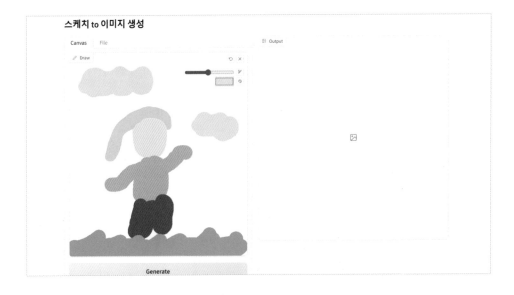

**스케치 to 이미지 애플리케이션**

**모델 다운로드**

Model Link

https://civitai.com/models/65203/disney-pixar-cartoon-type-a

Download model

Model File

disneyPixarCartoon_v10.safeten...                  4.0 GB                              ×
                                                                                    Download

**모델 불러오기**

Load model

Model Load Check

Model Loaded!

**프롬프트 입력**

Prompt

그 후 캔버스에 원하는 구도로 직접 그림을 그려 봅시다. 그림을 그릴 때는 캔버스에서 브러시의 색깔과 크기를 정해서 그림을 그릴 수 있습니다. 정교하게 그리기보다 원하는 위치에 색깔과 모양을 채워 넣는다는 생각으로 간단하게 스케치하듯이 그려 봅시다. 그림을 잘 못 그려도 괜찮습니다! 본 예제에서는 머리가 긴 여자 이미지를 간단하게 스케치했습니다.

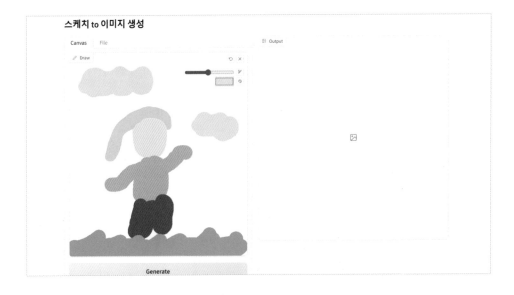

그 후 프롬프트를 입력합니다. 생성할 그림을 잘 구현할 수 있도록 최대한 세부적인 부분까지 프롬프트를 통해 지정해 주는 것이 좋습니다. 다음은 본 예제에서 입력한 프롬프트의 예시입니다.

- **프롬프트:** 1girl, solo, standing, smile, closed mouth, jewelry, long hair
- **네거티브 프롬프트:** nsfw, multiple girls, 2girls, 3girls, 4girls, ugly, fused fingers, cropped, bad anatomy

이제 [Generate] 버튼을 클릭하여 새로운 이미지를 생성해 봅시다. 간략하게 그린 스케치 이미지를 토대로 특정 만화 그림체의 예쁜 이미지가 여러 장 생성되었습니다. 처음에 목표했던 서비스가 잘 구현된 것입니다.

다음으로 미리 그려둔 이미지를 업로드해서 이미지를 생성하는 작업을 테스트해 봅시다. 캔버스 UI 옆의 [File] 탭을 클릭해서 다음 그림처럼 이미지를 업로드합니다. 테스트용 예제 이미지는 깃허브 리포지터리(https://github.com/MrSyee/dl_apps/blob/main/image_generation/examples/sketch.png)에서 제공합니다.

이후 과정은 앞의 과정과 동일합니다. 다소 엉성한 원본 이미지가 스케치 투 이미지 생성 애플리케이션을 활용해서 고품질의 이미지 결과물로 바뀌는 것을 확인할 수 있습니다.

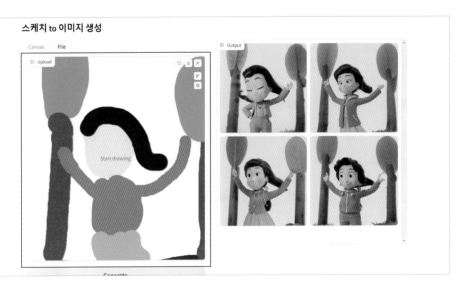

자, 여기까지 따라오느라 고생 많으셨습니다. 이제 애플리케이션에서 다양한 이미지들을 입력 값으로 활용하여 테스트를 더 진행해 봅시다.

---

## 5장에서는

- 이미지 생성 기술의 개념을 이해하고, 활용 사례 및 서비스의 시장성을 살펴보았습니다.
- 스케치 투 이미지 애플리케이션의 시나리오를 정의하고, 이를 충족시키는 유스케이스를 설계했습니다.
- 애플리케이션의 기능에 맞는 이미지 생성 모델인 스테이블 디퓨전 모델에 대해 이해하고, diffusers라 는 오픈소스 라이브러리를 통해 사전 학습된 스테이블 디퓨전 모델로 이미지를 생성하는 과정을 학습했 습니다.
- 다양한 스타일의 이미지 생성 모델을 공유하는 Civitai 사이트에서 원하는 스타일의 사전 학습 모델을 탐색하고 사용하는 방법을 알아보았습니다.
- 사전 학습 스테이블 디퓨전 모델을 활용해 직접 그린 스케치를 원하는 스타일의 그림으로 바꿔주는 스 케치 투 이미지 애플리케이션을 구현했습니다.

# index